UNE VIE

Paru au Livre de Poche :

MES COMBATS

LES HOMMES AUSSI S'EN SOUVIENNENT

UNE JEUNESSE AU TEMPS DE LA SHOAH

SIMONE VEIL

de l'Académie française

Une vie

STOCK

© Éditions Stock, 2007.
ISBN : 978-2-253-12776-5 – 1re publication LGF

Pour Yvonne, ma mère, morte à Bergen-Belsen.
Pour Papa et Jean, assassinés en Lituanie.
Pour Milou et Nicolas, qui nous ont quittés trop tôt.
Ainsi que pour ma famille, pour le bonheur
qu'elle m'apporte.

Maupassant, Maupassant que j'aime, ne m'en voudra pas d'avoir emprunté le titre d'un de ses plus jolis romans pour décrire un parcours qui ne doit rien à la fiction.

S. V.

I

Une enfance niçoise

Les photos conservées de mon enfance le prouvent : nous formions une famille heureuse. Nous voici, les quatre frère et sœurs, serrés autour de Maman ; quelle tendresse entre nous ! Sur d'autres photos, nous jouons sur la plage de Nice, nous fixons l'objectif dans le jardin de notre maison de vacances à La Ciotat, nous rions aux éclats, mes sœurs et moi, lors d'un camp d'éclaireuses... On devine que les fées s'étaient penchées sur nos berceaux. Elles avaient noms harmonie et complicité. Nous avons donc reçu les meilleures armes pour affronter la vie. Au-delà des différences qui nous opposaient et des difficultés qu'il nous fallut affronter, nos parents nous offrirent en effet la chaleur d'un foyer uni et, ce qui comptait plus que tout à leurs yeux, une éducation à la fois intelligente et rigoureuse.

Plus tard, mais très vite, le destin s'est ingénié à brouiller des pistes qui semblaient si bien tracées, au point de ne rien laisser de cette joie de vivre. Chez nous comme dans tant de familles juives françaises, la mort a frappé tôt et fort. Traçant aujourd'hui ces lignes, je ne peux m'empêcher de penser avec tristesse que mon père et ma mère n'auront jamais connu la maturité de leurs enfants, la naissance de leurs petits-enfants, la douceur d'un cercle familial élargi. Face à ce que furent nos vies, ils n'auront pu mesurer la valeur de l'héritage qu'ils nous ont transmis, un héritage pourtant rare, exceptionnel.

Les années 1920 furent pour eux celles du bonheur. Ils s'étaient mariés en 1922. Mon père, André Jacob, avait alors trente-deux ans et Maman, Yvonne Steinmetz, onze de moins. À l'époque, l'éclat du jeune couple ne passe pas inaperçu. André porte l'élégance sobre et discrète à laquelle il tient, tout comme il est attaché à la créativité de son métier d'architecte, durement secoué par quatre années de captivité, peu de temps après son grand prix de Rome. D'Yvonne irradie une beauté rayonnante qui évoque pour beaucoup celle de la star de l'époque, Greta Garbo. Un an plus tard naît une première fille, Madeleine, surnommée Milou. Une nouvelle année s'écoule et Denise voit le jour, puis Jean en 1925, et moi en 1927. En moins de cinq ans, la famille Jacob s'est donc élargie de deux à six membres. Mon père est satisfait. La France a besoin de familles nombreuses, juge-t-il. Quant à Maman, elle est heureuse. Ses enfants remplissent sa vie.

Mes parents étaient tous deux nés à Paris, précisément avenue Trudaine, à deux pas l'un de l'autre, dans ce coin tranquille du neuvième arrondissement où, au début du siècle, vivaient beaucoup de familles juives qui devaient plus tard émigrer vers d'autres quartiers. Bien que cousins éloignés, ils ne se connaissaient pas. Du côté de mon père, l'arbre généalogique fait état d'une installation en France qui remonte au moins à la première moitié du XVIIIe siècle. Mes ancêtres étaient à l'époque fixés en Lorraine, à proximité de Metz, dans un village où j'ai traîné ma famille il y a quelques années. Le dernier Juif du village, un allègre centenaire, veillait à l'entretien des tombes. Il nous a montré celles de nos aïeux. L'une d'entre elles datait des années 1750. On imagine l'émotion qui nous a étreints face à ces lointaines traces de notre présence dans ce village.

Avant même la guerre de 1870, mes ancêtres paternels avaient gagné Paris, où ils s'installèrent comme artisans. Ils fabriquaient des petites boîtes en argent promises à un certain succès, puisque leur vente s'étendit jusqu'en Europe centrale. Par la suite, leur commerce périclita et la famille dut adopter un train de vie plus austère. Mon grand-père occupait un poste de comptable à la Compagnie parisienne du gaz. Il sut pourtant garantir à ses enfants de solides études, puisque mon père suivit les cours des Beaux-Arts et remporta le second grand prix de Rome avant de se lancer dans l'architecture. Son frère, quant à lui, était ingénieur de l'École centrale.

Comme tous les membres de ces familles juives assimilées, celle de mon père était profondément patriote et laïque. Ses aïeux étaient fiers de leur pays qui, dès 1791, avait accordé la pleine citoyenneté aux Juifs. C'est à peine si la poussée d'antisémitisme qui secoua le pays lors de l'affaire Dreyfus ébranla ces belles certitudes. Très vite, tout était rentré dans l'ordre lorsque la république reconnut l'innocence du capitaine. « Les descendants de 1789 ne pouvaient pas se tromper », aurait alors affirmé mon grand-père, tout en débouchant une bouteille de champagne pour fêter l'événement. Aussi, quand survint la déclaration de guerre de 1914, alors même qu'il venait d'achever son service militaire et ne rêvait que de se lancer dans la vie professionnelle, mon père partit au front, comme tous les Français de son âge. Mobilisé à Maubeuge dans le service des aérostats d'observation des lignes ennemies, il fut fait prisonnier, dès octobre 1914, et demeura en captivité pendant toute la guerre dans des conditions de plus en plus difficiles après plusieurs tentatives d'évasion.

Ces années le marquèrent en profondeur. Dans notre enfance, nous ne retrouvions pas chez lui, dans son extrême attention à notre éducation, la fantaisie dont faisaient état ses amis de jeunesse. Quant à l'Allemagne, elle demeurait à ses yeux l'« ennemi héréditaire ». Il ne croyait pas à la réconciliation prônée par Aristide Briand.

Je dispose de moins de précisions sur les membres de ma famille maternelle. Ils étaient originaires de Rhénanie, ma grand-mère de Belgique, et s'étaient établis en France à la fin du XIXᵉ siècle. Tout ce petit monde était foncièrement républicain et laïque, du côté de ma mère comme de celui de mon père, qui était à cet égard sans complaisance. J'ai souvenir d'un épisode survenu alors que j'avais huit ou neuf ans. Une cousine italienne, de passage à la maison, avait pris l'initiative de m'entraîner avec elle dans une synagogue. Lorsque Papa l'apprit, il prévint la cousine : en cas de récidive, elle n'aurait plus accès à la maison.

Très simplement, nous étions juifs et laïques, et n'en faisions pas mystère. Au jardin d'enfants, une condisciple de quatre ou cinq ans m'avait mise en larmes en m'assurant que ma mère « brûlerait » en enfer, puisque nous étions juifs. Cependant, j'ignorais tout de la religion. En 1937, visitant à Paris l'Exposition universelle, nous sommes allés déjeuner dans un restaurant où nous avons gaillardement commandé une choucroute. Lorsque les cousins chez qui nous séjournions l'ont appris, ils se sont écriés : « Mais vous vous rendez compte ! Manger une choucroute ! Et le jour de Kippour, en plus ! » De cet épisode date le début de mon apprentissage des coutumes juives. Je reconnais sans la moindre honte qu'il est resté modeste.

Pour autant, mon appartenance à la communauté juive ne m'a jamais fait problème. Elle était hautement revendiquée par mon père, non pour des raisons religieuses, mais culturelles. À ses yeux, si le peuple juif demeurait le peuple élu, c'était parce qu'il était celui du Livre, le peuple de la pensée et de l'écriture. Je me rappelle lui avoir demandé, je devais avoir quatorze ou quinze ans : « Est-ce que cela t'ennuierait que j'épouse quelqu'un qui ne soit pas juif ? » Il m'a répondu que pour sa part il n'aurait jamais épousé une femme non juive, à moins qu'elle ne soit... une aristocrate ! Devant ma surprise, il s'est expliqué : « Les Juifs et les aristocrates sont les seuls qui savent lire depuis des siècles, et il n'y a que cela qui compte. »

Cette observation m'a marquée. Non seulement elle confirmait chez lui un trait de caractère connu de nous tous, ce mélange d'originalité et de rigueur qui le caractérisait, mais elle donnait la mesure de son attachement aux choses de l'esprit. Quand nous étions enfants, après notre bain, nous nous rendions dans son bureau pour l'écouter nous lire des contes de Perrault ou des fables de La Fontaine. Plus tard, dès quatorze ou quinze ans, il ne supportait pas que nous nous délections de « petits romans », tels ceux de Rosamond Lehmann ; il convenait de lire, non seulement les classiques, Michel de Montaigne, Jean Racine ou Blaise Pascal, mais aussi les modernes, Émile Zola ou Anatole France, et même, à ma grande surprise, le sulfureux Henry de Montherlant. Lui-même lisait beaucoup. Il pratiquait en outre avec talent le dessin et la peinture. Il s'y adonnait avec l'assiduité et le sérieux qu'il mettait en toutes choses. Je possède encore quelques jolies aquarelles de lui. En revanche, contrairement à ma mère, la musique ne faisait pas partie de son univers.

Quelques mots encore de la laïcité. Elle était notre référence. Elle l'est demeurée. Ma mère, athée comme je le suis moi-même, continue d'incarner à mes yeux le paroxysme de la bonté. Pour autant, je ne méconnais pas l'aide que peuvent apporter les religions aux croyants et je conserve, avec admiration, le souvenir de ces jeunes Polonaises que la vie du camp avait déjà réduites à un état quasi squelettique et qui s'obstinaient pourtant à jeûner le jour de Kippour. À leurs yeux, le respect des rites avait plus d'importance que leur survie. J'en demeure impressionnée.

J'ai évoqué notre visite de l'Exposition universelle ; c'était un événement, car nous ne vivions pas à Paris. Deux ans après leur mariage, en 1924, mes parents avaient quitté la capitale pour s'installer à Nice. Mon père avait fait ce choix de la Côte d'Azur à la suite d'une intuition qui s'avéra juste, mais hélas, pour la prospérité de son entreprise, prématurée de quelques décennies. Il avait anticipé l'essor de la construction sur le littoral de cette Riviera qui devenait alors à la mode. La ville de Nice, en particulier, connaissait un développement spectaculaire, dû en partie à l'afflux d'étrangers. Mon père, convaincu que la fortune l'attendait là-bas, décida donc de mettre le cap au sud. Maman ne vécut pas cette transhumance avec joie. À la demande de son époux, elle avait abandonné des études de chimie qui la passionnaient, pour se consacrer à sa maison et à ses enfants. Il lui fallait maintenant quitter Paris, ses amis, sa famille, les concerts qui lui plaisaient. Pourtant, elle ne rechigna pas. Elle possédait une solide abnégation personnelle et avait l'habitude de passer par profits et pertes ce que mon père considérait comme autant de détails secondaires. Impossible cependant de douter qu'elle ne m'ait transmis son désir d'autonomie. À mes yeux comme aux siens, une femme qui en a la possibilité se doit de poursuivre des études et de travailler, même si son mari n'y est pas favorable. Il y va de sa liberté et de son indépendance.

Durant les premières années, les affaires de Papa prirent, comme il l'avait prévu, un essor prometteur. Il engagea deux dessinateurs, une secrétaire, et dessina les plans d'une villa à La Ciotat, selon lui la

première d'une longue série, sur des terrains ayant
jadis appartenu aux frères Lumière et qu'une société
de bains de mer venait d'acquérir. Nous vivions à
Nice dans un bel immeuble bourgeois, situé dans le
quartier des Musiciens. Autant qu'il m'en souvienne,
mes sœurs et moi partagions une vaste chambre,
tandis que mon frère Jean avait la sienne. Je revois
surtout l'atelier de dessin où mon père et ses collaborateurs travaillaient dans une atmosphère studieuse et
concentrée, qui impressionnait la gamine que j'étais.

Cette situation faste dura peu. Si les années 1920
avaient été faciles, les années 1930 furent celles des
difficultés. La crise économique, la fameuse crise de
1929, allait sévèrement frapper ma famille comme
celles de nombreux Français. Les commandes de mon
père se ralentirent brutalement. La situation se dété-
riora d'autant plus qu'il manquait de souplesse vis-à-
vis de ses clients, cherchant toujours à les convaincre
de ses propres choix architecturaux.

Dès 1931 ou 1932, il fallut vendre notre voiture,
quitter le centre-ville et emménager dans un appartement plus modeste, nettement moins confortable. Plus
de chauffage central, mais un grand poêle dans l'entrée ; en place du parquet, un simple carrelage pro-
vençal ; pas de chambre pour mon frère, qui dormait
dans la salle à manger. Désormais, nous ressentions
au quotidien les difficultés financières auxquelles
notre famille était confrontée. Même si la petite dernière que j'étais en avait une moindre perception que
les autres membres de la famille, je voyais bien que
Maman regrettait notre ancien appartement.

À l'âge de cinq ans, ces petites gênes matérielles

m'affectaient peu. Au contraire, j'ai beaucoup aimé
cet appartement de la rue Cluvier, le pittoresque de
l'environnement, la proximité de la campagne. Nos
fenêtres donnaient sur l'église russe, exacte reproduc-
tion d'une église de Moscou, construite à l'occasion
de la visite du tsar en France. Avant même l'arrivée
de nombreux réfugiés fuyant la révolution d'Octobre,
tout ce quartier s'était donc imprégné de culture russe.
Près de chez nous, on trouvait des courts de tennis,
eux aussi construits à l'occasion de la venue du tsar.
Un peu plus loin, un boulevard portait le nom de Tsa-
révitch.

Je revois notre chambre, son papier peint, bleu
avec des dessins. Elle ouvrait sur un balcon où poussaient des plantes en pots, et au-delà sur le vaste jardin
d'un horticulteur. Puis, très près de chez nous, passé
quelques immeubles, la campagne commençait, avec
un vrai petit bois de mimosas tapissé de violettes.
Nous allions souvent nous y promener le dimanche,
et lorsque nous avons été plus grandes, le jeudi avec
les éclaireuses. Le quartier est aujourd'hui méconnais-
sable. J'y suis retournée une fois ou deux. Tous les
espaces verts ont été construits et intégrés dans la
ville ; à peine ai-je retrouvé le lycée de garçons où
mon frère suivait ses études et qui trônait au milieu
d'un vaste parc. Il est aujourd'hui cerné d'immeubles.
À l'époque, cette proximité constante de la mer, du
soleil et de la campagne a fait de mon enfance un
paradis.

Nous formions, mes sœurs et moi, un trio parfaitement soudé. Je nous revois dans la chambre, en train
de faire nos devoirs toutes ensemble. Nous avions

beaucoup de travail à la maison, même si, contrairement à ce que la rigueur de notre père aurait pu laisser croire, il ne nous poussait pas à l'excellence scolaire. Certes, nous passions sans encombre de classe en classe, mais les études n'étaient pas notre fort. Nous remportions des prix dans les matières qui nous intéressaient, mais pour le reste, nous nous contentions de faire ce qu'il fallait. Nos professeurs étaient pourtant excellents, pratiquement tous agrégés. Moi-même, sans être bonne élève, j'étais souvent le « chouchou » des professeurs. « Toi, on te passe tout, affirmaient certaines de mes camarades. Mais nous, si on en faisait le quart, on ne l'accepterait pas. » Ce n'était pas entièrement faux. Je pense à quelques professeurs qui m'ont beaucoup protégée. Parmi eux, alors que j'étais en sixième ou en cinquième, un jeune couple sans enfant m'emmenait goûter après la classe, et j'en éprouvais quelque fierté. Comme par ailleurs les amies de Maman lui répétaient qu'elle me gâtait beaucoup plus que mon frère et mes sœurs, parce que j'étais la petite dernière, j'ai longtemps eu le sentiment d'être surprotégée. Leurs prédictions étaient pourtant bien sombres : « Yvonne, tu gâtes trop Simone. Elle fait ce qu'elle veut, elle impose à toute la famille ses volontés. Elle va devenir insupportable, pourrie. » Un peu plus grande, j'allais volontiers chercher le dictionnaire pour trancher un différend sur le sens d'un mot.

Il n'y avait pas grand risque. Papa veillait au grain. Il m'installait toujours à sa droite à table, au motif qu'il fallait me surveiller. Il estimait que trop souvent je n'en faisais qu'à ma tête, que je me tenais mal, qu'il fallait parfaire mon éducation et que lui seul pouvait compenser le laxisme maternel. Et puis, très vite, il n'a pas apprécié mon esprit contestataire. Toute surprise qu'il ne se rende pas compte du caractère exceptionnel de Maman, je ne me privais pas de dire que je considérais beaucoup de ses décisions et interdits comme autant de brimades qu'il lui infligeait.

Pourtant, je n'avais pas l'impression de me conduire d'une manière bien originale. Je n'aimais rien plus que rester à la maison avec Maman. J'avais l'impression que je vivais mon plus grand bonheur en symbiose avec elle. Je me tenais contre elle, je lui donnais la main, je me blottissais sur ses genoux, je ne la lâchais pas. J'aurais volontiers vécu un amour exclusif avec elle. Pour autant, la fratrie était soudée. Nous acceptions l'autorité de Milou, qui était particulièrement raisonnable, et à laquelle Maman déléguait volontiers ses pouvoirs. Le soir, je ne me serais jamais endormie si l'une ou l'autre n'était venue m'embrasser. Quant à Jean, il veillait attentivement et affectueusement sur moi. Denise également, quoique déjà très indépendante.

Cette image d'enfant favorite, voire un peu capricieuse, m'a longtemps collé à la peau. À tel point qu'à notre retour de déportation, lorsque ma sœur aînée a revu une amie, celle-ci a eu l'inconscience de lui lancer : « J'espère qu'au moins la déportation aura mis un peu de plomb dans la cervelle de Simone ! » Lorsque Milou m'a rapporté la réflexion, j'ai été abasourdie. Quelle bizarre époque que ces années-là, où les gens n'avaient pas toujours conscience de l'impact de leurs propos. Pourtant, cette amie ne pouvait ignorer ce que nous avions vécu là-bas. Voulait-elle, comme tant d'autres, nier la réalité parce que celle-ci lui était insupportable ? Peut-être, mais en dépit de l'indulgence dont je suis capable, les remarques de ce genre n'appartiennent pas à la catégorie de celles que j'oublie volontiers.

Lorsque je repense à ces années heureuses de l'avant-guerre, j'éprouve une profonde nostalgie. Ce bonheur est difficile à restituer en mots, parce qu'il était fait d'ambiances calmes, de petits riens, de confidences entre nous, d'éclats de rire partagés, de moments à tout jamais perdus. C'est le parfum envolé de l'enfance, d'autant plus douloureux à évoquer que la suite fut terrible. Nos loisirs étaient simples, car hormis la lecture, notre père ne tolérait la musique à la radio ou une sortie au cinéma que de façon exceptionnelle ; je n'ai d'ailleurs gardé aucun souvenir des rares films que nous avons pu voir à cette époque. Nous passions l'essentiel de notre temps libre en famille, entre nous, ou plus tard, lorsque nous avons grandi, dans le groupe des éclaireuses dont nous faisions partie. En fait, je n'avais pas vraiment la sensation d'une coupure entre la vie familiale et celle que je menais en dehors de la maison, au lycée ou avec les éclaireuses. L'ensemble formait un environnement homogène, ce qui créait une sensation sécurisante. J'avais le sentiment que tout se jouait en famille ; mes parents fréquentaient certains de nos professeurs, les recevaient à la maison, partaient skier avec eux. Les éclaireuses étaient toutes des camarades de lycée, et nos familles se fréquentaient et se rendaient des services. Par exemple, c'est Maman qui confectionnait les cravates pour les éclaireuses. J'avais ainsi le sentiment de vivre au sein d'une communauté aux contours informels, mais à l'intérieur de laquelle les échanges étaient multiples et chaleureux. Aujourd'hui, quelques moments plus forts que d'autres échappent à l'oubli. C'est ainsi que j'ai gardé souvenir d'un Noël délicieux où mes parents avaient laissé partir mes sœurs skier en montagne avec des amis. Nous sommes donc restés tous les trois à la maison. J'étais absolument ravie d'avoir Maman pour moi toute seule.

L'été, nous partions en vacances familiales à La Ciotat, dans la maison que mon père avait construite. L'emploi du temps était chargé entre la plage, les jeux dans le jardin, les sorties avec nos cousins. À Nice, ma meilleure amie m'accompagnait depuis la huitième. C'était une fille malheureuse chez ses parents, avec lesquels elle s'entendait mal, des Juifs d'origine polonaise arrivés en France après le référendum de 1935 rattachant la Sarre à l'Allemagne. Nous étions très proches et Maman l'accueillait volontiers. Avec deux autres éclaireuses, nous formions un quatuor inséparable. Le cancer a trop tôt emporté mes trois amies. Leur absence me pèse encore.

L'une d'entre elles et sa sœur, les filles Reinach, avaient débarqué au tout début de la guerre sur la Côte d'Azur. Leur père, Julien, conseiller d'État, avait été exclu de la haute assemblée à la suite des premières lois antijuives de Pétain. Elles habitaient la villa Kerylos à Beaulieu, un endroit extraordinaire construit par leur grand-père, l'helléniste Théodore Reinach, au début du siècle, et qui se voulait la reconstitution

fidèle d'une grande demeure de la Grèce antique.
Immense et luxueuse, la « villa grecque » nous fascinait. Son luxe était fabuleux. Nous mangions dans des
assiettes reproduisant la vaisselle grecque ancienne.

La politique, à cette époque, entrait à pas feutrés
dans ma vie de lycéenne. J'étais en septième lorsque
le Front populaire remporta les élections de 1936.
Les élèves des plus grandes classes étaient très impli-
quées. Elles portaient des insignes politiques, discu-
taient avec vivacité et commentaient les événements,
les défilés, les grèves. L'une d'entre elles affichait
dans sa chambre le portrait du colonel de La Rocque,
chef des Croix-de-Feu. Quelques années plus tard,
la même, résistante dans le réseau Franc-Tireur, fut
déportée à Ravensbrück.

Toute cette effervescence était nouvelle pour moi.
D'une part, la politique n'avait pas droit de cité à la
maison. D'autre part, j'ai appris plus tard que mes
parents ne partageaient pas les mêmes opinions. Papa
achetait *L'Éclaireur*, le quotidien de droite, tandis que
Maman lisait *Le Petit Niçois*, de tendance socialiste,
plus ou moins en cachette de Papa, ainsi que les
magazines de gauche ou du centre gauche comme
La Lumière, *L'Œuvre*, *Marianne*. De leur côté, la
sœur de ma mère et son mari, tous deux médecins
à Paris, ne dissimulaient rien de leurs opinions de
gauche. Ils avaient eu des sympathies communistes,
mais le voyage qu'ils avaient effectué vers 1934 en
URSS les avait vaccinés. Tout comme André Gide,
ils en étaient revenus déconfits, sans pour autant virer
à droite.

J'ai conservé des souvenirs précis des premières années de l'Allemagne nationale-socialiste et de la montée de l'antisémitisme. Les Français cultivaient le souvenir de la Première Guerre mondiale et évoquaient l'hécatombe qui avait décimé les familles. La guerre était restée omniprésente, et le péril allemand obsédant. Lorsque mon père évoquait les « Boches », car il ne disait jamais les Allemands, c'était toujours avec colère. Il les détestait. Lorsque Maman, par exemple, disait : « Si on avait écouté Briand et Stresemann, nos pays se seraient réconciliés et il n'y aurait pas eu Hitler », mon père répliquait : « De toute façon, on ne peut jamais s'entendre avec les Boches. »

Il reste que pendant des mois, sinon des années, peu de personnes ont compris ce qui se passait outre-Rhin. L'été 1934, pendant nos vacances à La Ciotat, Maman jouait au tennis avec un jeune homme de retour d'Allemagne après un séjour de plusieurs années. C'était Raymond Aron. Il lui raconta ce qu'il avait vu à Berlin, la violence des rues, les autodafés de livres organisés par les étudiants de l'université, bref, la montée du nazisme. Personne ne voulait le croire.

Et puis, très vite, des Juifs allemands se sont réfugiés à Nice. La communauté juive s'est aussitôt organisée pour les accueillir. Maman avait, depuis la fin des années 1920, pris l'habitude de s'occuper de bébés dont les parents étaient en difficulté et de leur tricoter de la layette, dans les rares moments libres que lui laissaient son mari et ses quatre enfants. À l'époque, les aides sociales étaient quasi inexistantes et le sort des « pauvres », comme on disait alors, ne relevait pratiquement que de la charité publique. À partir de 1934, elle s'est occupée des réfugiés d'Allemagne et d'Autriche. Plus tard, nous en avons même hébergé à la maison.

C'est que le flot des réfugiés ne cessait de croître. L'un des fils de Freud s'était installé à Nice, comme photographe ; nous sommes devenues très amies avec sa fille, Eva, une camarade intelligente et pleine de charme. Elle fréquentait notre lycée et appartenait au même groupe d'éclaireuses que nous. Un peu plus âgée que moi, elle a connu par la suite un destin tragique puisqu'elle est morte peu de temps après, loin de ses parents, partis pour la Grande-Bretagne.

Nos tabous familiaux en matière de politique étaient tombés : la montée de l'hitlérisme les avait abolis. Désormais, l'afflux des réfugiés et les témoignages dont ils étaient porteurs alimentaient toutes les conversations. Certaines personnes, qui avaient fui l'Allemagne nationale-socialiste, rapportaient que les opposants politiques étaient internés dans un camp de concentration à Dachau, dans la banlieue de Munich. Ils évoquaient aussi les vitrines des magasins marquées de l'étoile de David. On ne parlait pas encore des déportations de Juifs, mais tout le monde comprenait que la situation en Allemagne suivait un cours angoissant.

C'est en tout cas ce que je ressentais. J'ai un souvenir précis de l'effroi que j'ai éprouvé en voyant quelques actualités cinématographiques, consacrées du reste non pas à l'Allemagne mais à la guerre d'Espagne et la situation en Chine. J'avais une peur terrible de la guerre, une sorte d'intuition, précoce et exacerbée. Vision prémonitoire des futurs périls ?

C'est ce que prétendait ma sœur Milou, qui me l'a souvent rappelé, par la suite : « C'est toi qui étais à la fois la plus inquiète et la plus lucide sur la situation. Tu étais la seule à pressentir ce qui allait arriver. »

Au printemps 1938, avec l'Anschluss, la tension est encore montée d'un cran. À l'automne, les accords de Munich n'ont pas dissipé le malaise. À la maison, tout le monde y était hostile, Maman bien sûr, parce qu'elle voyait ce que le pacifisme occultait de dangers, mais aussi Papa, soucieux de prendre au plus vite une revanche sur ces Boches, nos ennemis héréditaires. Quant à mes oncle et tante, médecins, ils étaient stupéfaits et outrés. Eux qui avaient soutenu les républicains espagnols, au point que mon oncle avait même envisagé de s'engager dans les Brigades internationales, n'admettaient pas la non-intervention de la France.

Dans l'été 1939, l'entrée en guerre a été vécue par certains comme un soulagement. Dans les mois qui ont suivi, on plaisanta beaucoup à propos de la « drôle de guerre ». Je ne partageais pas ce soulagement. Je me revois disant à ma sœur : « Tu sais, nous, on est convaincus qu'on va gagner, mais les Allemands sont aussi persuadés qu'ils vont gagner. » Ce n'était pas pessimisme de ma part, mais ce trait de caractère, que j'ai conservé, avec la manie de penser que les choses ne vont pas forcément de pair avec les vœux que l'on forme.

Pour autant, nous étions loin de nous douter de ce qui nous attendait. D'abord, au fil de mois interminables, l'attente des combats. Ensuite, la défaite, l'armistice, le régime du maréchal Pétain. Enfin, les lois raciales et le déchaînement de la violence contre les Juifs.

En un mot, ce que nous ignorions, au sein de cette famille heureuse où l'on venait de fêter mes onze ans, puis mes douze ans, c'est que le paradis de l'enfance était en train de s'engloutir.

II

La nasse

Était-ce un signe avant-coureur ? Les choses se sont bel et bien déroulées ainsi : l'annonce de la déclaration de guerre, le 1er septembre 1939, demeure dans ma mémoire étroitement liée à des vacances interrompues par une maladie tardivement identifiée.

J'avais à peine douze ans et, comme chaque été, après la fin des classes, mes sœurs et moi étions parties avec les éclaireuses. Nous campions au mont Aigoual.

Un soir, alors que je me plaignais d'un mal de gorge, une amie me lança : « Tu dis ça parce que tu ne veux pas aller chercher du bois pour le feu. » Je n'ai rien répondu, mais très vite le mal gagna d'autres filles et, au bout d'une dizaine de jours, le médecin diagnostiqua une épidémie de scarlatine. Chacune de nous devait regagner son foyer pour enrayer la contagion. Mes sœurs et moi avons alors rejoint mon oncle et ma tante médecins, ainsi que leurs enfants, dans leur maison de la région parisienne, pour y poursuivre nos vacances. Un jour, je fis voir mes mains à mon oncle ; elles pelaient de façon spectaculaire, l'un des

symptômes de cette maladie. Il a déduit du calendrier
que c'était moi qui avais dû transmettre la scarlatine
à tout le monde, mais que la maladie arrivait désormais à son terme. Décidément, il n'y a pas de justice :
mes sœurs avaient été beaucoup plus souffrantes
que moi. Le 1er septembre, nous sommes donc rentrées toutes les trois à Nice, avec notre frère. C'est en
y arrivant que nous avons appris la déclaration de
guerre, triste couronnement de ces vacances ratées.
L'été 1939 finissait mal.

En dépit de cette nouvelle fracassante, la guerre,
Nice restait semblable à elle-même. Chacun vaquait
à ses occupations, sauf bien entendu les hommes mo-
bilisables, partis sous les drapeaux. Les tramways
roulaient, nous avions normalement repris nos cours.
Dans notre lycée de filles, le corps professoral, essentiellement féminin, était au complet. Chaque jeudi,
chaque dimanche, le scoutisme mobilisait les enfants
Jacob. Bref, cette guerre, qui n'engendrait aucun combat, à quelques escarmouches près, dont nous parvenait un écho feutré, nous semblait abstraite et
lointaine. La vie familiale n'était guère plus perturbée.
Papa, qui n'avait plus l'âge d'être mobilisé, travaillait
toujours aussi peu. De loin en loin, il visitait les chantiers de La Ciotat, mais les affaires ne marchaient
plus et, compte tenu de la situation, les perspectives
n'étaient pas à l'euphorie. Maman enseignait dans une
école primaire. Jamais en reste de bonté naturelle, elle
s'occupait par ailleurs d'une de ses amies, atteinte
d'un cancer.

Prévue ou non par les « experts », l'offensive allemande se déclencha le 10 mai 1940, telle la foudre,

mettant un terme au ronron illusoire qui nous berçait depuis des mois. Les événements se sont précipités. Un mois, jour pour jour, après le début du Blitzkrieg, mon père m'emmena faire une visite à une vieille tante, qui résidait à Cannes. Lors d'un arrêt en gare d'Antibes, nous avons entendu un vendeur de journaux claironnant sur le quai : « Les Italiens nous poignardent dans le dos ! » C'était l'annonce que Mussolini déclarait à son tour la guerre à la France. La réaction immédiate de Papa montra à quel point la nouvelle le bouleversait. Dès le retour à la maison, il nous expliqua que les Italiens allaient annexer le département des Alpes-Maritimes, affirmant avec certitude : « Nice risque d'être détachée de la France. Et nous, nous ne pourrons plus aller en France. » Le propos me paraissait pessimiste, mais savait-on jamais ? La revendication des Italiens sur le comté de Nice était de notoriété publique.

Papa a aussitôt voulu nous mettre en sécurité en nous envoyant tous les quatre rejoindre nos oncle et tante qui, à l'annonce de l'entrée en France des troupes allemandes, s'étaient réfugiés près de Toulouse. Il nous a fourrés dans le train dès le lendemain et nous sommes arrivés là-bas sans encombre. Tout le monde était suspendu à la radio, en quête de la moindre information. C'est ainsi que, le 18 juin, nous avons entendu l'appel d'un certain général de Gaulle... Mon oncle et ma tante ont aussitôt décidé d'essayer de rejoindre Londres. Il n'était pas question de nous emmener, et nous sommes donc repartis chez nous aussi vite que nous étions arrivés. Je revois Maman, nous attendant sur le quai à Marseille. Nos retrouvailles furent émues ; nous étions à nouveau réunis.

À ce moment-là tout le monde perdait la tête, et la panique qui soufflait sur Paris n'épargnait pas les grandes villes de province. Pendant quelques semaines, le phénomène de l'exode avait pris une ampleur folle. L'ambiance du pays était exactement celle qu'a décrite Irène Némirovsky dans son récit, *Suite française*. Cette fièvre fut courte. Avec l'armistice, l'abattement et le silence lui succédèrent. Rien de nouveau ne se produisant, nous avons passé l'été à La Ciotat avant de regagner Nice, où, une fois encore, la vie a repris son cours.

Notre rentrée s'est effectuée normalement : le lycée le jour, la vie de famille le soir, les éclaireuses les jours de congé. En revanche, notre situation matérielle s'est rapidement dégradée. L'hiver a été très froid, et nous avions de réelles difficultés à trouver du charbon. Les restrictions alimentaires n'ont pas non plus tardé à survenir. Il est bien connu que la région de Nice produit plus de fleurs que de légumes et de laitages. La population vivait donc très mal, et nous de même. Dans ce contexte, quelle qu'ait été notre attention aux nouvelles en provenance de Vichy, nous avons été frappés de stupeur à l'annonce, dès octobre, du premier statut des Juifs. Notre père, très « ancien combattant », admettait difficilement que ces dispositions portent la griffe du maréchal Pétain. On sait ce qu'il en était. Les Juifs faisaient désormais l'objet d'une ségrégation administrative, parfaitement scandaleuse au pays des droits de l'homme : était « juif » quiconque possédait trois grands-parents juifs, mais seulement deux s'il était lui-même marié à un conjoint juif ! Ainsi définis, les Juifs se voyaient interdire toute activité dans le secteur public et la sphère médiatique, tandis que l'exercice d'autres professions était soumis à des quotas restrictifs. C'est ainsi qu'en décembre 1940 deux de mes enseignantes durent quitter leurs fonctions. Quant à notre père, qui n'avait déjà plus beaucoup de travail depuis des années, il se vit retirer le droit d'exercer son métier. Par chance, des amis architectes l'aidèrent en lui confiant quelques tâches, mais son activité était d'autant plus marginale qu'eux-mêmes manquaient de chantiers. Le tableau s'assombrissait donc. Pénuries d'approvisionnement, ressources en baisse constante : en dépit de la discrétion coutumière de mes parents sur les questions d'argent, il n'était pas difficile de deviner les difficultés auxquelles ils étaient confrontés. Par la suite, la situation ne cessa d'empirer. Je me rappelle, un ou deux ans plus tard, ma sœur aînée, de retour de la banque, annonçant qu'il ne restait plus un sou sur le compte.

Décidément, c'étaient les vaches maigres. Certes mon père adorait ma mère, et eût aimé ne pas la partager avec ses enfants que, par ailleurs, il aimait tendrement. Cependant, l'homme à principes qu'il était avait toujours fait preuve d'une exigence de rigueur dans les dépenses du ménage. Dès avant guerre, les douceurs que ma mère aimait nous offrir, certes légères, s'agissant d'un pain au chocolat, n'étaient pas comptabilisées. L'austérité venue, tout devint plus difficile et les quatre adolescents que nous étions alors en furent marqués. Nous sentions Maman trop dépendante de Papa, et nous n'aimions pas cela. Elle qui n'avait jamais travaillé, et donc jamais connu la moindre autonomie financière, avait à rendre des comptes détaillés. Nous étions sensibles aux mises en garde qu'elle multipliait à notre intention. J'en ai conservé un souvenir ému, et une leçon inoubliable : « Il faut non seulement travailler, mais avoir un vrai métier. » Aussi, lorsque, beaucoup plus tard, mon mari s'est aventuré à me suggérer que l'éducation de nos enfants pourrait peut-être me dispenser de travailler, ai-je fermement écarté cette hypothèse.

Entre-temps, dès 1941, il avait été fait obligation aux Juifs de se déclarer ; d'abord les étrangers, nombreux à Nice, puis les Français. Qu'est-ce que cela voulait dire ? N'étions-nous pas français au même titre que les autres ? Cependant, comme la presque totalité des familles juives, nous nous sommes pliés à cette formalité, habitués à respecter la loi, et sans trop vouloir nous interroger sur ses implications : le présent était suffisamment pénible pour qu'on ne se pose pas de questions sur l'avenir. D'ailleurs, nous n'avions pas à rougir de ce que nous étions. Ai-je besoin de dire que je m'étais montrée plus réticente que les autres ?

Au fil de cette période, Nice ne cessait d'accueillir des réfugiés juifs qui fuyaient le nord de la France pour gagner la zone libre, phénomène qui s'accentua encore avec l'occupation du Midi par les troupes italiennes, fin 1942. Leur arrivée faisait suite à l'invasion de la zone libre par l'armée allemande après le débarquement des Alliés en Afrique du Nord. Il convient de souligner que les Italiens avaient une attitude de tolérance à l'égard des Juifs français. Paradoxalement, ils se montraient plus libéraux à notre égard que les autorités de notre propre pays ne l'avaient été. Les Allemands, qui, dans les territoires qu'ils occupaient, arrêtaient déjà les Juifs à tour de bras, ne tardèrent d'ailleurs pas à condamner la relative bienveillance des Italiens, mais en pure perte. De sorte que, jusqu'à l'été 1943, le sud-est de la France constitua un refuge pour les Juifs, au début parce qu'il se trouvait en zone libre, ensuite parce que les Italiens l'occupaient. Nice vit ainsi sa population s'accroître de près de trente mille habitants en quelques mois seulement.

Cinq nouveaux membres de la famille avaient rejoint Nice, à proximité de chez nous, alourdissant encore les difficultés matérielles dans lesquelles nous nous débattions. Le frère de Papa, ingénieur, avait été arrêté à Paris lors de la grande rafle de décembre 1941, celle qu'on a appelée la rafle des médecins et des ingénieurs. Détenu au camp de Compiègne, il était tombé si gravement malade que les autorités avaient décidé de l'hospitaliser. Une fois guéri, il avait été libéré et sa femme et lui vinrent donc, deux ans plus tard, s'installer à Nice avec leurs trois enfants. Les récits qu'il nous fit ne manquaient pas de nous alarmer. Nous étions de plus en plus inquiets de l'avenir. Le cœur n'était plus vraiment aux études. Mon frère Jean décida brutalement d'arrêter les siennes et commença à travailler comme photographe dans les studios de cinéma de Nice. Milou, qui venait d'obtenir son bac, prit un emploi de secrétaire afin de soulager des finances familiales exsangues. Denise décida de donner des leçons particulières de maths. Ainsi parvenions-nous à survivre, en veilleuse, dans un environnement où, au fil des mois, l'afflux des réfugiés ne diminuait pas. Nous rencontrions de plus en plus de familles juives en si grande détresse que nous les logions pour quelques jours. Pour tout dire, leur souci de pratique religieuse nous laissait pantois : pour la première fois, nous voyions des gens respecter le shabbat, kippa sur la tête, en attendant sans rien faire que la journée s'écoule, tout cela dans le noir aussi longtemps que nous, qui ne subissions pas les mêmes interdits, tardions à leur allumer la lumière.

Après la chute de Mussolini, dans l'été 1943, les Italiens signèrent un armistice et quittèrent la région. On entra dans la tragédie. Le 9 septembre 1943, la Gestapo débarquait en force à Nice, avant même les troupes allemandes. Ses services s'installaient à l'hôtel Excelsior, en plein centre-ville, et déclenchaient sans coup férir la chasse aux Juifs que les Italiens avaient refusé de mettre en œuvre. Les arrestations massives commencèrent aussitôt. Elles étaient conduites par Aloïs Brunner, déjà célèbre à Vienne, Berlin et Salonique, avant de diriger le camp de Drancy. Ma meilleure amie, camarade de lycée et éclaireuse comme moi, fut ainsi arrêtée dès le 9 septembre, ainsi que ses parents. Je devais apprendre plus tard qu'ils avaient été gazés à leur arrivée à Auschwitz-Birkenau.

À compter de cette date, les choses ont radicalement changé pour les Juifs français, alors que peu d'arrestations avaient eu lieu précédemment. Nos papiers d'identité devaient désormais porter la lettre J. J'ai senti le danger de cette mesure avant le reste de la famille, et voulu m'opposer à ce tampon. Mais, comme lorsqu'il s'était agi d'aller se déclarer aux autorités, nous avons subi la mesure avec un mélange de résignation, de légalisme et, je dois le dire, de fierté. Nous ignorions de quel prix il nous faudrait bientôt payer cette franchise. Dès les premières arrestations, nous avons compris. Le temps n'était plus à assumer ce que nous étions. Il fallait au contraire tenter de se noyer dans la masse anonyme, de devenir, autant que possible, invisibles.

En ce début de septembre 1943, mes deux sœurs participaient encore à un camp de cheftaines. Notre père, très inquiet, et à bon escient, les a prévenues de la situation en leur recommandant de ne pas regagner Nice. Denise a suivi son conseil, et rapidement rejoint le mouvement de résistance Franc-Tireur dans la région lyonnaise, mais Milou est rentrée. Elle ne voulait pas abandonner son travail, qui contribuait à faire vivre la famille. Convaincus des dangers, mes parents ont alors décidé de faire front en se procurant de fausses cartes d'identité. Puis nous nous sommes éparpillés, mes parents chez un ancien dessinateur de mon père, des gens simples et généreux qui leur ont tout de suite offert l'hospitalité. Par la suite, pendant toute la durée de notre déportation, ils allaient héberger ma grand-mère, venue nous rejoindre. Milou et moi logions dans le même immeuble, chez d'anciens professeurs ; elle chez son professeur de chimie, moi chez un professeur de lettres. Mon frère Jean était hébergé ailleurs, par un troisième couple. Avec cette dispersion, munis de fausses cartes d'identité, nous nous imaginions à l'abri. Ma sœur continuait à travail-

ler. Je poursuivais mes cours au lycée et n'hésitais pas
à sortir en ville avec mes camarades. Disons-le sans
détour : nous étions inconscients.

La famille chez qui je vivais était atypique et cha-
leureuse. Elle, excellent professeur, poursuivait son
enseignement au lycée. Lui était l'héritier de la
famille Villeroy, les célèbres porcelainiers, descendants du maréchal. Ils vivaient dans un bel immeuble,
à Cimiez. Ils avaient trois enfants, et n'hésitèrent pas
à installer un lit supplémentaire pour moi dans la
chambre de leur fille, qui avait quatre ou cinq ans.
Leur vie était simple, sans protocole. Sur la porte
extérieure, ils avaient affiché une carte de visite sur
laquelle ils précisaient : « Les gens qui n'ont pas une
bonne raison pour venir chez nous peuvent s'abstenir. » Entre autres passions, M. de Villeroy s'intéressait à l'astronomie et passait des heures à observer
les étoiles, sans jamais ou presque mettre le nez
dehors. Sa femme s'activait à ses cours, allait au
lycée, corrigeait ses copies. Tous deux m'avaient pleinement intégrée à leur vie de famille.

Leur sympathie et leur soutien me furent d'autant
plus précieux que, deux mois à peine après le début
de l'année scolaire, je dus cesser d'aller au lycée. Dès
novembre, la directrice m'avait convoquée à son
bureau et fait comprendre qu'elle ne pouvait plus m'accueillir dans l'établissement. Une ou deux lycéennes
juives ayant été arrêtées, elle refusait d'endosser une
aussi lourde responsabilité. Désormais, je devrais rester
chez moi et préparer mon bac par mes propres moyens.
Son attitude me surprit, mais je n'avais rien à dire.
Par chance, grâce aux cours que me passaient mes

camarades de classe et aux corrections que les professeurs voulaient bien me transmettre, j'ai bénéficié d'une aide scolaire efficace. En dépit des événements et de la décision de la directrice, ce lycée, que j'avais toujours considéré comme ma seconde famille, ne manquait donc pas à sa tâche. J'ai ainsi pu préparer mon bachot en travaillant chez les Villeroy et à la bibliothèque municipale, qui se trouvait à proximité.

À chaque sortie, je me rassurais en me persuadant que ma fausse carte suffirait à me protéger. Pourtant, à Nice, plus encore qu'ailleurs, le danger courait les rues. C'est là que la plupart des gens se faisaient arrêter lors de contrôles inopinés. En dépit de tous les efforts qu'elle déployait, secondée par ses indicateurs et ses physionomistes, la Gestapo ne parvenait pas à effectuer des rafles aussi efficaces que dans d'autres villes, d'une part du fait de la réelle solidarité des Niçois entre eux, d'autre part parce que la police française était de moins en moins portée à collaborer. Il est vrai qu'en ce début de l'année 1944, la population était de plus en plus convaincue que les rapports de force commençaient à s'inverser et qu'un jour ou l'autre, le débarquement des Alliés sonnerait le glas de la domination allemande, comme celui de Sicile avait déclenché l'effondrement du pouvoir en Italie. En même temps que croissait cette dernière espérance, nourrie par l'évolution de la situation militaire à l'est comme en Italie, la Gestapo redoublait les contrôles et la traque. Nombre d'entre nous en firent les frais.

Nous avions été prévenus, dès les premières semaines de l'année scolaire, que les épreuves du bac se dérouleraient non pas en juin, selon le calendrier habituel, mais dès fin mars, et ne comporteraient que des épreuves écrites. Les autorités niçoises voulaient en effet clore l'année scolaire le plus tôt possible, par crainte d'un débarquement allié et des troubles qui en découleraient. Elles envisageaient même l'évacuation de la ville en cas de nécessité. Des *blockhaus* avaient été érigés le long de la mer, et d'autres mesures de protection prévues. J'ai donc passé mes épreuves le 29 mars, sans rencontrer le moindre problème et sous mon vrai nom.

Le lendemain, j'avais rendez-vous avec des amies pour fêter la fin des examens. Je m'y rendais avec un camarade lorsque soudain, deux Allemands en civil nous arrêtèrent pour contrôle d'identité. Ils étaient escortés d'une de ces Russes dont Nice regorgeait alors et dont certains n'avaient eu aucun scrupule à se mettre au service des Allemands. Un rapide regard sur ma carte d'identité leur suffit : « Elle est fausse. » Je me défendis avec un parfait aplomb : « Mais pas du tout ! » Ils refusèrent de discuter et nous conduisirent aussitôt à l'hôtel Excelsior, où la Gestapo menait les interrogatoires des personnes interpellées. Le mien n'a pas duré longtemps. Tandis que je m'acharnais à répéter que mon nom était bien celui qui figurait sur mes papiers, l'un des Allemands m'a désigné d'un geste une table sur laquelle se trouvait une pile de cartes d'identité vierges, mais dont la signature, facilement reconnaissable à son encre verte, était identique à la mienne. Le ton était aimable mais ironique. « Votre carte d'identité, on en a autant que vous voulez. » Je suis restée sans voix. Avaient-ils raflé tout un stock, ou avaient-ils réussi à mettre en circulation des fausses cartes ? Rien n'était impossible. Je me suis alors dit : « Toute la famille a les mêmes cartes que moi. Il faut les prévenir. » J'ai donc fourni une fausse adresse aux Allemands avant de supplier le camarade non juif avec lequel j'avais été arrêtée, et qui s'apprêtait à ressortir libre de l'hôtel Excelsior, de prévenir ma famille.

S'est alors produit un tragique concours de circonstances. Ce jour-là, mon frère Jean avait rendez-vous avec Maman. S'étant manqués, chacun de son côté se rendit à l'endroit où j'habitais et où, à un autre étage, vivait aussi ma sœur Milou. Tous les trois, au même moment, se retrouvèrent ainsi pour la première fois dans l'escalier de l'immeuble. Et comme le garçon qui devait les prévenir avait été suivi par la Gestapo, le coup de filet fut rapide. L'arrestation s'est ainsi effectuée de la façon la plus absurde qui soit. Maman, Milou et Jean étaient sortis de chez eux, comme moi-même deux ou trois heures plus tôt, convaincus que leurs cartes d'identité les protégeaient. En les voyant arriver à l'hôtel Excelsior, j'ai tout de suite eu le sentiment qu'une nasse se refermait sur nous, et que nos existences prenaient dès lors un tour dramatique. Désormais, il était inutile de lutter. Même si mon frère n'était pas circoncis, nos fausses cartes suffisaient à nous dénoncer comme Juifs. Nous tentions pourtant de nous rassurer en nous répétant que le pire n'est jamais certain. Maman, elle, conservait l'espoir et, dans notre malheur, se réjouissait que nous soyons ensemble.

Pendant la semaine que nous avons passée à l'hôtel

Excelsior, nous n'avons pas eu à subir de sévices.
Nous mangions même de façon plus convenable qu'à
l'extérieur. Je me rappelle que, parmi les SS qui
nous gardaient, un Alsacien se montrait compatissant
avec les détenus. Savait-il ce qui nous attendait ? J'en
doute. Nous pouvions écrire à des amis si nous le
désirions, nous faire apporter des affaires personnelles, des livres, des vêtements chauds. De sorte
qu'aussi extraordinaire que cela paraisse, ces six
journées se sont écoulées dans l'incertitude et l'appré-
hension, mais pas dans l'angoisse que l'on aurait pu
imaginer.

Le lot des personnes arrêtées quittait Nice à la fin
de chaque semaine, sans doute en fonction du nombre
de places dans les wagons, des voitures de voyageurs
ordinaires. Nous sommes montés dans le train avec
un pincement au cœur, mais sans imaginer un seul
instant ce qui nous attendait. Autour de nous, tout
semblait encore à peu près civilisé. Les SS ne nous
traitaient pas avec mépris ou violence, et seuls deux
d'entre eux, chacun à un bout du wagon, assuraient
la surveillance. Le 7 avril, nous avons donc voyagé
pour atteindre Drancy, où convergeaient, nous l'avons
appris par la suite, les convois de toute la France. À
notre arrivée, nous avons tout de suite compris que
nous descendions une nouvelle marche dans la misère
et l'inhumanité.

Les conditions de vie dans le camp étaient morale-
ment éprouvantes. Matériellement, elles étaient aussi
très dures. Nous étions mal couchés, nous mangions
mal, même s'il faut relativiser, car à moins d'être mil-
lionnaire, on mangeait à l'époque très mal partout

en France. C'était surtout l'angoisse qui régnait à
Drancy, même si certains se raccrochaient à l'idée
d'un débarquement prochain. Ils espéraient tellement
une rapide libération qu'ils faisaient tout leur possible
pour gagner du temps et reculer leur départ. Pour la
plupart, cette espérance s'avéra illusoire. Seules quelques personnes, très peu nombreuses, souvent arrêtées
dans les premiers temps, avaient su se rendre indispensables. Il s'agissait de médecins, d'employés aux
écritures, de membres de ce que l'on pourrait appeler
la structure administrative, même si ce sont de bien
grands mots pour une aussi pauvre réalité. Les responsables du camp restaient de marbre. Il suffisait d'un
incident pour que celui qui était parvenu à rester un
an ou plus déplaise tout à coup à la Gestapo ou aux
SS, et parte à son tour. Par ailleurs, quelques individus
isolés, dont le conjoint n'était pas juif, réussissaient à
rester sur place, ce qui leur sauvait la vie car, à
Drancy, on ne mourait plus à cette époque.

Les internés pouvaient rester prostrés et muets pendant des journées entières. Quant aux responsables
juifs, j'ignore ce qu'ils savaient de ce qui nous attendait. À mon avis, ils en avaient plus d'intuition que
de connaissance. Mais s'ils savaient quelque chose,
rien n'en transpirait, ce qui se comprend. Je me dis
que même s'ils avaient eu des doutes sur notre sort
futur ou des bribes d'information, ils n'auraient rien
dit, parce que le camp serait devenu intenable, et les
représailles atroces. Je n'ai donc jamais entendu parler
à Drancy de chambres à gaz, de fours crématoires ou
de mesures d'extermination. Tout le monde répétait
que nous devions être acheminés en Allemagne pour y

travailler « très dur ». Mais vers quelles destinations ?
Faute de le savoir, on parlait de « Pitchipoï », terme
inconnu désignant une destination imaginaire. Les
familles espéraient ne pas être séparées, et c'était tout.

Après guerre, on a souvent épilogué sur la connaissance que les Juifs pouvaient avoir de la situation. En
fait, leurs informations étaient très en deçà de ce que
l'on a pu penser. Les Juifs étrangers, traqués les premiers, ont su plus rapidement que les Français de quoi
il retournait. On en savait plus en zone occupée qu'en
zone libre. Il est cependant difficile de croire que
François Mitterrand, se refaisant une santé après son
évasion, sur la Côte d'Azur, chez des Juifs d'origine
tunisienne, ait pu ignorer les mesures prises à l'encontre des Juifs. Dans la communauté, toutes les
familles étaient persécutées. Le nombre de celles qui
atteignirent sans encombre les rivages de la Libération
ne doit pas être très élevé.

Pour en revenir à la lourde grisaille de Drancy, elle
était parfois traversée d'un rayon de soleil. J'ai ainsi
le souvenir d'avoir retrouvé les parents Reinach, nos
amis de la villa Kerylos. Mme Reinach, toujours
dynamique, supervisait un des services de cuisine du
camp. Je suis allée vers elle et j'ai eu la joie de pouvoir lui dire : « J'ai reçu la semaine dernière une lettre
de votre fille Violaine. Toute votre famille va bien et
ne risque rien. » Évidemment, pour M. et Mme Reinach, une telle nouvelle était un cadeau ; ils avaient
été arrêtés quelque temps auparavant et se trouvaient
donc dans l'ignorance de ce qu'il advenait de leurs
cinq enfants. Les parents, eux, furent déportés très
tard et directement à Bergen-Belsen, comme d'autres

personnalités et peut-être parce que Mme Reinach était d'origine italienne.

Jour après jour, nous attendions donc tous les quatre, Maman, ma sœur Milou, mon frère et moi, un départ pour l'Allemagne dont nous ignorions aussi bien la date que la destination, avec le seul espoir de ne pas être séparés. Personne n'avait entendu parler d'Auschwitz, dont le nom n'était jamais prononcé. Comment aurions-nous pu avoir une idée quelconque de l'avenir que les nazis nous réservaient ? Aujourd'hui, il est devenu difficile de réaliser à quel point l'information, sous l'Occupation, était rationnée et cloisonnée. Elle l'était du fait de la police et de la censure. On a peine à croire, à présent, que personne, hors les quartiers concernés, n'ait entendu parler de la grande rafle du Vél d'Hiv de juillet 1942, laquelle, depuis lors, a fait couler tant d'encre et nourri tant de polémiques. Lorsque, bien plus tard, j'en ai eu moi-même connaissance, j'ai partagé la stupeur collective face à la révélation du comportement de la police parisienne. Sa complicité dans l'opération me semblait une tache indélébile sur l'honneur des fonctionnaires français. Aujourd'hui, même si nos concitoyens, dans leur immense majorité, partagent ce point de vue, mon jugement s'est précisé, et je pense qu'il convient de moduler l'opprobre. Jamais, jamais on ne pourra passer l'éponge sur la responsabilité des dirigeants de Vichy qui ont prêté main-forte à la « solution finale » en apportant aux Allemands la collaboration de la police française et de la milice, notamment à Paris. Cela n'atténue en rien le mérite de ceux de ces policiers qui, par exemple, ont prévenu et ainsi sauvé la moitié des vingt-cinq mille Juifs répertoriés à Paris avant la rafle du Vél d'Hiv en juillet 1942.

Plus généralement, si les trois quarts de la population juive vivant en France ont échappé à la déportation, c'est d'abord du fait de l'existence, jusqu'en novembre 1942, de la zone libre et, jusqu'en septembre 1943, de l'occupation italienne.

Et puis, nombre de Français, n'en déplaise aux auteurs du *Chagrin et la Pitié*, ont eu un comportement exemplaire. Les enfants ont été, pour le plus grand nombre d'entre eux, sauvés grâce à toutes sortes de réseaux, comme la Cimade ; je pense en particulier aux protestants du Chambon-sur-Lignon et d'ailleurs, ou encore aux nombreux couvents qui ont recueilli des familles entières. En fin de compte, de tous les pays occupés par les nazis, la France est, et de loin, celui où les arrestations furent, en pourcentage, les moins nombreuses. Les Juifs néerlandais ont été éliminés à plus de quatre-vingts pour cent. En Grèce, ce fut la même chose. L'an passé, en voyage à Athènes, j'ai pu constater qu'il ne reste rien de la communauté juive de Salonique. On m'a raconté que la fureur des nazis était telle que l'arrestation de deux personnes réfugiées sur une petite île grecque avait mobilisé toute une unité SS.

Aucun événement historique, aucun choix politique des gouvernants, surtout dans des périodes aussi troubles, n'entraîne des conséquences uniformément blanches ou noires. Nul ne peut nier que la collaboration, consacrée par les sept étoiles de Pétain, ait induit en erreur nombre de nos concitoyens. J'ai cependant été frappée de la réponse que m'a faite, bien des années plus tard, la reine Béatrix des Pays-Bas, un jour où j'évoquais avec admiration le départ de la reine Wilhelmine et de son gouvernement pour Londres dès l'invasion de son pays, en 1940. « Ne croyez pas que ce soit aussi simple, m'a confié la reine. On a beaucoup critiqué l'attitude de Wilhelmine, regrettant qu'elle ait "abandonné son peuple". Et c'est ce qui se dit encore aujourd'hui dans notre pays. » On ignore souvent en France que, compte tenu du vide politique qui régnait aux Pays-Bas, les Juifs y ont été très souvent dénoncés. Ce fut le cas d'Anne Frank.

Revenons à Drancy. Au bout de quelques jours, le responsable du camp – j'ignore si c'était un membre de la Gestapo ou un Français – a informé les jeunes gens de seize ans et plus que, s'ils acceptaient de rester à Drancy, ils travailleraient en France pour l'organisation Todt. Ma mère, ma sœur et moi avons alors dit à Jean : « Si tu as une chance de rester en France, saisis-la. Nous ne savons pas ce qui nous attend en Allemagne, peut-être serons-nous séparés. Mais toi, reste en France. » Après hésitation, Jean a donc décidé de se porter volontaire et de ne pas partir avec nous.

Au long de cette semaine passée à Drancy, nous étions dans l'ignorance complète du sort de notre père. En fait, il avait été arrêté quelques jours après nous et devait rejoindre le camp peu de temps après que nous l'avons quitté. À notre retour, nous sommes parvenues à reconstituer les événements. Lorsqu'il est arrivé à Drancy, Papa a retrouvé Jean, qui attendait

toujours le travail qu'on lui avait promis. Bien sûr,
tout cela n'était qu'un roman ; jamais les responsables
n'avaient songé à employer des Juifs dans l'organisation Todt. Le train dans lequel on les a embarqués,
quelques jours plus tard, avec plusieurs centaines
d'autres, est en fait parti pour Kaunas, l'un des ports
les plus importants de la Lituanie, alors occupée par
les Allemands. Pourquoi cette destination ? Personne
n'a jamais pu vraiment l'expliquer. Peut-être les nazis
redoutaient-ils des émeutes fomentées par les hommes
valides dans les trains de déportés, voire des évasions.
En éliminant les individus dans la force de l'âge, ils
minimisaient donc les risques. Ou bien, et c'est la
thèse du père Desbois, qui mène actuellement des
recherches en Biélorussie et en Ukraine sur les fosses
communes, ces hommes furent envoyés dans les pays
baltes pour déterrer les cadavres afin qu'on ne puisse
jamais les retrouver ni reconstituer les événements. Il
est en effet aujourd'hui avéré que les rares survivants
de ce convoi furent assignés à cette sinistre besogne.
Plutôt que d'utiliser des Baltes, qui auraient pu ébrui-
ter les massacres de masse, les autorités nazies avaient
choisi de faire venir des Français qu'ils élimineraient
ensuite à leur tour.

Ce qui est certain, c'est que mon père et mon frère
sont partis ensemble pour Kaunas, car leurs noms
figurent sur les listes. On sait aussi que certains de
ces hommes ont été envoyés à Tallinn, la capitale de
l'Estonie, pour des travaux de réfection de l'aéroport
qui avait été bombardé. Il semble que tout le monde
ait été rapidement assassiné à l'arrivée, du moins si
l'on en croit les témoignages de la quinzaine de survi-

vants revenus de cet enfer. Quel fut le sort de mon père et de mon frère ? Nous ne l'avons jamais su. Aucun des survivants ne connaissait Papa et Jean. Par la suite, les recherches menées par une association d'anciens déportés n'ont rien donné. De sorte que nous n'avons jamais su ce qu'étaient devenus notre père et notre frère. Aujourd'hui, je garde intact le souvenir des derniers regards et des ultimes mots échangés avec Jean. Je repense à nos efforts, à toutes les trois, pour le convaincre de ne pas nous suivre, et une épouvantable tristesse m'étreint de savoir que nos arguments, loin de le sauver, l'ont peut-être envoyé à la mort. Jean avait alors dix-huit ans.

Quant à ma seconde sœur, Denise, alors que nous nous trouvions à Drancy, elle avait déjà rejoint la Résistance depuis plusieurs mois. Elle fut arrêtée à son tour en juin 1944, puis déportée à Ravensbrück, tout en réussissant à dissimuler qu'elle était juive, ce qui a dû lui valoir la vie sauve. De tout cela, nous n'avons rien su avant notre retour à Paris, Milou et moi. Tout au long de notre déportation, nous avions vécu dans l'idée qu'elle, au moins, avait échappé à la traque. Nous avons appris ce qui lui était arrivé dans un centre de rapatriement, à la frontière entre l'Allemagne et les Pays-Bas, où quelqu'un nous a bouleversées en nous disant l'avoir croisée à Ravensbrück. Voilà donc quelles furent les destinées de mon père, de Jean et de Denise, dont j'ai tout ignoré entre mon départ de Nice, le 7 avril 1944, et mon retour en France en mai 1945.

Le 13 avril, nous avons été embarquées à cinq heures du matin, pour une nouvelle étape dans cette descente aux enfers qui semblait sans fin. Des autobus nous ont conduits à la gare de Bobigny, où l'on nous a fait monter dans des wagons à bestiaux formant un convoi aussitôt parti vers l'Est. Comme il ne faisait ni trop froid ni trop chaud, le cauchemar n'a pas tourné au drame, et dans le wagon où nous nous trouvions toutes les trois personne n'est mort au cours du voyage. Nous étions cependant effroyablement serrés, une soixantaine d'hommes, de femmes, d'enfants, de personnes âgées, mais pas de malades. Tout le monde se poussait pour gagner un peu de place. Il fallait se relayer pour s'asseoir ou s'allonger un peu. Il n'y avait pas de soldats au-dessus des wagons. La surveillance du convoi était seulement assurée par des SS dans chaque gare où il s'arrêtait. Ils longeaient alors les wagons pour prévenir que, si quelqu'un tentait de s'évader, tous les occupants du wagon seraient fusillés. Notre soumission donne la mesure de notre ignorance. Si nous avions pu imaginer ce qui nous attendait, nous aurions supplié les jeunes de prendre tous les risques pour sauter du train. Tout était préférable à ce que nous allions subir.

Le voyage a duré deux jours et demi ; du 13 avril à l'aube au 15 au soir à Auschwitz-Birkenau. C'est une des dates que je n'oublierai jamais, avec celle du 18 janvier 1945, jour où nous avons quitté Auschwitz, et celle du retour en France, le 23 mai 1945. Elles constituent les points de repère de ma vie. Je peux oublier beaucoup de choses, mais pas ces dates. Elles demeurent attachées à mon être le plus profond, comme le tatouage du numéro 78651 sur la peau de mon bras gauche. À tout jamais, elles sont les traces indélébiles de ce que j'ai vécu.

III

L'enfer

Le convoi s'est immobilisé en pleine nuit. Avant même l'ouverture des portes, nous avons été assaillis par les cris des SS et les aboiements des chiens. Puis les projecteurs aveuglants, la rampe de débarquement, la scène avait un caractère irréel. On nous arrachait à l'horreur du voyage pour nous précipiter en plein cauchemar. Nous étions au terme du périple, le camp d'Auschwitz-Birkenau.

Les nazis ne laissaient rien au hasard. Nous étions accueillis par des bagnards que nous avons aussitôt identifiés comme des déportés français. Ils se tenaient sur le quai en répétant : « Laissez vos bagages dans les wagons, mettez-vous en file, avancez. » Après quelques secondes d'hésitation, tout le monde s'exécutait. Quelques femmes gardèrent leur sac à main sans que personne s'y oppose. Vite, vite, il fallait faire vite. Soudain, j'ai entendu à mon oreille une voix inconnue me demander : « Quel âge as-tu ? » À ma réponse, seize ans et demi, a succédé une consigne : « Surtout dis bien que tu en as dix-huit. » Par la suite, en interrogeant des camarades aussi jeunes que moi,

j'ai appris qu'elles aussi avaient sauvé leur peau parce
qu'elles avaient suivi le même conseil murmuré à
l'oreille : « Dis que tu as dix-huit ans. »

La file est arrivée devant les SS qui opéraient la
sélection avec la même rapidité. Certains disaient :
« Si vous êtes fatigués, si vous n'avez pas envie de
marcher, montez dans les camions. » Nous avons
répondu : « Non, on préfère se dégourdir les jambes. »
Beaucoup de personnes acceptaient ce qu'elles
croyaient être une marque de sollicitude, surtout les
femmes avec des enfants en bas âge. Dès qu'un camion
était plein, il démarrait. Quand un SS m'a demandé
mon âge, j'ai spontanément répondu : « Dix-huit ans. »
C'est ainsi que, toutes les trois, nous avons échappé à
la séparation et sommes demeurées ensemble dans la
file des femmes. Bien qu'elle ait été opérée peu de
temps auparavant de la vésicule biliaire et ait conservé
des séquelles de cette intervention, Maman, qui avait
alors quarante-quatre ans, conservait une allure jeune.
Elle était belle et d'une grande dignité. Milou avait
alors vingt et un ans.

Nous avons marché avec les autres femmes, celles
de la « bonne file », jusqu'à un bâtiment éloigné, en
béton, muni d'une seule fenêtre, où nous attendaient
les « kapos » ; des brutes, même si c'étaient des
déportées comme nous, et pas des SS. Elles hurlaient
leurs ordres avec une telle agressivité que tout de
suite, nous nous sommes demandé : « Qu'est-ce qui se
passe ici ? » Elles nous pressaient sans ménagement :
« Donnez-nous tout ce que vous avez, parce que de
toute façon, vous ne garderez rien. » Nous avons tout
donné, bijoux, montres, alliances. Avec nous se trou-

vait une amie de Nice arrêtée le même jour que moi. Elle conservait sur elle un petit flacon de parfum de Lanvin. Elle m'a dit : « On va nous le prendre. Mais moi je ne veux pas le donner, mon parfum. » Alors, à trois ou quatre filles, nous nous sommes aspergées de parfum ; notre dernier geste d'adolescentes coquettes.

Après cela, plus rien, pendant des heures, pas un mot, pas un mouvement jusqu'à la fin de la nuit, entassées dans le bâtiment. Celles qui avaient été séparées des leurs commençaient à s'inquiéter, se demandant où étaient passés leurs parents ou leurs enfants. Je me souviens qu'aux questions que certaines posaient les kapos montraient par la fenêtre la cheminée des crématoires et la fumée qui s'en échappait. Nous ne comprenions pas ; nous ne pouvions pas comprendre. Ce qui était en train de se produire à quelques dizaines de mètres de nous était si inimaginable que notre esprit était incapable de l'admettre. Dehors, la cheminée des crématoires fumait sans cesse. Une odeur épouvantable se répandait partout.

Nous n'avons pas dormi cette nuit-là. Nous sommes restées assises à même le sol, dans l'attente de plus en plus anxieuse de ce qui allait nous arriver. Certaines essayaient de s'allonger par terre, n'importe comment. Pour autant, elles ne parvenaient pas à dormir. Trois ou quatre heures se sont ainsi écoulées. De temps en temps, une kapo qui se tenait dans un coin de la pièce se mettait à crier ou menaçait certaines d'entre nous de son fouet : on parlait trop fort, on bougeait trop, que sais-je encore. De petits groupes s'étaient spontanément formés, les filles plus jeunes de leur côté, les plus âgées entre elles, et tout le monde discutait à voix basse en échafaudant des hypothèses sur un sort dont nous ignorions tout. Puis les kapos nous ont fait lever et mettre en rang, par ordre alphabétique, et nous sommes passées l'une après l'autre devant des déportés qui nous ont tatouées. Aussitôt m'est venue la pensée que ce qui nous arrivait était irréversible : « On est là pour ne plus sortir. Il n'y a aucun espoir. Nous ne sommes plus des personnes humaines, seulement du bétail. Un tatouage, c'est indélébile. » C'était sinistrement vrai. À compter de cet instant, chacune d'entre nous est devenue un simple numéro, inscrit dans sa chair ; un numéro qu'il fallait savoir par cœur, puisque nous avions perdu toute identité. Dans les registres du camp, chaque femme était enregistrée à son numéro avec le prénom de Sarah !

Ensuite nous sommes passées au sauna. Les Allemands étaient obsédés par les microbes. Tout ce qui venait de l'extérieur était suspect à leurs yeux ; la folie de la pureté les hantait. Peu leur importait que, par la suite, celles d'entre nous qui ne mourraient pas à la tâche survivent dans la vermine et des conditions d'hygiène épouvantables. À notre arrivée, il fallait à tout prix nous désinfecter. Nous nous sommes donc déshabillées avant de passer sous des jets de douche alternativement froids et chauds, puis, toujours nues, on nous a placées dans une vaste pièce munie de gradins, pour ce qui en effet était une sorte de sauna. La séance parut ne devoir jamais finir. Les mères qui se trouvaient là devaient subir pour la première fois le regard de leurs filles sur leur nudité. C'était très pénible. Quant au voyeurisme des kapos, il n'était pas supportable. Elles s'approchaient de nous et nous

tâtaient comme de la viande à l'étal. On aurait dit
qu'elles nous jaugeaient comme des esclaves. Je
sentais leurs regards sur moi. J'étais jeune, brune, en
bonne santé ; de la viande fraîche, en somme. Une
fille de seize ans et demi, arrivant du soleil, tout cela
émoustillait les kapos et suscitait leurs commentaires.
Depuis, je ne supporte plus une certaine promiscuité
physique.

Après cela, nous sommes passées dans une autre
pièce où on nous a lancé des vêtements, n'importe
lesquels, des vestes déchirées, des chaussures dépa-
reillées, pas à notre taille. Le prétexte pour ne pas
nous rendre nos habits répondait à la même obsession
de propreté : ils n'avaient pas été passés au désinfec-
tant. Ceux qu'on nous donnait, prétendument propres,
étaient bourrés de poux. En quelques heures, nous
nous sommes ainsi retrouvées démunies de tout ce qui
avait fait jusqu'alors ce qu'était chacune de nous. La
seule humiliation que nous n'avons pas connue, c'est
d'avoir la tête rasée. La règle, à Auschwitz-Birkenau,
voulait que toutes les femmes soient complètement
rasées en arrivant, ce qui contribuait à les démoraliser.
Lorsque leurs cheveux repoussaient, les kapos les
rasaient de nouveau. Afin de conserver une certaine
allure, la plupart devaient alors porter un fichu sur
la tête. Nous n'avons jamais su le pourquoi de cette
exception qui ne pouvait être due au hasard ; celui-ci
n'occupait aucune place dans la vie des camps. Certaines ont imaginé que la Croix-Rouge avait annoncé
une visite. Nous n'en avons jamais eu confirmation
et, bien entendu, personne n'a jamais vu le moindre
inspecteur de la Croix-Rouge à Auschwitz. Soixante

ans plus tard, lorsque je pense à la constance avec laquelle la Croix-Rouge internationale s'est efforcée de légitimer son comportement de l'époque, je reste... à tout le moins perplexe.

Au-delà de cette histoire de cheveux, des choses totalement incohérentes pouvaient survenir au camp. Nous n'allions pas tarder à les découvrir. Par exemple, quand nous eûmes, plus tard, la chance de travailler toutes les trois dans un petit commando, où les conditions de vie étaient moins dures, Maman est tombée très malade. Elle ne pouvait plus travailler. Le SS qui nous gardait a fermé les yeux et a fait le nécessaire pour qu'elle échappe à l'inspection qu'un gradé a faite du commando. Quelque temps plus tard, une jeune Polonaise un peu plus âgée que moi a souffert d'une septicémie. Un SS est allé chercher jusqu'au village d'Auschwitz des sulfamides pour la soigner. La jeune fille a été guérie. Ainsi se déroulait notre existence, dans une incohérence kafkaïenne. Pourquoi ceci, pourquoi cela ? On ne le savait pas. Pourquoi les femmes enceintes avaient-elles un régime alimentaire de faveur, mais étaient souvent gazées après l'accouchement, tandis que les nouveau-nés étaient systématiquement assassinés ? Récemment, un ancien déporté a évoqué un détail qui m'a stupéfiée. En application de normes allemandes très strictes en matière de prévention des maladies, les détenus qui effectuaient des travaux de peinture avaient droit à une ration quotidienne de lait, même si le lendemain ils devaient être envoyés à la mort.

L'immense enceinte de Birkenau comprenait, en marge du camp principal, un camp de quarantaine, réservé aux nouveaux venus pour une période limitée, qui tenait déjà de la détention la plus brutale, même s'il y était plus facile d'échapper au travail. Au printemps de 1944, les autorités du camp avaient décidé de prolonger la rampe de débarquement des convois pour la rapprocher des chambres à gaz. La main-d'œuvre du camp principal étant insuffisante, les déportés en quarantaine, dont nous faisions partie, ont été requis pour cette prolongation, permettant ainsi d'accélérer l'acheminement des convois. La plupart des déportés en quarantaine ont donc été mobilisés. Nous portions des pierres et faisions du terrassement. Mais comme nous n'étions pas encore affectées à tel ou tel commando, il nous arrivait de pouvoir nous cacher au moment de l'appel du matin. Notre attitude énervait les plus âgées qui, elles, n'osaient pas se soustraire aux ordres et craignaient les représailles des SS. Seules quelques-unes d'entre nous étaient dispensées de travail. Ainsi, les danseuses étaient réquisitionnées pour le plaisir de la chef SS du camp, laquelle appréciait la danse. Les musiciennes bénéficiaient en général du même privilège. Dans mon convoi, une jeune danseuse a pu profiter de ce statut. Elle parvint même à garder sa mère auprès d'elle. Toutes deux ont survécu.

Dès notre arrivée au camp, nous avons retrouvé les mêmes clivages de générations qu'au-dehors. Aux yeux des aînées, les plus jeunes se montraient irresponsables et écervelées. Les jours où nous restions au bloc, parce que nous ne travaillions pas, nos bavar-

dages reflétaient ce clivage. Les jeunes femmes évoquaient indéfiniment leurs amours, ce qui faisait rire
les adolescentes. Je m'étais rapidement fait deux
amies, Marcelline Loridan, qui faisait partie du même
convoi que moi, vivante, gaie, plus jeune de dix-huit
mois, et Ginette, qui avait le même âge que moi.
Aucune de nous trois n'avait eu d'amoureux. Aussi,
lorsque les autres se mettaient à parler de leurs
affaires de cœur, nous levions les yeux au ciel. Elles
s'obstinaient à nous répéter : « Ah, vous ne savez pas
ce que c'est que la vie ! Vous ne savez pas ce que
vous perdez. » Pour faire bonne mesure, nous devions
aussi subir les leçons de morale des plus âgées : « Il
faut manger n'importe quoi, parce que sans ça vous
serez malades. » Certaines avaient l'âge de Maman,
qui, elle, jamais ne se serait comportée de cette façon.
Loin d'importuner les filles de mon âge, elle en
était au contraire adorée. Aujourd'hui, quand Marcelline ou mes autres camarades, les dernières à l'avoir
connue au camp, évoquent son souvenir, c'est toujours avec une exceptionnelle chaleur. Elles parlent
de sa douceur, de sa dignité, de son affection. Il est
vrai qu'au fil des mois Maman était devenue la protectrice et le réconfort de toutes ces jeunes filles. La
plupart d'entre elles n'avaient plus leur mère depuis
longtemps ou l'avaient perdue dans les premières
semaines de déportation. Bien des mois plus tard, en
janvier 1945, lorsqu'on a appris notre départ du camp
pour une destination inconnue et qu'avec des milliers
d'autres déportés nous avons dû subir cette terrible
marche de la mort, c'est encore elle qui sut réconforter

tout le monde : « Ne vous inquiétez pas, on s'en est toujours sorties jusqu'à maintenant. Il ne faut pas perdre courage. »

Au début, notre bloc était presque uniquement constitué de Françaises. Petit à petit, au gré des commandos auxquels nous étions affectées, quelques changements sont intervenus, mais nous sommes essentiellement restées entre Françaises. La surveillance et le contrôle étaient assurés par celles qu'on appelait les *stubova*, des juives déportées comme nous, le plus souvent polonaises. Les sévices lourds restaient le privilège des SS, mais ces filles ne se gênaient pas pour nous distribuer des gifles et des coups. Tout au long de ma détention, elles se sont montrées plutôt gentilles avec moi, comme elles l'étaient d'ailleurs avec les plus jeunes. Nous nous heurtions alors à un autre problème : il fallait se méfier lorsqu'elles devenaient trop entreprenantes. La plupart d'entre nous avions beau être naïves et innocentes, nous étions suffisamment alertées. Nous savions que si une kapo offrait une tartine avec du sucre, elle ne tarderait pas à dire : « Ah, si on dormait là toutes les deux, ça serait si bien. » Il fallait avoir le courage de lui répondre : « Merci, ça va, je n'ai pas sommeil. » Cette ambiguïté sexuelle rôdait en permanence dans les rapports de ces femmes avec les plus jeunes. Aujourd'hui, il suffit d'évoquer ce genre de situation pour que d'anciens déportés s'en scandalisent. Ils oublient que des jeunes gens ont survécu grâce à des protections de ce genre, accompagnées ou non de contreparties. Quant à moi je me refuse à tout jugement dans ce domaine.

Vaille que vaille, nous nous faisions à l'effroyable ambiance qui régnait dans le camp, la pestilence des corps brûlés, la fumée qui obscurcissait le ciel en permanence, la boue partout, l'humidité pénétrante des marais. Aujourd'hui, quand on se rend sur le site, malgré le décor des baraques, des miradors et des barbelés, presque tout ce qui faisait Auschwitz a disparu. On ne voit pas ce qui a pu se dérouler en ces lieux, on ne peut l'imaginer. C'est que rien n'est à la mesure de l'extermination de ces millions d'êtres humains conduits là depuis tous les coins de l'Europe. Pour nous, les filles de Birkenau, ce fut peut-être l'arrivée des Hongrois qui donna la véritable mesure du cauchemar dans lequel nous étions plongées. L'industrie du massacre atteignit alors des sommets : plus de quatre cent mille personnes furent exterminées en moins de trois mois. Des blocs entiers avaient été libérés pour les accueillir, mais la plupart ont été gazés tout de suite. C'est pour cela que nous avions travaillé à prolonger la rampe à l'intérieur du camp jusqu'aux chambres à gaz. À partir de début mai, les trains chargés de déportés hongrois se sont succédé de jour comme de nuit, remplis d'hommes, de femmes, d'enfants, de vieillards. J'assistais à leur arrivée, car je vivais dans un bloc très proche de la rampe. Je voyais ces centaines de malheureux descendre du train, aussi démunis et hagards que nous, quelques semaines plus tôt. La plupart étaient directement envoyés à la chambre à gaz. Parmi les survivants, beaucoup partirent rapidement pour Bergen-Belsen, camp d'une mort plus lente, mais tout aussi certaine. Ceux qui restèrent à Auschwitz-Birkenau se retrouvèrent particulièrement isolés, faute de ne pratiquer aucune autre langue que le hongrois. Dans leur pays, les événements étaient survenus sans préavis. La guerre y était longtemps demeurée marginale. La présence militaire allemande, récente, n'avait rien à voir avec l'occupation des autres pays d'Europe, au point que les nazis avaient dû s'entendre avec les milices hongroises pour mener à bien les arrestations de Juifs.

La logique des camps est implacable : le malheur des uns y atténue celui des autres. L'arrivée en masse des Hongrois à Birkenau a créé une sorte d'abondance. Beaucoup d'entre eux venaient de la campagne. Ils étaient chargés de victuailles, entre autres des pâtés, des saucissons, du miel, ainsi que du pain noir qui n'avait rien à voir avec notre pain à la sciure de bois. Ils débarquèrent aussi avec des valises pleines de vêtements. Une épouvantable tristesse m'étreignait en voyant, éparpillés au sol, les vêtements des personnes qui venaient d'être gazées. Toutes ces affaires étaient ensuite ramassées et expédiées au Canada, surnom du commando où s'effectuait le tri des bagages. C'est là que des déportées triaient les vêtements avant leur envoi en Allemagne. Plus il arrivait d'affaires dans le camp, plus les vols étaient nombreux. Je me souviens d'être passée une fois devant le bloc où habitaient les filles du Canada. Elles avaient réussi à aménager leur baraque, et même si elles dormaient toujours sur des châlits, leur confort était sans rapport avec le nôtre. Elles portaient une lingerie magnifique.

Par contraste avec l'absolue misère qui régnait, le Canada constituait une sorte d'enclave magique au cœur du camp, d'abord parce qu'en émanait une image de richesse et d'abondance, ensuite parce que le Canada alimentait toutes sortes de trafics. Encore fallait-il, pour accéder à ce commerce, qu'on ait quelque chose à échanger, ce qui n'était le cas que d'une infime minorité à laquelle, étant démunies de tout, nous n'appartenions pas. Dans ce trafic hétéroclite, on trouvait des objets de valeur, qui circulaient sous le manteau, ou bien étaient cachés dans l'espoir d'une récupération ultérieure. Les bijoux qui n'étaient pas cachés étaient troqués : une alliance en or contre un pain, ce qui donne une idée de la hiérarchie des valeurs dans le camp. Si on voulait une cuillère pour manger, il fallait l'« organiser », selon le terme consacré ; on se privait pendant deux jours de pain pour payer la cuillère. En dehors du Canada, l'échange fonctionnait aussi, mais à des niveaux plus modestes. Par exemple, si quelqu'un avait besoin d'une paire de chaussures, il se privait de pain pour l'acheter à quelqu'un d'autre. Un peu partout, le chapardage était monnaie courante. Même si l'on gardait ses chaussures sur soi, il arrivait tout de même qu'on vous les vole pendant la nuit.

J'étais au camp depuis deux mois lorsque j'ai croisé une architecte polonaise survivante du ghetto de Varsovie. Elle faisait partie des gens qui s'étaient enfuis par les égouts avant d'être rattrapés, puis envoyés au ghetto de Lodz et enfin déportés à Auschwitz. Issue de la bourgeoisie de Varsovie, cette jeune femme parlait français. Nous avons sympathisé. Me voyant vêtue de haillons – quand on arrivait au camp, on n'avait jamais droit qu'à des haillons, car les SS n'hésitaient pas à déchirer les vêtements pour mieux nous humilier –, elle tint à m'offrir deux robes assez jolies, à ma taille, qu'elle avait sans doute « organisées » au Canada. Je portais donc une vraie robe, ce qui constituait un bonheur sans nom. J'ai fait cadeau de l'autre à une amie que je rencontre toujours, et qui aujourd'hui encore s'étonne : « Quand je pense que tu m'as donné une robe au camp ! »

Lorsque le prolongement de la rampe a été terminé, les SS nous ont astreintes à des tâches inutiles dont le résultat, sinon l'objet, était de nous affaiblir encore plus : porter des rails, creuser des trous, charrier des pierres. Nous savions que bientôt, à l'issue de la quarantaine, nous serions affectées à un commando. Lequel ? Les déportées pouvaient aussi bien être envoyées au Canada, pour trier des vêtements, qu'assujetties à poursuivre des travaux épuisants, à terrasser, à porter des rails, à creuser des fossés. Personne n'avait la moindre idée de ce qui l'attendait. Les affectations étaient entièrement soumises au bon vouloir et à l'humeur des kapos et des SS.

Entre-temps, nous avons appris, dès le 7 juin je crois, que les Alliés venaient de débarquer. Le bruit en avait souvent couru. Ce jour-là, c'est un fragment de journal reproduisant la carte de la côte normande et précisant les lieux du débarquement que j'ai ramassé par terre. Je demeure convaincue que la femme SS qui nous surveillait l'avait laissé traîner à dessein.

Un matin, alors que nous sortions du camp pour aller au travail, la chef du camp, Stenia, ancienne prostituée, terriblement dure avec les autres déportées, m'a sortie du rang : « Tu es vraiment trop jolie pour mourir ici. Je vais faire quelque chose pour toi, en t'envoyant ailleurs. » Je lui ai répondu : « Oui, mais j'ai une mère et une sœur. Je ne peux pas accepter d'aller ailleurs si elles ne viennent pas avec moi. » À ma grande surprise, elle a acquiescé : « D'accord, elles viendront avec toi. » Tous les gens auxquels j'ai par la suite raconté cet épisode sont restés stupéfaits. Il s'est pourtant déroulé ainsi. Fait incroyable, cette femme, que je n'ai par la suite croisée que deux ou trois fois dans le camp, ne m'a jamais rien demandé en échange. Tout s'est donc passé comme si ma jeunesse et le désir de vivre qui m'habitaient m'avaient protégée ; ce qui en moi semblait encore appartenir à un autre monde m'avait sortie du lot par l'intermédiaire de cette Polonaise brutale devenue, par je ne sais quelle chance, une bonne fée pour ma mère, ma sœur et moi-même.

En effet, elle tint sa promesse. Quelques jours plus tard, nous avons été toutes les trois transférées dans un commando moins dur que les autres, à Bobrek, où l'on travaillait pour Siemens. Avant notre départ, nous avons subi une visite médicale. Sans l'insistance de Stenia, le docteur Mengele, déjà bien identifié dans le camp comme criminel, aurait écarté Maman dont la santé avait déjà décliné. Nous sommes restées à Bobrek à quatre ou cinq kilomètres de Birkenau de juillet 1944 à janvier 1945. Sont parties avec nous trois femmes communistes, déportées comme juives, une Polonaise et deux Françaises. Toutes les trois avaient d'abord été affectées au bloc d'expériences médicales, où elles n'avaient subi que des prélèvements anodins pour leur santé. C'est la protection de femmes médecins communistes qui leur permit ensuite d'aller à Bobrek, ces médecins leur ayant précisé : « On nous demande maintenant de nous livrer sur vous à des expériences dont nous sommes incapables de mesurer les conséquences. Nous allons tout faire pour que vous partiez parce que nous ne savons pas du tout comment les choses vont tourner. » Et c'est ainsi que ces trois femmes sont parties avec nous.

Nous sommes arrivées à Bobrek, deux ou trois jours avant mon anniversaire. Je me souviens que le SS du camp m'a donné à cette occasion ce qu'on appelait *eine Zulage*, une prime, c'est-à-dire un morceau de pain. C'était quelques jours avant la tentative d'attentat contre Hitler. Nous avons appris l'événement de la bouche de ceux qui travaillaient dans les bureaux et, pendant un ou deux jours, nous avons espéré qu'il était mort.

Le commando comptait environ deux cent cinquante déportés, dont trente-sept femmes. Nous étions répartis entre des tâches diverses en liaison avec les activités de l'usine Siemens qui fabriquait des pièces d'avions, dont je n'ai jamais vu une seule car ma sœur et moi avions été affectées aux éternels travaux de terrassement. C'était le même genre d'activité inutile qu'à Birkenau. Nous devions dépierrer un terrain limitrophe d'un champ de raves. Dans quel but ? Mystère. La surveillance était moins stricte qu'à Birkenau. Plus tard, j'ai été affectée à des travaux de maçonnerie, parce qu'il fallait construire un mur dont j'ai toujours ignoré à quoi il pouvait bien servir. J'ai souvent repensé à cet apprentissage de la truelle lorsque j'ai eu à poser des premières pierres.

Pendant toute cette période, Maman, Milou et moi avons réussi à ne pas être séparées. Même si Maman a commencé alors à s'affaiblir, elle a toujours travaillé. Nous faisions tout pour la protéger. Nous n'avions guère plus à manger qu'à Auschwitz mais, comme le travail n'était pas aussi épuisant, cela suffisait à nous maintenir en vie. Parfois, la nourriture était un peu moins infecte, sans doute parce que Siemens avait besoin de travailleurs qui aient un minimum de rende-ment. On nous servait parfois une soupe enrichie de légumes séchés ou de pommes de terre, alors que la soupe d'Auschwitz ne contenait guère mieux que des orties, et jamais de viande. À Bobrek, le cuisinier des SS, un Juif allemand, aidait les Français à ne pas dépérir, grâce à des soupes un peu plus consistantes, sans doute prélevées sur le menu des SS. Il avait été arrêté en France. Son histoire, qu'il racontait volon-tiers, prenait des allures d'épopée. Il était parti d'Alle-magne avant la guerre pour aller vivre en Palestine en compagnie de son épouse, une Luxembourgeoise, mais le couple n'avait pas marché. En 1939, il était donc revenu en Allemagne avant de fuir à nouveau en France, où il se fit arrêter. Le destin qu'il avait tout fait pour fuir l'avait rattrapé. À Bobrek, il avait à cœur d'aider les plus jeunes, témoignant, comme beaucoup d'autres, qu'une profonde solidarité pouvait lier les déportés entre eux. Au camp de Buchenwald, par exemple, où se trouvait un groupe d'enfants, qui dans les autres camps étaient presque tous gazés à l'arrivée, ce sont souvent des communistes qui, grâce à la place privilégiée qu'ils étaient parvenus à occuper au sein de l'administration, les ont sauvés.

À Bobrek, le calme régnait parce qu'à la moindre incartade chacun courait le risque d'être renvoyé à Birkenau. Mis à part cette menace permanente, le régime de vie et de travail était si différent de celui de Birkenau que Bobrek avait été surnommé le « sanatorium ». Les déportés rêvaient tous d'y aller. D'ailleurs, pendant tout le temps que nous y avons passé, personne n'est mort. Notre groupe de femmes était caserné dans un grenier au-dessus de l'atelier de l'usine. Comme nous étions peu nombreuses, il n'y avait pas d'appel à l'extérieur. Seul un SS venait vérifier notre présence, je crois plus en espérant nous surprendre pendant notre toilette que pour de réelles raisons de sécurité. Il n'était pas question de s'évader. D'ailleurs, vers où aurions-nous pu nous diriger ? Dans la région, les camps se succédaient sur des kilomètres et des kilomètres. Prendre le risque de partir revenait à mourir encore plus sûrement que de rester à attendre que le destin dispose de nous. De Birkenau, on ne s'évadait pas davantage. La seule déportée ayant tenté de le faire, à partir des bureaux où elle travaillait, fut rapidement reprise et pendue.

Soudain, l'avance des troupes soviétiques fit paniquer les autorités allemandes. Il faut dire que les bombardements aériens devenaient de plus en plus fréquents dans le secteur d'Auschwitz. Sur la route qui longeait le commando, on voyait depuis la fin de l'année des troupes allemandes en repli, dans le

désordre. Le 18 janvier 1945, le commando de Bobrek
reçut l'ordre de départ. Nous sommes donc partis à pied
pour l'usine Buna, située dans l'enceinte d'Auschwitz-
Birkenau. Nous y avons rejoint tous les autres détenus
des camps d'Auschwitz, environ quarante mille personnes, et avons entamé cette mémorable longue
marche de la mort, véritable cauchemar des survivants, par un froid de quelque trente degrés en dessous
de zéro. Ce fut un épisode particulièrement atroce.
Ceux qui tombaient étaient aussitôt abattus. Les SS et
les vieux soldats de la Wehrmacht qu'ils encadraient
jouaient leur peau et le savaient. Il leur fallait à tout
prix fuir l'avance des Russes, tenter d'échapper coûte
que coûte à la mort qui les poursuivait. Enfin, nous
sommes parvenus à Gleiwitz, à soixante-dix kilomètres plus à l'ouest, je dis bien soixante-dix, où
s'opérait le regroupement des déportés qui avaient
réussi à survivre. La proximité croissante des troupes
soviétiques affolait tellement les Allemands que nous
nous sommes alors demandé si nous n'allions pas tous
être exterminés. Nous attendions notre sort, hommes
et femmes mélangés dans ce camp épouvantable où il
n'y avait plus rien, aucune organisation, aucune nourriture, aucune lumière. Certains hommes exerçaient
sur les femmes un chantage épouvantable : « Compre-
nez-nous, on n'a pas vu de femmes depuis des
années. » C'était l'enfer de Dante. Je me souviens
d'un petit Hongrois très gentil. Il avait dans les treize
ans et son désarroi était tel que nous l'avions recueilli
par pitié. Il disait : « Les hommes, ils m'ont abandonné. Je suis tout seul. Je ne sais pas où aller. Je ne
sais pas trop comment trouver à manger. N'empêche

que les hommes, ils seront bien contents tout de même de nous retrouver quand il n'y aura plus de femmes. » C'était à fendre le cœur. Je me demandais en mon for intérieur : « Que vont devenir ces jeunes s'ils parviennent à échapper à cet enfer ? » Un autre garçon que j'ai connu et qui s'est trouvé dans cette situation atroce de soumission aux hommes a fait, après la guerre, de brillantes études et effectué un parcours professionnel d'exception. Il a aidé beaucoup de ses camarades qu'il a retrouvés et a fondé une superbe famille. Quand nous venons à évoquer cette époque, sa femme dit simplement : « Il ne parle jamais du camp. »

De Gleiwitz, les trains ont commencé à partir dans plusieurs directions. Beaucoup d'hommes ont été dirigés vers Berlin, où les bombardements avaient causé d'énormes dégâts et où le déblaiement exigeait des bras. D'autres sont partis vers des usines d'armement. Quant à nous, les femmes, les SS nous ont entassées sur des plates-formes de wagons plats, et nous avons été dirigées d'abord sur Mauthausen, où le camp n'a pas pu nous accueillir, faute de place. Nous sommes alors reparties pour huit jours de train, en plein vent, sans rien à boire ni à manger. Nous tendions les rares gamelles que nous avions pu emporter afin de récupérer la neige et la boire. Lorsque notre convoi a traversé les faubourgs de Prague, les habitants, frappés par le spectacle de cet entassement de morts vivants, nous ont jeté du pain depuis leurs fenêtres. Nous tendions les mains pour attraper ce que nous pouvions. La plupart des morceaux tombaient par terre.

Pourquoi les nazis n'ont-ils pas tué les Juifs sur place, plutôt que de les embarquer dans leur propre fuite ? La réponse est simple : pour ne pas laisser de traces derrière eux. Il ne s'agissait même pas dans leur esprit de nous conserver comme future monnaie d'échange, mais simplement de nous faire disparaître par les moyens les plus discrets. Notre chance a été que le camp d'Auschwitz était encore trop peuplé pour qu'une complète, rapide et discrète élimination soit envisageable.

Notre convoi a roulé jusqu'au camp de Dora, commando de Buchenwald. À cause du froid et de l'absence de nourriture, bon nombre d'entre nous avaient péri durant le voyage. Nous sommes les seules femmes à être passées par Dora. C'était un camp pour hommes, très dur, où les déportés travaillaient au fond d'un tunnel à la fabrication des fameux V2. La terreur régnait partout. Très peu de déportés en ont d'ailleurs réchappé. Après deux jours de nouvelles incertitudes et d'angoisse, le petit groupe de femmes dont nous faisions partie a été expédié à Bergen-Belsen, entre Hambourg et Hanovre, au nord de l'Allemagne, dans une région où les troupes alliées sont arrivées très tard. Les nazis avaient ajouté à notre convoi des Tziganes arrêtées peu de temps avant car, malgré l'atmosphère de débâcle qui régnait partout, la folie allemande des arrestations continuait. C'est vers Bergen-Belsen, compte tenu de la situation géographique, que convergeaient des milliers de déportés venus de tous les camps de l'Est, y compris des résistants. On y trouvait aussi des Françaises, épouses d'officiers et de sous-officiers juifs détenus au camp de prisonniers de Lübeck. Nous sommes arrivées à Bergen-Belsen le 30 janvier.

À Bergen-Belsen, les détenus ne travaillaient pas et le camp, ouvert naguère pour y accueillir des déportés à statut spécial, était désormais totalement submergé par ce déferlement de déportés de toutes provenances. Les conditions de vie, si l'on peut encore employer cette formule, y étaient épouvantables. Il n'y avait plus d'encadrement administratif, presque pas de nourriture, pas le moindre soin médical. L'eau elle-même faisait défaut, la plupart des canalisations ayant éclaté. Et comme si tout cela ne suffisait pas au malheur des silhouettes squelettiques qui erraient à la recherche de nourriture, une épidémie de typhus s'était déclarée. Ajoutée à la faim, elle entraînait une effrayante mortalité. L'enlèvement des cadavres n'était plus assuré, de sorte que les morts se mêlaient aux vivants. Dans les dernières semaines, la situation y devint telle que des cas de cannibalisme apparurent. Les SS, paniqués autant par l'atmosphère de débâcle militaire qui gagnait toute l'Allemagne que par les risques de contagion, se contentaient de garder le camp où affluaient sans cesse de nouveaux Juifs venus de toute l'Allemagne. Hormis ces quelques SS, les Allemands ne s'occupaient plus du camp. Bergen-Belsen était devenu le double symbole de l'horreur de la déportation et de l'agonie de l'Allemagne. Ceux qui s'étaient rêvés maîtres du monde étaient devenus aussi vulnérables que leurs propres victimes.

À Bergen-Belsen, le hasard a voulu que je retombe sur la *Lagerälteste*, cette ancienne prostituée qui nous avait déjà sauvé la vie à Birkenau. Elle avait

suivi la débâcle des camps et était devenue chef du
camp de Bergen-Belsen. Elle m'a reconnue tout de
suite et m'a dit de venir la voir le lendemain matin,
avant que la journée ne commence, ce que j'ai fait.
Elle m'a aussitôt placée à la cuisine des SS. Ce nouveau geste nous a sans doute évité de mourir de faim,
comme tant d'autres. L'attitude de cette femme à mon
égard est toujours demeurée un mystère pour moi.
Dans les jours qui suivirent la libération du camp, j'ai
appris qu'elle avait été pendue par les Britanniques.

Toute la journée, je devais râper des pommes de
terre, au point d'avoir les mains en sang. Je m'y appli-
quais avec la dernière énergie, redoutant plus que tout
d'être renvoyée de cette cuisine où, malgré ma peur
et ma maladresse, je parvenais à voler un peu de nourriture pour Maman et Milou. Une fois, je me suis
fait prendre par un SS avec un peu de sucre. Il s'est
contenté d'une sévère correction avant de me laisser
repartir, avec le sucre.

Le travail à la cuisine était aussi rude que la vie
dans le reste du camp. Les derniers temps, je ne dormais guère plus de deux ou trois heures par nuit, en
raison des alertes incessantes. Nous quittions la cuisine si tard que je dormais en marchant. Les bombardements, de plus en plus fréquents, empêchaient
souvent notre retour aux baraques dans lesquelles il
n'y avait fréquemment plus aucune place pour s'allonger, ni même pour s'asseoir. Le matin, nous nous
levions avant le jour pour être prêtes à partir dans
les commandos dès l'aube, épuisées par le manque de
sommeil mais cherchant à tout prix à ne pas nous faire

remarquer, car travailler à la cuisine des SS constituait la fragile assurance de ne pas mourir de faim.

Maman était déjà très affaiblie par la détention, le travail pénible, le voyage épuisant à travers la Pologne, la Tchécoslovaquie et l'Allemagne. Elle n'a pas tardé à attraper le typhus. Elle s'est battue avec le courage et l'abnégation dont elle était capable. Elle conservait la même lucidité sur les choses, le même jugement sur les êtres, la même stupeur face à ce que des hommes étaient capables de faire endurer à d'autres hommes. En dépit de l'attention que Milou et moi lui prêtions, malgré le peu de nourriture que je parvenais à voler pour la soutenir, son état s'est rapidement détérioré. Sans médicaments ni médecins, nous étions incapables de la soigner. Jour après jour, nous la voyions décliner. Assister avec impuissance à la fin lente mais certaine de celle que nous chérissions plus que tout au monde nous était insoutenable.

Elle est morte le 15 mars, alors que je travaillais à la cuisine. Lorsque Milou m'a informée à mon retour, le soir, je lui ai dit : « C'est le typhus qui l'a tuée, mais tout en elle était épuisé. » Aujourd'hui encore, plus de soixante ans après, je me rends compte que je n'ai jamais pu me résigner à sa disparition. D'une certaine façon, je ne l'ai pas accepté. Chaque jour, Maman se tient près de moi, et je sais que ce que j'ai pu accomplir dans ma vie l'a été grâce à elle. C'est elle qui m'a animée et donné la volonté d'agir. Sans doute n'ai-je pas la même indulgence qu'elle. Sur bien des points, elle me jugerait avec une certaine sévérité. Elle me trouverait peu conciliante, pas toujours assez douce avec les autres, et elle n'aurait pas tort. Pour

toutes ces raisons, elle demeure mon modèle, car elle
a toujours su affirmer des convictions très fortes tout
en faisant preuve de modération, une sagesse dont je
sais que je ne suis pas toujours capable.

Début avril, nous avons senti que le dénouement
était proche. D'un jour à l'autre, les bombardements
se rapprochaient. Milou n'allait pas bien. Elle aussi
avait contracté le typhus. Je la réconfortais du mieux
que je pouvais : « Écoute, il faut tenir le coup et ne
pas se laisser aller, parce que nous allons être libérées
très vite. » Lorsque je rentrais du travail, je lui répé-
tais : « Tu verras, c'est pour demain. Tiens bon, tiens
bon. » Et chaque nuit, alors qu'à cause des alertes
l'éclairage était coupé et que je ne pouvais réintégrer
notre baraque, la peur me saisissait : allais-je retrouver
Milou en vie ? Cette idée qu'après ma mère ma sœur
risquait de ne pas rentrer en France avec moi
m'anéantissait. Je me forçais donc à tenir le coup, à
rester vaillante malgré les quelques symptômes du
typhus que je ressentais et que les médecins m'ont
confirmé après la libération du camp. Je m'en suis
assez vite remise.

Bergen-Belsen a été libéré le 15 avril. Les troupes
anglaises ont pris possession du camp sans rencontrer
la moindre résistance, malgré la présence résiduelle
des SS. En fait, Allemands et Anglais avaient signé
un accord deux ou trois jours plus tôt, tant la crainte
du typhus terrorisait les Allemands. Pour moi, ce jour
de libération compte cependant parmi les plus tristes
de cette longue période. Je travaillais à la cuisine,

dans un bâtiment séparé, et dès que les Anglais sont arrivés, ils ont isolé le camp avec des barbelés infranchissables. Je n'ai donc pas pu rejoindre ma sœur. Le fait de ne pas pouvoir partager ma joie et mon soulagement avec elle a constitué une épreuve supplémentaire. Nous étions restées treize mois ensemble, sans jamais être séparées, une chance extraordinaire. Et le jour où le cauchemar prenait fin, nous nous trouvions éloignées l'une de l'autre. Il nous a fallu attendre le lendemain pour nous retrouver et pouvoir enfin nous étreindre.

Nous étions libérées, mais pas encore libres. Dès leur entrée dans le camp, les Anglais avaient été effarés par ce qu'ils découvraient : des masses de cadavres empilés les uns sur les autres, et que des squelettes vivants tiraient vers des fosses. Les risques d'épidémie amplifiaient encore cette apocalypse. Le camp a aussitôt été mis en quarantaine. La guerre n'était pas encore finie et les Alliés ne voulaient prendre aucun risque sanitaire.

Les Anglais, après avoir brûlé les baraquements pour enrayer le typhus, nous ont installées dans les casernes des SS, en plaçant des matelas supplémentaires au sol pour loger tout le monde. Les draps dans lesquels nous dormions avaient beau avoir servi aux Allemands, nous n'en avions cure. C'était un tel luxe à nos yeux ! En revanche, aussi incroyable que cela paraisse, la faim persistait car les Anglais avaient l'ordre de n'utiliser que les rations militaires, qui nous rendaient malades. Le général anglais responsable s'est d'ailleurs trouvé tellement désemparé qu'assez vite il a demandé à repartir se battre, plutôt que de

s'occuper d'un camp où il ne disposait d'aucun
moyen. Malgré l'interdiction de sortir, j'ai dû à plusieurs reprises enfreindre la consigne pour aller chercher du ravitaillement dans les fermes alentour, en
échange de cigarettes que des soldats français récemment libérés de captivité nous apportaient.

Nous étions regroupées par nationalités, et un offi-
cier de liaison français avait recueilli et vérifié nos
identités. C'était la première fois depuis des mois
que nous utilisions nos propres noms. Nous n'étions
plus des numéros. Lentement, nous retrouvions notre
identité, mais on sentait que les autorités françaises
n'étaient pas trop pressées de nous récupérer, et nous
sommes restés là un mois. Tandis que la plupart des
soldats français libérés étaient rapatriés par avion et
se désespéraient de nous laisser dans cet état, un
médecin a tenu à rester pour veiller sur notre santé.
Plusieurs jours se sont encore écoulés sans qu'on
nous informe des conditions de notre retour en France.
Puis on nous a expliqué que nous allions rentrer par
camions, ce qui nous est rapidement apparu comme
un scandale ; les autorités avaient su trouver des
avions pour les soldats, mais pas pour nous. Nous
n'étions pourtant pas si nombreuses, les survivantes
juives. De là à penser qu'aux yeux de notre propre
pays le sort des déportés n'avait guère d'importance,
il n'y avait qu'un pas. Beaucoup de mes camarades
l'ont franchi.

Il a fallu cinq jours pour nous acheminer jusqu'au
centre d'hébergement situé à la frontière entre l'Allemagne et les Pays-Bas. J'étais remise et en bonne
santé. En revanche, Milou était si mal que tout le

monde a accepté sans discussion qu'elle soit assise
à côté du chauffeur. Lorsque nous sommes arrivées
dans ce centre, nous avons retrouvé des camarades
d'Auschwitz. En quittant le camp, un certain nombre
d'entre elles n'avaient pas été dirigées sur Bergen-
Belsen mais sur Ravensbrück. C'est ainsi qu'une fille
m'a dit : « C'est bien toi, Simone Jacob ? J'ai vu ta
sœur Denise à Ravensbrück. » À la tête que j'ai faite
en l'entendant, elle s'est aussitôt rendu compte que
je ne savais rien. La nouvelle était trop rude. Nous
avions toujours espéré que notre sœur n'avait pas été
déportée. Tout à coup, une crise de nerfs m'a saisie
et j'ai éclaté en sanglots ; nous avions eu de très mauvais échos sur ce qui s'était passé à Ravensbrück au
moment de la libération du camp. On disait qu'il
y avait eu beaucoup de prisonniers tués au dernier
moment. Ces rumeurs n'étaient pas fondées, et il ne
s'était rien passé à Ravensbrück de pire que partout
ailleurs.

Finalement, nous sommes rentrées en France. Milou
a été conduite en ambulance jusqu'au train, où on l'a
étendue dans un wagon sanitaire. Nous avons rejoint
Valenciennes, puis Paris. Le lendemain 23 mai, soit
plus d'un mois après la libération du camp de Bergen-
Belsen, nous sommes enfin arrivées à l'hôtel Lutetia,
où tous les anciens déportés étaient accueillis. Immédiatement, nous avons cherché à nous renseigner sur
le sort de Denise. On nous a appris qu'elle était déjà
rentrée en France. Elle n'avait pas passé les derniers
temps à Ravensbrück, mais avait été transférée à Mauthausen. Après la libération du camp, un convoi avait
conduit les rescapées et les malades jusqu'en Suisse

puis, de là, à Paris. Sauf pendant les tout derniers jours, elle avait eu la chance de subir une déportation moins inhumaine que la nôtre. Les conditions de vie à Ravensbrück, certes épouvantables, étaient moins dures que celles qu'avaient connues les Juifs, car il s'agissait d'un camp de concentration et non d'extermination. Ainsi, à Ravensbrück, Denise avait pu tenir un journal alors que Milou et moi n'avions vu ni crayon, ni papier, ni livres depuis plus d'un an. À tel point que lorsque nous avons été libérées, je me suis demandé si je saurais encore lire et si je serais capable de reprendre des études.

Les Alliés auraient-ils dû bombarder les camps ? Dès la fin des hostilités, on a épilogué sur cette problématique qui, curieusement, demeure un marronnier. Soit dit en passant, j'ai eu, parfois, le sentiment que certains maîtres à penser s'intéressaient plus à montrer du doigt l'abstention « coupable » de Roosevelt et de Churchill qu'à dénoncer les horreurs concentrationnaires des nazis.

La critique des choix stratégiques des Alliés suppose plus de modestie que d'appréciations péremptoires. Malgré les nombreux arguments avancés en faveur des bombardements qui auraient dû détruire les chambres à gaz, je demeure à cet égard très réservée. Lorsque les Alliés ont tenté l'opération, à Auschwitz, ils n'ont pas atteint grand-chose. Ma sœur Denise, huit jours avant la fin des combats, a vécu à Mauthausen les conséquences d'une attaque aérienne surprise. Ce jour-là, en compagnie de sept autres camarades, elle déblayait la voie du chemin de fer dévastée par un bombardement précédent. N'ayant pas eu le temps de se mettre à l'abri lorsque les sirènes avaient retenti, cinq d'entre elles périrent sous les bombes. Ces bombardements ont donc cumulé le double constat d'être à la fois inefficaces et meurtriers. Inefficaces parce qu'ils n'ont jamais réellement inquiété les responsables des camps, meurtriers parce qu'ils tuèrent finalement plus de déportés que de nazis. En fin de compte, les polémiques sur le sujet ne servent à mes yeux qu'à nourrir les faux débats dont tant de personnes se montrent friandes quand les événements sont passés et que la discussion est sans frais et sans risques.

Pour ce qui me concerne, je pense que les Alliés ont eu raison de faire de l'achèvement des hostilités une priorité absolue. Si l'on avait commencé à divulguer l'information à propos des camps, l'opinion publique aurait exercé une telle pression pour les faire libérer que l'avance des armées sur les autres fronts, déjà difficile, eût risqué d'en être retardée. Les services secrets étaient informés des recherches allemandes en matière d'armes nouvelles. Aucun état-major ne pouvait prendre le risque de différer la chute du Reich. Les autorités alliées ont donc opté pour le silence et l'efficacité. Il n'en demeure pas moins exact qu'aux États-Unis, les mieux informés savaient ce qu'il en était des camps, et non moins exact que la communauté juive américaine, très protectionniste, ne s'est guère manifestée, sans doute dans la crainte d'un afflux brutal de réfugiés.

Je ne partage pas davantage les jugements négatifs sur le silence coupable des Alliés que le masochisme

d'intellectuels, telle Hannah Arendt, sur la responsabilité collective et la banalité du mal. Un tel pessimisme
me déplaît. J'ai même tendance à y voir un tour de
passe-passe commode : dire que tout le monde est
coupable revient à dire que personne ne l'est. C'est la
solution désespérée d'une Allemande qui cherche à
tout prix à sauver son pays, à noyer la responsabilité
nazie dans une responsabilité plus diffuse, si imper-
sonnelle qu'elle finit par ne plus rien signifier. La
mauvaise conscience générale permet à chacun de
se gratifier d'une bonne conscience individuelle : ce
n'est pas moi qui suis responsable, puisque tout le
monde l'est. Faut-il donc transformer en icône quelqu'un qui proclame à longueur d'écrits qu'immergés
dans les drames de l'histoire, tous les hommes sont
également coupables et responsables, que n'importe
qui est capable de faire n'importe quoi, qu'il n'y a
pas d'exception à la possibilité de la barbarie
humaine ? J'en doute, notamment en repensant aux
commentaires qui ont été les siens à l'époque du procès Eichmann.

   Ce qui ruine le pessimisme fondamental des
adeptes de la banalisation, c'est à la fois le spectacle
de leur propre lâcheté, mais aussi, en contrepoint,
l'ampleur des risques pris par les Justes, ces hommes
qui n'attendaient rien, qui ne savaient pas ce qui allait
se passer, mais qui n'en ont pas moins couru tous les
dangers pour sauver des Juifs que, le plus souvent,
ils ne connaissaient pas. Leurs actes prouvent que la
banalité du mal n'existe pas. Leur mérite est immense,
tout autant que notre dette à leur égard. En sauvant

tel ou tel individu, ils ont témoigné de la grandeur de l'humanité.

Quand je lis, ici ou là, que dans les camps, les gens se sont tous très mal comportés, je bondis. Dieu sait dans quelles conditions nous vivions – en vérité je pense, par bonté d'âme, qu'Il l'ignorait – et à quel point notre quotidien était effroyable ! Ce n'est pas mal se comporter que de vouloir sauver sa vie, de ne pas se laisser emporter par le corps voisin qui chute et ne pourra se relever. À l'opposé, les discours des communistes sur la solidarité sans faille qui unit les hommes dans la souffrance me paraissent tout aussi excessifs. Cette solidarité a certes existé, mais essentiellement entre communistes, et encore avec des nuances. Une des passagères du fameux convoi des communistes déportées à Auschwitz a laissé à ce sujet un témoignage intéressant. Dans son livre, elle mentionne combien, aux yeux des communistes, il importait d'abord de sauver les cadres, et à quel point elle-même en était choquée. Marcelline Loridan et moi, errant un jour à Birkenau, nous sommes fait proprement traiter de « sales Juives » en cherchant à nouer conversation avec quelques communistes françaises !

Dès le retour des camps, nous avons ainsi entendu des propos plus déplaisants encore qu'incongrus, des jugements à l'emporte-pièce, des analyses géopolitiques aussi péremptoires que creuses. Mais il n'y a pas que de tels propos que nous aurions voulu ne jamais entendre. Nous nous serions dispensés de certains regards fuyants qui nous rendaient transparents. Et puis, combien de fois ai-je entendu des gens s'étonner : « Comment, ils sont revenus ? Ça prouve bien

que ce n'était pas si terrible que ça. » Quelques années
plus tard, en 1950 ou 1951, lors d'une réception dans
une ambassade, un fonctionnaire français de haut
niveau, je dois le dire, pointant du doigt mon avant-
bras et mon numéro de déportée, m'a demandé avec
le sourire si c'était mon numéro de vestiaire ! Après
cela, pendant des années, j'ai privilégié les manches
longues.

Plus généralement, dans ces années d'après-guerre,
les gens disaient des choses épouvantables. Nous
avons oublié tout l'antisémitisme rampant dont certains faisaient étalage. Aussi, dès 1945, suis-je devenue, non pas cynique, car ce n'est pas ma nature, mais
dénuée de toute illusion. En dépit de tous les films,
témoignages, récits qui lui ont été consacrés, la Shoah
demeure un phénomène absolument spécifique et totalement inaccessible.

En 1959, j'étais magistrat au ministère de la Justice,
en poste à l'administration pénitentiaire. Mon directeur reçoit un jour un magistrat retraité qui vient lui
demander de présider un comité en faveur des libérés
conditionnels. Il accepte mais, n'ayant pas le temps
de se déplacer, l'informe ultérieurement que le magistrat qui s'occupe de ces questions dans son service
le représentera. C'était moi. Réponse de l'ancien
président du tribunal de Poitiers : « Comment ? Une
femme et une Juive ? Mais je ne la recevrai pas ! »
Autre exemple. Quelques années plus tard, alors que
je suis en poste à la Direction des affaires civiles, j'ai
connaissance d'une décision effarante. Un divorce est
prononcé entre une femme juive, d'origine polonaise,
et un Français. L'homme se voit accorder la garde de

leur enfant, une fille âgée de quinze ou seize ans, en application d'un jugement qui précise : « Attendu que la femme est juive d'origine polonaise et que le père est catholique, etc. » Le jugement, avec cet attendu, portait la signature d'un magistrat connu dans le milieu judiciaire. Jean Foyer, alors garde des Sceaux, a été horrifié quand il a eu connaissance de ce chef-d'œuvre et a pris des sanctions.

Voilà quelques exemples de ce que les déportés ont pu subir, dans les années qui ont suivi leur retour. Pendant longtemps, ils ont dérangé. Beaucoup de nos compatriotes voulaient à tout prix oublier ce à quoi nous ne pouvions nous arracher ; ce qui, en nous, est gravé à vie. Nous souhaitions parler, et on ne voulait pas nous écouter. C'est ce que j'ai senti dès notre retour, à Milou et à moi : personne ne s'intéressait à ce que nous avions vécu. En revanche, Denise, rentrée un peu avant nous avec l'auréole de la Résistance, était invitée à faire des conférences.

Pourtant, de nombreux livres essentiels ont paru dès les premières années de l'après-guerre. Ils auraient dû permettre à chacun de comprendre les faits et d'analyser leur signification. Faut-il le préciser, j'en ai moi-même lu beaucoup, que je ne pourrai pas tous citer. Parmi eux, bien entendu, le remarquable *Si c'est un homme*, de Primo Levi. Je l'ai lu très vite dès sa sortie en 1947, et me suis dit aussitôt : « Comment est-ce qu'il a pu si vite écrire un livre comme ça ? » Pour moi, l'exploit relève du mystère. Cet homme avait immédiatement accédé à une totale lucidité, d'ailleurs tragique puisqu'elle l'a finalement conduit au suicide. Il y eut aussi le grand livre de Robert Antelme, *L'Es-*

pèce humaine, publié la même année, tout comme *Ravensbrück*, de Germaine Tillion, magnifiquement écrit, et les deux contributions majeures de David Rousset, *L'Univers concentrationnaire*, et *Les Jours de notre mort*, aussi admirables l'un que l'autre. Plus tard, vers 1948, David Rousset publia un autre livre qui m'a fortement impressionnée, *Le Pitre ne rit pas*. Chacun de ces auteurs a vécu les choses à sa manière, a connu un sort particulier. Leurs témoignages sont essentiels, et leurs livres ont connu des succès considérables. Cependant, nous sentions autour de nous une forme d'ostracisme diffus qui ne disait pas son nom, mais nous était infiniment pénible à vivre.

Je songe aussi à ces nombreux récits sur les ghettos de Pologne. On y mesure le poids de l'anxiété qui, des mois durant, avait pesé sur leurs habitants, leurs conditions de vie épouvantables, le pessimisme qui ne pouvait pas ne pas les habiter, mais qui voisinait aussi avec un sens profond de la fraternité et de l'entraide. Le drame de l'*Exodus*, à travers le livre puis le film qui en ont été tirés, a constitué pour beaucoup une découverte parce qu'une œuvre destinée à un vaste public parlait en détail de la déportation, des camps et de la gêne des grandes démocraties occidentales face au phénomène juif. Je l'ai lu comme un roman populaire, mais avec beaucoup d'intérêt. Il n'y avait rien qui puisse choquer, l'émotion était forte. Je me souvenais en le lisant de nos interrogations d'alors : qu'allaient devenir ces hommes qu'on ne laissait pas débarquer, sur lesquels les Anglais auraient très bien pu aller jusqu'à tirer ? À cette époque, j'ignorais à peu près tout d'Israël. Mais mes camarades d'études en parlaient. En particulier, beaucoup de Polonaises et de Slovaques avaient l'espoir d'aller y vivre. C'était fort émouvant.

La bonne mesure est impossible à trouver ; soit on parle trop de sa déportation, soit on en parle trop peu. Nombreux sont ceux qui en ont été tellement meurtris qu'ils n'en parlent jamais. Mon fils m'a rapporté qu'un jour, alors qu'il évoquait avec un ami le sort de leurs mères déportées, il a eu la surprise de voir l'ami éclater en sanglots en lui avouant : « Ma mère ne m'en a jamais parlé. » Ce silence est pour moi un mystère. Il est vrai que mes beaux-parents eux-mêmes n'ont jamais supporté qu'on parle de la déportation. Mon mari et l'un de mes fils ont toujours partagé cette difficulté. Les livres dont je parle, par exemple, mon mari ne s'intéresse pas à leur contenu. Il a même du mal à supporter que je les lise. Durant les premières années de notre mariage, lorsque avec l'une ou l'autre de mes sœurs nous évoquions un souvenir commun, il lui arrivait de nous interrompre pour parler d'autre chose. C'était sa façon à lui de se protéger. Pour autant, elle ne m'était pas toujours facile à supporter.

Parler de la Shoah, et comment ; ou bien ne pas en parler, et pourquoi ? Éternelle question. Le romancier israélien Aharon Appelfeld a écrit plusieurs livres superbes, notamment *Histoire d'une vie*, où il raconte son évasion du camp, alors qu'il a dix ans, et ses trois ans de cache dans la forêt ukrainienne. Il vient de publier trois discours prononcés en Israël. C'est un livre bouleversant dans lequel il analyse la Shoah

en expliquant que ceux qui en ont été les victimes ne
s'en sortent jamais. À sa lecture, je me suis rendu
compte qu'au fond, nous aurons toujours vécu avec
cela. Certains répugnent à l'évoquer. D'autres ont
besoin d'en parler. Mais tous vivent avec.

Appelfeld énonce les raisons pour lesquelles on ne
peut plus s'en détacher. Elles sont terribles, et mar-
quent la différence de nature avec la situation des
résistants. Eux sont dans la position des héros, leur
combat les couvre d'une gloire qu'accroît encore
l'emprisonnement dont ils l'ont payée ; ils avaient
choisi leur destin. Mais nous, nous n'avions rien
choisi. Nous n'étions que des victimes honteuses, des
animaux tatoués. Il nous faut donc vivre avec ça, et
que les autres l'acceptent.

Tout ce qu'on peut dire, écrire, filmer sur l'Holocauste n'exorcise rien. La Shoah est omniprésente.
Rien ne s'efface ; les convois, le travail, l'enferme-
ment, les baraques, la maladie, le froid, le manque de
sommeil, la faim, les humiliations, l'avilissement, les
coups, les cris... non, rien ne peut ni ne doit être
oublié. Mais au-delà de ces horreurs, seuls importent
les morts. La chambre à gaz pour les enfants, les
femmes, les vieillards, pour ceux qui attrapent la gale,
qui clopinent, qui ont mauvaise mine ; et pour les
autres, la mort lente. Deux mille cinq cents survivants
sur soixante-dix-huit mille Juifs français déportés. Il
n'y a que la Shoah. L'atmosphère de crématoire, de
fumée et de puanteur de Birkenau, je ne l'oublierai
jamais. Là-bas, dans les plaines allemandes et polo-

naises, s'étendent désormais des espaces dénudés sur lesquels règne le silence ; c'est le poids effrayant du vide que l'oubli n'a pas le droit de combler, et que la mémoire des vivants habitera toujours.

IV

Revivre

La guerre était finie. Mes sœurs et moi étions vivantes, mais comme tant d'autres, la famille Jacob avait payé un lourd tribut à la fureur nazie. Très vite, nous avons compris que nous ne reverrions ni Papa ni Jean. Maman n'avait pas survécu à la maladie. Milou, squelettique, rongée de furoncles, était terriblement affaiblie par le typhus. Seules Denise et moi rentrions en France à peu près indemnes. Notre foyer était détruit. Nous, nous étions jeunes. Nous avions notre vie à construire.

Tout de suite nos oncle et tante Weismann nous ont accueillies chez eux. Eux-mêmes étaient rentrés de Suisse, à la Libération, dans une maison pillée par les Allemands. Là-dessus, leur fils André, vingt ans, élève à l'École polytechnique, qui avait souhaité s'engager pendant les vacances de Pâques, venait d'être tué au front à Karlsruhe. Tout cela créait un climat de profonde tristesse. On se réconfortait comme on pouvait, notamment en se consacrant à sauver Milou. Mon oncle et ma tante hésitaient à l'hospitaliser. Lui, médecin des hôpitaux, en charge d'un service de

médecine générale, était parfaitement qualifié pour
savoir quel type de traitement convenait à sa nièce.
Pour permettre un bon suivi des soins et de l'alimenta-
tion, mais aussi pour éviter une démoralisante mise à
l'isolement, il a jugé préférable de la garder à la maison. Il lui a prodigué les meilleurs soins possibles, et
ma sœur a lentement remonté la pente, dans le temps
même où de nombreux déportés ne survivaient pas
au typhus. Pendant toute l'année qui a suivi, encore
marquée par les restrictions, un de nos amis a d'ailleurs aidé à approvisionner Milou en produits frais,
lait, beurre, légumes, à partir d'une ferme de la Brie.

Toujours aussi indépendante, Denise, de son côté,
a rapidement pris le large. Elle avait retrouvé des
camarades de son réseau et renoué des contacts à
Annecy et Lyon. Quant à moi, je veillais sur Milou et
sortais peu. D'abord, parce que je n'avais pas la tête
à cela, et aussi parce que je constatais, dans les rares
conversations auxquelles je participais, que les gens
préféraient ne pas trop savoir ce que nous avions vécu.
C'est tout juste si certains ne s'étonnaient pas que
nous soyons revenus, sous-entendant même que nous
avions dû commettre bien des turpitudes pour nous en
être sortis. Ce sentiment d'incompréhension teintée de
reproche était pénible à vivre. Ensuite, parce que chez
les Weismann, l'ambiance n'était pas gaie. Ma tante
ne surmontait pas le chagrin d'avoir perdu une sœur
qu'elle adorait et un fils en qui elle avait placé ses
espérances. Elle avait donc tendance à reporter son
affection sur moi. Ma grand-mère, qui avait vécu chez
nous à Nice et réussi à éviter l'arrestation, nous avait
rejoints à Paris. Elle tentait de se consoler de tous ces

malheurs en câlinant son arrière-petite-fille, à laquelle ma cousine venait de donner le jour.

Pour moi, ces semaines écoulées après notre retour me laissent un souvenir flou. Ma vie peinait à retrouver un rythme normal, même dans ses aspects matériels. Par exemple, j'avais tellement perdu l'habitude de coucher dans un lit que pendant un mois je n'ai pu dormir que par terre. Surtout, les relations avec les autres me posaient problème. Je suis retournée à Nice dès le mois de juin, pour y revoir des amis, mais j'ai tout de suite senti que ma vie n'était plus là-bas. Je suis rapidement rentrée. À Paris, les rares fois où j'étais invitée quelque part, je me sentais de trop. Je me souviens de m'être cachée derrière des rideaux, dans des embrasures de fenêtres, pour ne parler à personne. Tout ce que disaient les gens me paraissait tellement irréel... Cette sensation est restée présente durant des années. Les premiers temps de mon mariage, je l'éprouvais encore.

J'ai retrouvé des camarades et, parmi elles, deux amies communistes de Bobrek. Elles habitaient désormais à Drancy, et leur histoire retenait l'attention. Le mari de l'une avait été fusillé pendant l'Occupation, tandis qu'elle-même avait été arrêtée avec une autre communiste. À Bergen-Belsen, elle avait fait la connaissance d'un artisan bijoutier d'origine polonaise, lui-même communiste convaincu, avec un côté titi parisien. C'était un homme drôle et généreux, malgré la disparition à Auschwitz de sa femme et de ses quatre enfants. Après la guerre, il accueillit à Drancy les deux amies. La veuve élevait une fille, l'autre avait retrouvé son mari, qui travaillait dans la confection, et ses trois enfants. Tout ce monde s'est alors regroupé dans les deux étages de la maison ouvrière du bijoutier. Ils vécurent là en phalanstère pendant des années, unis par une même foi communiste autant que par le souvenir de ce qu'ils avaient traversé. C'étaient des gens de qualité, et j'allais souvent leur rendre visite. J'avais besoin de parler du camp, et il n'y avait guère qu'avec eux que c'était possible. Puis les enfants ont grandi et la communauté s'est dissoute, mais l'une de mes deux amies communistes a continué à vivre à Drancy jusqu'à sa mort, il y a quelques années. Elle était nettement plus âgée que moi, mais notre amitié ne s'est jamais refroidie.

L'été est arrivé. Ma sœur Denise, liée à Geneviève de Gaulle depuis Ravensbrück, m'a suggéré de passer le mois d'août à Nyon, en Suisse. Je pourrais ainsi me refaire une santé dans une des villas situées au bord du lac et mises à la disposition des anciens déportés. Les conférences de Geneviève de Gaulle permettaient de couvrir les frais courants. L'invitation était généreuse, et je l'ai acceptée sans hésiter. Malheur à moi ! Les Suisses comprenaient encore moins que les Français ce qui nous était arrivé. L'atmosphère m'était pesante. En outre, comme j'étais la plus jeune, dix-huit ans depuis quelques jours, je me trouvais entourée de grandes résistantes qui, paradoxalement, me paraissaient supporter mieux que moi l'ambiance de pensionnat qui nous environnait. Des gens nous posaient des questions insensées : « Est-ce que c'est vrai que les SS faisaient mettre les femmes enceintes par des chiens ? » Bien des détails de la vie quotidienne me laissaient pantoise. Par exemple, la maison était tenue par des protestants, qui nous obligeaient à dire les grâces avant les repas. Des dames patronnesses nous prévenaient doctement qu'après tout ce que nous avions vécu, nous allions avoir une existence difficile, et que pour gagner notre vie il nous fallait travailler, apprendre par exemple la dactylographie ou l'anglais, faire ceci, faire cela. Ces conseils, adressés à des femmes de tous âges, souvent installées dans la vie, et qui sortaient de l'enfer, étaient particulièrement malvenus et, pour ainsi dire, ridicules. Un soir, avec quelques camarades, nous sommes allées danser. La maison fermait à vingt-deux heures, et parce que nous sommes rentrées avec un quart d'heure de retard, nous avons été tancées comme des enfants de douze ans. Inutile de dire combien je détestais ce moralisme rigide et infantilisant.

Un autre jour, je m'approchai d'un vestiaire où pendaient des vêtements à la disposition des pensionnaires, car nous n'avions plus d'affaires convenables à nous mettre. Une femme vint près de moi, regarda la robe que je m'apprêtais à prendre, et ne trouva rien de plus délicat que de me lancer : « Ah, mais je reconnais la robe de ma fille ! » C'était une étrange conception de la charité. J'ai reposé la robe sans un mot, en pensant à ce passage de Romain Rolland où les enfants de la famille bourgeoise se moquent du petit garçon de la bonne parce qu'il porte la vieille culotte du fils. Tout était ainsi, extravagant, choquant, humiliant. On nous faisait sentir à quel point nos bienfaiteurs étaient généreux de nous abriter sous leurs larges ailes et quelle infinie reconnaissance nous leur devions.

Un autre jour, nous avons eu la « permission » – c'était le terme employé – d'aller à Lausanne, mais pas seules, bien entendu ; des familles de Lausanne sont venues nous chercher, et nous avons effectué une laborieuse visite guidée des commerçants, dont beaucoup nous assommaient de questions indiscrètes sur ce que nous avions vécu. À un moment, avisant dans une vitrine un sac rouge à la mode, l'une de nous, Odette Moreau, grande avocate et résistante déportée, a exprimé le désir de l'acheter. Elle s'est alors entendu répondre sèchement par une de nos duègnes : « Quel besoin avez-vous d'un deuxième sac ? »

Heureusement, des cousins qui habitaient Genève m'ont invitée. La gentillesse de cette famille Spierer tranchait avec le reste. En compagnie de leurs quatre filles, nous avons dévalisé les magasins de Genève, un bonheur dont j'avais oublié jusqu'à l'existence. Grâce à leur générosité, j'ai ainsi pu acheter des vêtements pour mes sœurs et moi, à une époque où l'on ne trouvait rien en France. Malheureusement, la suite de cet épisode est moins plaisante. Lorsque j'ai franchi la frontière quelques jours plus tard, j'ai eu tous les ennuis de la création. À cause d'une petite montre de bonne marque et d'une paire de chaussures neuves que je portais, j'ai dû payer cinq cents francs de taxes d'importation. J'ai eu beau expliquer que je n'avais plus rien, montrer ma carte de déportée, tenter d'attendrir les douaniers sur le sort de mes sœurs et le mien, ces fonctionnaires zélés se sont montrés inflexibles ; le règlement était le règlement. Du début jusqu'à la fin, ce séjour en Suisse demeure donc un bien désagréable souvenir.

À mon retour des camps, j'avais appris que j'avais été reçue aux épreuves du baccalauréat passées la veille de mon arrestation, en mars 1944. Même si tout cela me paraissait bien surréaliste, j'avais accueilli la nouvelle avec joie. Elle apportait un début de réponse à la question que Milou et moi avions en tête : qu'allions-nous faire, entreprendre des études ou essayer tout de suite de gagner notre vie ? Le problème était déjà réglé pour Denise. Comme elle ne voulait pas dépendre de nos oncle et tante à vingt-deux ans, elle avait pris son indépendance en travaillant à Londres, où elle vivait chez des amis. Pour nous, la question se posait, car notre mère nous avait convaincues de la nécessité d'avoir un vrai métier. Nous l'avions vue si blessée de ne pouvoir terminer ses études et de dépendre financièrement de son mari, que nous ne voulions pas connaître le même sort. Ses injonctions résonnaient encore à nos oreilles : « Il faut étudier pour pouvoir exercer une vraie profession. » D'ailleurs, les Weismann nous poussaient également aux études tout en nous assurant le clos et le couvert ; on ne pouvait se montrer plus généreux. Nous avons donc réussi à obtenir des bourses, et nous nous sommes lancées.

Depuis toujours, j'avais un objectif en tête : étudier le droit pour devenir avocat. En rentrant de Suisse, je me suis donc inscrite, sans aucun problème, à la faculté de droit. Et comme j'entendais autour de moi parler du tout nouvel Institut d'études politiques, héritier de la vieille Fondation des sciences politiques, je

suis allée voir comment les choses se présentaient
rue Saint-Guillaume ; j'avais à la fois une boulimie
d'études et besoin de m'occuper. On m'a annoncé que
le concours d'entrée, qui du reste n'était imposé
qu'aux filles, avait déjà eu lieu, mais compte tenu de
ma situation, j'ai été admise dans une conférence
regroupant les étudiants qui avaient connu des problèmes pendant la guerre. Ainsi un de mes condis-
ciples avait-il vu ses parents déportés, un autre avait
été prisonnier de guerre, certains s'étaient engagés
dans la Résistance, en Angleterre ou en France. Tous
avaient donc eu des histoires particulières et fortes, ce
qui n'empêchait pas certains de me regarder comme
un ovni : non seulement j'avais connu la déportation,
mais en plus... j'étais une fille !

Très vite j'ai embrayé à Sciences-Po, mais peu fréquenté la faculté de droit, pour laquelle je me content-
ais de travailler sur les polycopiés, comme d'ailleurs
presque tout le monde à l'époque. Ce que je trouvais
passionnant à l'institut, c'étaient les conférences ani-
mées par des personnalités venues d'horizons divers
et riches d'expériences variées. Plusieurs d'entre eux
réintégraient à peine les postes administratifs qu'ils
avaient perdus pendant la guerre, pour toutes sortes de
raisons. Parmi eux se trouvait un homme remarquable,
Michel de Boissieu, dont j'ai tout de suite éprouvé un
vif intérêt à suivre les conférences. Il ne manquait
pas de panache. Après avoir passé le concours de
l'École normale supérieure juste avant la guerre, il
avait accédé à la Cour des comptes. Après l'armistice,
replié à Montpellier, il avait épousé, sans en faire
mystère, une Mlle Cahen, le jour même de la promul-

gation du statut des Juifs, allant jusqu'à l'annoncer *urbi et orbi* dans un faire-part, paru dans la presse. Là-dessus, il était entré dans la Résistance aux côtés de Pierre-Henri Teitgen, séduit par l'attitude de ce jeune homme. Cette expérience de la vie donnait une grande richesse à son enseignement, apprécié par des étudiants dont la plupart, comme moi, n'arrivaient pas directement du lycée. Les travaux de conférence autour de lui m'ont passionnée et ont contribué à faire de cette période de ma vie un moment heureux et fort. Michel de Boissieu compte d'ailleurs encore beaucoup pour moi et pour mon mari, dont il a facilité le démarrage professionnel. Le hasard a voulu que sa femme et lui, d'esprit toujours alerte, habitent le même immeuble que nous. Ils sont nos plus anciens et plus fidèles amis.

Hors la rue Saint-Guillaume, je me tenais à l'écart des étudiants de Sciences-Po, qui sortaient beaucoup et fréquentaient assidûment les cafés et les « caves » de Saint-Germain-des-Prés. Je m'en tenais à fréquenter un petit groupe où figuraient Claude Pierre-Brossolette, encore très affecté par le destin tragique de son père, et quelques autres camarades, notamment Michel Goldet, Jean François-Poncet, Marc Alexandre. En dehors d'eux, je n'avais guère envie de me mêler à des gens qui n'osaient pas me parler, tout en se posant visiblement des questions sur ce que j'avais vécu. Tout le monde savait que j'avais été déportée, ne serait-ce que parce que j'étais arrivée un peu après le début des cours. Je redoutais aussi les remarques du genre de celles que j'avais subies en Suisse.

Et puis, je ne raffolais pas des discussions politiques. Elles étaient d'ailleurs moins présentes qu'on aurait pu l'imaginer dans cet établissement. D'une manière générale, si certaines conférences suscitaient débat chez mes camarades, ceux-ci n'affichaient guère leurs opinions. Trop de plaies étaient encore mal cicatrisées. Parmi nos professeurs, c'était la même prudente réserve. Les anciens pétainistes ou les tenants de la droite classique faisaient le dos rond. Ainsi tout le monde savait que Pierre Renouvin, notre professeur d'histoire, intellectuel brillant, pédagogue rigoureux – dont la famille avait payé un lourd tribut à la Résistance –, n'était pas un homme de gauche, c'est le moins que l'on puisse dire, mais chacun respectait sa rigueur d'historien. Le clivage entre les deux France, celle de la collaboration et celle de la Résistance, demeurait trop lancinant pour que les gens ne veillent pas à éviter des polémiques inutiles. L'un des rares souvenirs que j'aie conservés des débats de l'époque portait sur la laïcité. Quelles qu'aient pu être leurs conceptions religieuses, j'étais frappée de voir à quel point, dans cette période de reconstruction de la république, nos professeurs tenaient à nous en inculquer une haute idée, du reste plus rigoureuse qu'elle ne l'est aujourd'hui. Les bémols récemment apportés à la loi de 1905, par exemple, personne ne se serait permis de les envisager à l'époque. La France sortait du pétainisme, et les principes laïques de la IIIᵉ République retrouvaient leur pleine signification.

En fin de compte, je conserve un bon souvenir de ce début d'études universitaires. Pour le reste, la vie suivait son cours. Le soir, je lisais beaucoup, par plaisir autant que pour le travail universitaire. Je fréquentais toujours aussi peu de monde, car mes camarades de déportation se retrouvaient éparpillés dans des parcours diversifiés. Les uns étaient très politisés, au Parti communiste ou ailleurs ; d'autres étaient partis vivre en province. Certains, surtout les hommes, parvenaient à suivre des études tout en travaillant, car la plupart d'entre eux avaient perdu leur famille. Beaucoup avaient dû se lancer tout de suite dans la vie active, avec énergie. Comme tous ceux qui survivent à une catastrophe, ils voulaient prendre leur revanche sur une société qui les avait maltraités.

Bien qu'à l'époque je n'aie guère fréquenté la communauté juive, j'ai conservé le sentiment qu'elle s'était peu impliquée, au moins directement, dans l'aide morale et matérielle que les familles, souvent étrangères, amputées par la Shoah pouvaient espérer. Il est vrai cependant que l'œuvre de secours aux enfants juifs, l'OSE, qui avait été active et efficace sous l'Occupation, a poursuivi avec dynamisme la prise en charge des orphelins de déportés ainsi que les enfants eux-mêmes rescapés de Buchenwald. Pour beaucoup de jeunes gens qui avaient survécu aux camps, ce fut en fin de compte une période de grandes difficultés et de complète solitude. Quant aux adultes, ceux qui se trouvèrent confrontés à des problèmes d'emploi ou de domicile, sans pouvoir compter sur l'appui de proches, ils eurent bien du mal à reprendre place dans la société. Je ne pense pas que la communauté leur ait alors tendu la main. Beaucoup se sont retrouvés isolés, ignorés et démunis.

À mon retour de déportation, j'ai entendu parler d'une Amicale d'Auschwitz qui venait de voir le jour. J'ai pensé que j'y retrouverais peut-être quelques amis et je m'y suis donc rendue. J'ai tout de suite compris que l'amicale était verrouillée par les communistes. Elle l'est d'ailleurs demeurée jusqu'à peu, une dizaine d'années environ, aussi longtemps que Marie-Claude Vaillant-Couturier a vécu. Les responsables de cette amicale avaient pris la précaution d'embrigader quelques personnalités non communistes, bien que proches de leurs idées, afin d'offrir une image de fraternité œcuménique, qui n'existait que pour ceux qui voulaient bien y croire. À cette époque, je n'avais pas d'idées politiques bien arrêtées, mais je savais que je n'étais pas communiste. L'amicale m'a donc vue une fois, mais pas deux.

Au fond, ma première expérience politique a bien été le refus du communisme. Ce refus ne procédait pas, comme chez d'autres, d'une tradition familiale. Mis à part mon père, l'ensemble de mon environnement se situait plutôt à gauche. C'était le cas de Maman qui, contrairement à sa sœur, n'avait cependant jamais été proche des communistes. Moi-même, pendant la guerre, je n'avais pas plus d'opinion sur les communistes que sur les résistants. À mon retour du camp, et en dépit de l'amitié que j'avais pour les deux femmes que j'avais connues à Bobrek et retrouvées dans la petite maison de Drancy, j'ai pris conscience du sectarisme stalinien des communistes. Il m'était insupportable ; il l'est demeuré.

Comme les vacances de mardi gras approchaient, Michel Goldet m'a proposé de partir faire du ski avec lui et un autre ami de Sciences-Po, Antoine Veil. J'ai accepté avec d'autant plus de joie qu'il s'agissait de mes premières vacances depuis des années, et nous nous sommes rendus à Grenoble, où vivaient les parents d'Antoine. J'ai alors découvert une famille remarquable, qui par bien des côtés m'évoquait celle que j'avais perdue. Les Veil avaient le même profil social et culturel que les Jacob ; des Juifs non religieux, profondément cultivés, amoureux de la France, redevables envers elle de leur intégration. Ils étaient bien plus aisés que ma propre famille, mais ils aimaient les arts comme mes parents, surtout la musique ; et puis le dynamisme chaleureux qu'apportaient les quatre enfants, trois filles et un garçon, me rappelait l'atmosphère que j'avais connue et aimée dans mon enfance et mon adolescence. J'ai tout de suite eu un coup de foudre pour eux tous. Et comme ils m'ont accueillie avec la plus grande gentillesse, nous nous sommes rapidement liés d'affection.

Antoine suivait comme moi les cours de Sciences-Po, mais nous nous étions peu rencontrés jusque-là. Il vivait à Paris, depuis sa démobilisation, chez une de ses grands-mères. À partir du moment où nous nous sommes revus à Grenoble, les choses n'ont pas traîné, puisque nous nous sommes fiancés quelques semaines plus tard et mariés à l'automne 1946. J'avais dix-neuf ans, et Antoine vingt. Notre premier fils, Jean, est né à la fin de 1947. Nicolas, le deuxième, treize mois après. Pierre-François, lui, s'est fait plus attendre puisqu'il est né en 1954. Tel est le grand avantage d'avoir des enfants tôt : nous sommes maintenant

mariés depuis soixante ans et comptons une douzaine
de petits-enfants et quelques arrière-petits-enfants.

La famille de mon mari était depuis longtemps
implantée à Blâmont, en Meurthe-et-Moselle, où elle
possédait une usine qui fabriquait des textiles de
coton. Son père, aussi patriote que le mien, avait fini
la guerre de 1914 avec le grade de capitaine. Au
moment de la Seconde Guerre, les Veil avaient cherché refuge à Grenoble avant de passer en Suisse, où
Antoine les avait précédés. À la Libération, il avait
rejoint l'armée puis, démobilisé à la fin des hostilités, il était entré à Sciences-Po, tandis que sa famille
repartait bientôt pour la Lorraine et s'installait à
Nancy. Mes beaux-parents étaient des gens austères,
mais de grande qualité humaine et affective. Hormis
qu'ils supportaient mal d'entendre parler de la déportation, sans doute par gêne ou pudeur, alors même
qu'une de leurs filles avait été déportée à Auschwitz
et venait de rentrer, nous nous sommes beaucoup aimés
mutuellement. Avec eux, j'ai retrouvé une famille.
J'admirais la rigueur morale et la curiosité intellec-
tuelle de mon beau-père, et lui-même trouvait plaisir
à nos échanges. Il se montrait curieux de mes analyses
et de mes opinions. Je me sentais aussi très proche de
la grand-mère de mon mari, au point de la préférer à la
mienne. Cet amour était d'ailleurs réciproque. Quand
j'avais un souci, je passais la voir, parce qu'elle habitait Paris, et je lui en parlais.

Notre maître de conférences à Sciences-Po, Michel
de Boissieu, occupait alors le poste de chef de cabinet
de Pierre-Henri Teitgen, un homme qui comptait
dans cet après-guerre, ministre de l'Information à la

Libération, puis garde des Sceaux, vice-président du Conseil dans le gouvernement Ramadier de 1947. Afin d'aider notre jeune couple et parce qu'il nous appréciait autant l'un que l'autre, Michel de Boissieu a proposé à mon mari un poste d'attaché parlementaire au Conseil de la République, nom que portait alors le Sénat. Antoine a accepté tout de suite. Et le voilà, jeune marié et provincial de vingt ans, plongé de manière aussi imprévue que brutale dans le bain politique, arpentant les couloirs du palais du Luxembourg au service du vice-président du Conseil. Antoine portait une vive admiration à Pierre-Henri Teitgen, ancien professeur de droit constitutionnel, résistant de la première heure, parfait représentant de cette famille de pensée qu'on appelle aujourd'hui catholique de gauche. Les Teitgen étaient des gens sympathiques et ouverts, qui vivaient simplement. La République, à l'époque, payait mal ses parlementaires et ses ministres, lesquels menaient des trains de vie modestes, sans commune mesure avec ce à quoi les récentes décennies nous ont habitués. Au surplus, il n'y avait pas grand-chose dans les assiettes, pas plus pour les gens au pouvoir que pour les citoyens ordinaires, mais cela n'avait guère d'importance.

Notre existence prit rapidement un rythme accéléré. Nous sortions beaucoup, même si je demeurais un peu intimidée par ce monde parisien où mon mari évoluait sans difficulté. Les discussions étaient riches, et l'espoir de bâtir une France nouvelle habitait tout le monde.

En ce début de 1947, la vie politique était intense. La IVᵉ République, institutionnalisée quelques mois

plus tôt, cherchait ses marques. Depuis le départ sans
préavis du général de Gaulle, un an auparavant, le
tripartisme constitué par les trois principales formations – les communistes, le MRP issu de la démocratie
chrétienne et les socialistes – avait cahin-caha « géré »
le pays et, au deuxième « round » référendaire, fait
adopter un régime parlementaire, évidemment vitupéré par de Gaulle et ses fidèles.

L'année 1947 allait être celle de la clarification.
D'une part, le tripartisme allait exploser, conséquence
dans notre hexagone de la rupture entre l'Est et
l'Ouest consacrée par le rideau de fer. D'autre part,
les gaullistes enracinaient et amplifiaient leur lutte
contre le « régime des partis ». La IVe République
n'allait ainsi pouvoir survivre qu'en résistant aux
coups croisés des communistes et des gaullistes, paradoxalement unis pour l'abattre.

En dépit de ces turbulences, et contrairement à
beaucoup de nos concitoyens, je confesse que le
départ de De Gaulle en janvier 1946 ne m'était pas
apparu comme une catastrophe nationale. Il avait tellement voulu jouer la réconciliation entre les Français
qu'à mes yeux les comptes de l'Occupation n'étaient
pas soldés. Au procès de Laval, comme à celui de
Pétain, il n'y avait pas eu un mot sur la déportation.
La question juive était complètement occultée. Du
haut au bas de l'État, on constatait donc la même attitude : personne ne se sentait concerné par ce que les
Juifs avaient subi. On peut imaginer ce que cela avait
de choquant pour tous ceux dont la Shoah avait boule-
versé l'existence.

Plus tard, j'ai réalisé que la volonté politique du

Général allait au-delà de cet « oubli ». Il souhaitait
mettre en veilleuse, non pas seulement la question
juive, mais tout ce qui était de nature à diviser les
Français, l'opposition feutrée entre les Français « libres » et les résistants de l'ombre, les querelles entre
les formations politiques, sans lesquelles il n'y a pourtant pas de vie démocratique. Tout cela lui rappelait
une République qu'il n'avait pas aimée. Sa capacité
de méfiance et de rejet était donc étendue. Même avec
des fidèles comme René Pleven, qui l'avait rejoint à
Londres dès juin 1940, mais poursuivait un parcours
politique sans allégeance, ou Raymond Aron, dont la
liberté d'esprit était entière, de Gaulle entretenait des
rapports parfois difficiles. Il avait besoin de rassem-
bler autour de lui. La vie parlementaire était à ses
yeux une liturgie inévitable, mais qu'il convenait de
tenir en lisière.

Dans l'été 1948, Antoine a eu une nouvelle opportunité de travail, aussi intéressante que la première.
Au moment où Pierre-Henri Teitgen quittait le gouvernement, Alain Poher devint secrétaire d'État au
Budget. Comme attaché parlementaire, mon mari
avait fait sa connaissance alors qu'il occupait le poste
de rapporteur général du Budget au Conseil de la
République. Alain Poher lui a proposé de faire partie
de son cabinet, qu'Antoine a rejoint avec plaisir, avant
de partir un an plus tard en Allemagne où Poher,
devenu entre-temps commissaire général aux affaires
allemandes et autrichiennes, l'a envoyé. Il s'agissait
là d'une véritable aubaine pour Antoine ; Poher lui
promettait un poste dans un consulat, qui lui laisserait

le temps de préparer le concours d'entrée à la toute nouvelle École nationale d'administration, qui attirait mon mari. Quant à moi, vivre en Allemagne ne me posait pas de problème. Malgré la surprise de certains proches, qui avaient du mal à comprendre mon choix, j'y voyais l'opportunité de préparer notre avenir.

Le 1er janvier 1950, nous sommes ainsi partis pour Wiesbaden, station thermale au bord du Rhin, située en zone d'occupation américaine, capitale du land de Hesse. Nous y sommes restés deux ans avant de passer une troisième année à Stuttgart, là encore au consulat, où mon mari avait été nommé. Puis il réussit le concours de l'ENA et nous sommes rentrés en France en 1953.

Après Pierre-Henri Teitgen, Alain Poher a donc été notre deuxième protecteur. J'ai gardé de lui le souvenir d'un homme aussi attentif aux autres qu'attaché à ses fonctions.

Ces trois années passées en Allemagne furent agréables. Je ne me suis pas sentie gênée de me retrouver là, et pour une raison simple : nous vivions comme les Américains, en totale autarcie. La piscine était américaine, les magasins aussi. Notre existence était confortable. Nous nous sentions libres. Faire un grand trajet jusqu'à Stuttgart ou Düsseldorf pour assister à un concert ne nous gênait pas. Nous allions aussi assez souvent rendre visite à Alain Poher à Düsseldorf. Il y occupait un petit château qui nous impressionnait un peu, mais sans plus. Je me souviens d'avoir choqué quelques personnes en descendant l'escalier magistral sur la rampe...

Nous nous sommes rapidement fait des amis, en particulier Roger Stéphane qui séjournait de temps en temps en Allemagne, Alain Clément, correspondant du *Monde*, et nombre d'autres qui venaient passer quelques jours à la maison. Parfois, nous nous demandions quelle serait notre vie après cette parenthèse dorée, mais Antoine préparait son concours de l'ENA, tandis que je continuais moi-même vaguement à passer des examens de droit, sans d'ailleurs y consacrer beaucoup de temps : je devais m'occuper de mes deux enfants encore en bas âge et d'une imposante maison. En outre, je donnais un coup de main à Antoine en lui rédigeant des notes et des résumés de dossiers. Je découpais des articles du *Monde*, considéré à l'époque comme une bible en matière de documentation ; et quand nous roulions en voiture, je lui en faisais la lecture.

Malheureusement, notre séjour fut endeuillé par un drame. Grâce aux bons soins dispensés par notre oncle, ma sœur Milou avait pu reprendre une vie normale et suivre des études de psychologie. Après mon mariage nous étions restées très proches et continuions à beaucoup nous voir ; pour moi, Milou représentait comme une seconde mère, l'ultime lien affectif qui me rattachait encore à ce passé que nous avions vécu toutes les trois ensemble. C'est pourquoi, même si elle m'avait encouragée à cet exil, la séparation liée à mon départ pour Wiesbaden avait été douloureuse. Nous nous écrivions chaque semaine, refusant que la distance physique nous sépare l'une de l'autre. Puis ma sœur avait épousé un ami, lui aussi psychologue, et un petit garçon, Luc, était né. À ma grande joie, ils

étaient venus nous voir à Wiesbaden pendant l'été
1951. Nos maris s'étaient tout de suite bien entendus,
tandis que Milou et moi renouions avec nos conversations sans fin. L'été suivant, nouveau bonheur : tous
trois vinrent passer quinze jours chez nous, à Stuttgart. Le séjour se passa merveilleusement bien. Luc,
qui avait un peu plus d'un an, a fait ses premiers pas
dans notre jardin. À la mi-août, tous trois repartirent
dans la petite 4 CV que mon beau-frère venait d'acheter et dont il était tout fier. Le lendemain, alors qu'ils
approchaient de Paris, ils ont eu un terrible accident
de voiture. Milou est morte sur le coup. Son mari, qui
conduisait, n'a rien eu. Immédiatement alertés, nous
avons accouru. À l'hôpital, Luc, qui semblait ne souf-
frir de rien, est mort au moment où je le prenais dans
mes bras. Une fracture du crâne non diagnostiquée lui
avait été fatale. Ce double choc m'a anéantie. J'éprouvais le sentiment d'une terrible injustice, d'un nouveau coup du destin qui s'acharnait à nous poursuivre.
J'avais beau avoir un mari, deux beaux enfants, mener
une vie agréable dans cette Europe en pleine reconstruction, fréquenter des amis jeunes et enthousiastes ;
c'était comme si la mort ne pouvait s'empêcher de
rôder autour de moi. Depuis, la douleur de la perte de
Milou et l'image affreuse de son fils s'éteignant de
façon brutale ne m'ont plus jamais quittée.

Ensuite, selon son rythme à la fois implacable et
apaisant, la vie a repris son cours. Antoine reçu à
l'ENA, nous sommes rentrés en France. Au premier
semestre de 1953, effectuant un premier stage au
Maroc, je l'ai rejoint à Safi. À partir de juillet, le stage

s'est poursuivi à la préfecture de l'Indre et je l'ai accompagné à Châteauroux, où toute la famille s'est installée pour deux mois. Le quotidien y était calme et très ennuyeux, même si nous nous sommes alors liés avec celui qui est resté un ami, André Rousselet, alors jeune sous-préfet à Issoudun. Le soir, nous jouions au bridge, parfois accompagnés du secrétaire général de la préfecture. Dans la journée, il nous arrivait, André et moi, de courir les antiquaires... Drôle d'époque où les hauts fonctionnaires de la République bénéficiaient de temps libre ! Dans la journée, je promenais les enfants dans le parc de la sous-préfecture. Au fond de moi, je savais que ce genre de vie n'aurait qu'un temps ; dès que mon mari en aurait fini avec ses études, j'entrerai dans la vie professionnelle. En attendant, je survolais mes cours de droit.

Antoine suivait encore les cours de l'ENA lorsque j'ai mis au monde notre troisième fils, Pierre-François. Le moment était venu d'annoncer à mon mari : « Je vais m'inscrire au barreau. » « Il n'en est pas question », a-t-il répondu, à ma vive surprise. Je ne me suis pas laissé faire. « Comment ? Il a toujours été entendu que j'attendrais que tu sois sur tes rails et qu'alors je travaillerais. Maintenant tu as obtenu ce que tu voulais, tu es à l'ENA, tout va bien pour toi. Rien ne s'oppose donc à ce que je travaille. » Je ne m'attendais pas à une réaction aussi négative de sa part. Comme jadis mon propre père avec Maman, je découvrais que mon mari était gêné de me voir entrer dans la vie professionnelle. En outre, attaché à la rigueur et à la force du droit, il ne tenait pas les gens du barreau en grande estime. Là où je voyais considé-

ration envers les accusés et les victimes, il ne trouvait
que versatilité et inféodation à la cause de clients
capables de payer. Je crois que tout cela le déran-
geait ; la justice, à la rigueur, mais sans compromis.
« On ne fréquente pas des avocats. Leur métier n'est
pas fait pour les femmes. » Le débat a été rude, mais
nous avons fini par trouver un compromis accepté de
part et d'autre. Par chance il avait rencontré à travers
ses différentes relations politiques un haut magistrat
qui lui avait affirmé : « Les femmes ont désormais
leur place au sein de la magistrature. Simone devrait
y réfléchir. » Et en effet, depuis 1946, les femmes
étaient admises à s'inscrire au concours de la magistrature. Tel a donc été notre terrain d'entente : j'aban-
donnais ma vocation d'avocat au profit d'une carrière
de magistrat, sans doute moins prenante, et lui acceptait que je ne reste pas à la maison pour élever les
enfants et préparer le dîner.

Il est vrai que pour y parvenir, il me fallait suivre
un stage de deux années et préparer les épreuves du
concours, tout en élevant nos trois enfants et en m'occupant de la maison... Le parcours était semé d'em-
bûches, mais c'était mal me connaître que d'imaginer
que j'abandonnerais la partie dès les premiers obstacles. Pourtant, ceux-ci n'ont pas manqué. Pierre-
François a très vite attrapé la coqueluche. Ma belle-
mère, toujours attentive à nos difficultés et secourable,
est venue le chercher de Nancy. Heureuse époque où
les belles-mères dépannaient leurs enfants en cas de
difficulté ! Il faut dire que mes beaux-parents, surtout
mon beau-père, me soutenaient avec force dans mon
désir de travailler ; pas plus eux que moi ne pouvaient

donc accepter qu'une coqueluche infantile vienne se mettre en travers de ma route.

En mai 1954, j'ai enfin pu m'inscrire au parquet général comme attachée stagiaire, à l'issue d'une nouvelle discussion émaillée d'arguments qui se voulaient dissuasifs. Le secrétaire général du parquet de Paris et son adjoint, qui m'ont reçue, n'en revenaient pas : « Mais vous êtes mariée ! Vous avez trois enfants, dont un nourrisson ! En plus votre mari va sortir de l'ENA ! Pourquoi voulez-vous travailler ? » Je leur ai expliqué que cela ne regardait que moi. Avec gentillesse mais insistance, ils ont tenté de me dissuader par tous les moyens : « Imaginez qu'un jour vous soyez contrainte de conduire un condamné à mort à l'échafaud ! » J'ai répondu : « Vous savez, si cela devait arriver, si je faisais partie de la juridiction d'assises qui l'a condamné, j'assumerais. » Devant ma résolution inébranlable, ils ont fini par accepter ma candidature et ont ajouté : « Tant qu'à faire, puisque vous êtes décidée, faites donc votre stage auprès de nous. »

J'ai tout de suite accepté. J'avais vingt-sept ans, des diplômes, un mari, trois enfants, un travail. J'étais enfin entrée dans la vie.

V

Magistrat

En 1954, l'École nationale de la magistrature n'existait pas encore, et l'accès à la carrière s'effectuait par un concours qui sanctionnait deux années de préparation aux épreuves après des stages effectués notamment au parquet. J'ai suivi cette filière qui m'a permis d'apprendre mon métier, et de bien l'apprendre. Ma chance fut que les deux magistrats qui dirigèrent mon stage occupaient des postes importants, puisqu'ils assistaient le procureur général du parquet de Paris dont ils préparaient les réquisitoires. Pour cela, il leur fallait construire de solides dossiers. Telle était la tâche qui souvent m'incombait, aussi concrète que formatrice. Ces deux magistrats se montraient à mon égard courtois, agréables à vivre, attentifs à toutes les questions que je pouvais leur poser. Je conserve donc le meilleur souvenir d'une période pourtant lourde à gérer sur le plan familial. Mes journées de travail étaient fort occupées, et le soir, en rentrant à la maison, je retrouvais mon mari et mes trois enfants.

En outre, nous ne roulions pas sur l'or et n'avions

pas les moyens de nous faire aider comme lors de
notre séjour en Allemagne. Antoine avait un salaire
d'élève de l'ENA, moi une rémunération de stagiaire.
L'ensemble était modeste. Du coup, comme de nombreux Français, nous passions nos vacances familiales
en Espagne, simplement parce que c'était une solution plus économique que de louer quelque chose en
France. Plus tard, lorsque Antoine a travaillé dans un
cabinet ministériel, il est devenu par la force des choses
un habitué des séjours abrégés ; de sorte que souvent, à
la fin des vacances, je rentrais seule en voiture avec les
enfants. Nous couchions en route, dans des hôtels dont
mes fils me rappellent aujourd'hui encore que ce n'était
pas des trois étoiles. Profitant de l'absence de leur père,
nos enfants multipliaient les facéties. Un jour, l'un
d'eux trouva judicieux de jeter les clés de la voiture
dans un puits. À mes yeux, tout cela n'était pas dramatique. Il y avait plus essentiel dans l'existence : le
travail, l'avenir de nos enfants, notre pays qui se
débattait dans des difficultés sans fin que les rares
hommes politiques dotés d'une vision de l'avenir ten-
taient de résoudre.

Ils n'étaient pas légion. De la grisaille générale de
la noria des gouvernements émerge pourtant la courte
période du cabinet Mendès France, qui m'a passionnée. J'avais beaucoup plus de sympathie pour ce
personnage hors du commun que mon mari, très lié
au milieu MRP. Pour ma part, je me situais plus à
gauche ; j'ai d'ailleurs voté socialiste à plusieurs
reprises, en fonction des programmes et des personnes. Malgré ces divergences, Antoine et moi nous
retrouvions dans l'intérêt que nous portions à l'actua-

lité. Comme beaucoup de non-gaullistes, nous obser-
vions le bouillonnement d'idées que symbolisaient
entre autres la création de *L'Express* et l'espérance de
voir émerger une troisième force au sein d'un paysage
politique par trop manichéen à nos yeux. Aussi nous
sentions-nous proches d'un homme comme Raymond
Aron, qui développait une pensée autonome se démar-
quant avec intelligence et lucidité des extrêmes, aussi
bien d'une droite rigoriste, souverainiste, frileuse, parfois haineuse, que d'une gauche encore fascinée par le
marxisme et dont le meilleur soutien idéologique était
alors Jean-Paul Sartre. Dans le paysage de l'époque,
Raymond Aron se situait au-dessus des clivages habi-
tuels par sa capacité d'analyse des problèmes et sa
volonté d'ouverture aux réformes. Sur la question de
la décolonisation, par exemple, il ne craignait pas
d'exprimer des idées qui heurtaient ses lecteurs du
Figaro, souvent favorables à l'Algérie française. Il
parvenait ainsi à séduire jusqu'aux marges d'un Parti
socialiste qui n'avait pas franchi le pas que François
Mitterrand lui imposa une quinzaine d'années plus
tard en concluant avec le Parti communiste l'alliance
électorale qui devait lui permettre de conquérir le pouvoir dont il rêvait depuis toujours.

Une de nos convictions les plus fortes concernait
le projet de Communauté européenne de défense, la
CED, dont la France avait selon nous commis la
lourde erreur de ne pas ratifier le traité. Mon mari en
était catastrophé, et en voulait beaucoup à Mendès.
Personnellement, j'avais le sentiment que ce projet
était prématuré. Ni l'un ni l'autre, nous ne faisions
mystère de militer en faveur de la construction euro-

péenne, ce qui ne nous paraissait pas en contradiction
avec de solides relations atlantiques. Nous en étions
convaincus : si les vainqueurs de 1945 n'opéraient pas
une réconciliation rapide et totale avec l'Allemagne,
les plaies d'une Europe déjà déchirée entre l'Est et
l'Ouest ne cicatriseraient jamais et le monde courrait
alors vers un nouveau conflit, plus dévastateur encore
que les précédents ; un point de vue d'ailleurs partagé par de nombreuses victimes directes de la guerre
dont on sortait, anciens prisonniers ou déportés, qui
voyaient dans l'entente franco-allemande la seule
façon de tourner la page des horreurs vécues. Cette
analyse était loin de faire l'unanimité au sein du pays.
Un profond clivage coupait la classe politique en
deux. D'un côté, les gaullistes et les communistes partageaient la même hostilité à l'Europe – les premiers
par souverainisme, les seconds par assujettissement
à Moscou –, de l'autre, MRP et socialistes étaient les
uns et les autres favorables à la construction européenne. Certes, de Gaulle, de retour au pouvoir
quelques années plus tard, devait accepter le traité de
Rome, mais en quelque sorte *a minima*, et sans anticiper réellement une souveraineté européenne. Cette fri-
losité, pour ne pas dire, au-delà des mots, ce rejet de
l'Europe, a toujours constitué le frein essentiel qui
m'a dissuadée de voter pour les gaullistes.

Une autre question occupait aussi le cœur des
débats : la question coloniale. Pour nous, il ne faisait
pas de doute que la France devait quitter le Viêtnam
le plus vite possible ; nous en avions acquis la conviction dès avant le désastre de Diên Biên Phu. À mes
yeux, seul Mendès France était en mesure de conduire

cette politique. Malheureusement, à peine sortie de ce bourbier, la France s'enfonçait dans un autre, et d'une autre dimension ! Le conflit qui s'amorçait sur l'autre rive de la Méditerranée, nous le sentions, risquait de revêtir la forme d'une guerre civile entre Français autant, sinon plus, que d'un conflit colonial de type classique. Ainsi nous sommes-nous d'abord montrés attentistes et réservés sur le problème algérien. Comme la plupart de nos concitoyens, nous ressentions des doutes et des inquiétudes, plus que nous n'affirmions des certitudes. Il est vrai que l'Algérie possédait un statut sans équivalent avec celui des autres territoires français d'outre-mer, formée qu'elle était de trois départements copiés, du moins en théorie, sur ceux de la métropole.

Pourtant, dès le déclenchement des premiers attentats, en novembre 1954, dans les Aurès, j'ai eu des doutes sur la pérennité de la présence française. Je connaissais bien Germaine Tillion, et je l'écoutais attentivement sur un sujet dont elle avait une connaissance approfondie. Elle m'ouvrait les yeux sur la réalité du fait colonial, aussi prégnant là-bas qu'ailleurs, et les légitimes revendications des Algériens. Sur ces entrefaites, en 1957, mon mari, alors jeune inspecteur des Finances, fut envoyé en Algérie pour une tournée d'inspection ; les informations qu'il rapporta de ce séjour me confirmèrent l'abîme qui séparait la métropole de l'Algérie. Très vite, nous sommes donc parvenus à la conclusion qu'il ne fallait pas renouveler la spirale de l'Indochine, d'autant plus que les aménagements successifs proposés par les gouvernements nous

semblaient trop timides et incapables de répondre aux
attentes des Algériens.

Lorsque l'armée accentua sa pression sur des gouvernements aussi éphémères les uns que les autres et
noua les intrigues qui ramenèrent de Gaulle au pouvoir, nous avons là encore partagé les mêmes craintes,
et aussi les mêmes hésitations que de très nombreux Français. Dans ce printemps 1958, la France
apparaissait alors au bord de la guerre civile. Beaucoup avaient le sentiment qu'elle était incapable de
résoudre le problème algérien, et que l'on s'acheminait vers un risque de *pronunciamiento*. Aussi le
retour du Général aux affaires pouvait-il constituer
une chance. En outre, nous étions sensibles aux arguments de certains proches de De Gaulle, tel Roger
Stéphane qui, malgré la célèbre formule « Je vous ai
compris », nous assura très vite que le Général voulait
conduire l'Algérie à l'indépendance. « Mais si tel est
bien ce qu'il veut, il a eu tort d'utiliser cette formule », rétorquais-je à Roger Stéphane. Lui n'en
démordait pas, et moi je restais méfiante : « Quand on
tient de tels propos, on risque de tromper les gens,
c'est le moins que l'on puisse dire ! » Aujourd'hui,
les gaullistes ont beau jeu de prétendre que leur chef
avait d'emblée saisi la situation, malgré les pressions
qu'exerçaient sur lui nombre de ses proches, chauds
partisans de l'Algérie française comme Michel Debré,
et que sa détermination fut rapide et entière. Ils
oublient la dure réalité des dates. Quatre longues
années furent encore nécessaires, après son retour au
pouvoir, pour aboutir à la paix. Le prix à payer fut très
lourd, en vies humaines, en déracinements brutaux, en

destins brisés, et surtout en une immense amertume qui, près d'un demi-siècle après ces tragiques événements, ne semble pas totalement exorcisée.

À l'issue de mes deux années de stage, j'avais été reçue au concours et affectée à la direction de l'administration pénitentiaire. J'y ai passé sept ans, de 1957 à 1964. Le travail ne manquait pas, et il m'a passionnée.

Je consacrais une grande part de mon temps à des tournées d'inspection dans les établissements pénitentiaires. J'arpentais le territoire dans tous les sens pour y découvrir une réalité désespérante, que je n'aurais jamais pu imaginer. Au début, je pensais que l'état des prisons était dû à une surpopulation pénale momentanée. Je me trompais. Si de nombreuses personnes avaient été arrêtées après la Libération, la plupart, dix ans plus tard, avaient été libérées. La situation carcérale ne s'expliquait donc pas par une conjoncture particulière. Elle résultait bel et bien de méconnaissances et d'incuries solidement incrustées dans les mœurs administratives, au point que, à visiter ainsi les prisons, j'avais parfois le sentiment de plonger dans le Moyen Âge. Les conditions matérielles de la détention étaient indescriptibles et scandaleuses. Je me rappelle par exemple qu'à la maison de correction de Versailles, les détenus étaient rassemblés dans une pièce baptisée chauffoir, ainsi nommée car elle était la seule à bénéficier d'un système de chauffage. Ils y passaient tout le jour avant d'être remis en cellule pour la nuit. Le milieu de ce chauffoir servait de W-C.

Une voiturette tirée par un cheval passait de temps en temps pour évacuer les déchets et excréments. C'était effrayant.

Pour résoudre de tels problèmes, la bonne volonté ne suffisait pas. Nous butions sur un cruel manque de moyens. Afin de sensibiliser l'opinion, avec l'espoir qu'à son tour elle mobiliserait les élus, le directeur de l'administration pénitentiaire a eu l'idée de demander à un grand chroniqueur judiciaire de l'époque d'effectuer un reportage sur l'état des prisons. Nous lui avons obtenu toutes les autorisations nécessaires, et il a ainsi pu visiter un certain nombre d'établissements. Son reportage a conclu au caractère honteux des conditions de détention au pays des droits de l'homme. Malheureusement, nous n'avions pas prévu que le mouvement d'opinion ainsi créé aboutirait au résultat inverse de celui que nous souhaitions. Nombreux furent les auditeurs qui protestèrent, trouvant que les détenus bénéficiaient de conditions de vie déjà trop confortables. En un mot, disaient-ils, la République ferait mieux de s'occuper des honnêtes gens que des délinquants. Je compris alors que, dans la longue marche nécessaire pour placer le système carcéral français à un niveau convenable et respectable, les bonnes volontés se heurtaient à un obstacle plus difficile encore à vaincre que les contraintes budgétaires : l'état de l'opinion. J'en ai été effarée. La suite des événements devait hélas confirmer ce constat ; chaque velléité de réforme a déclenché les protestations que l'on sait. Attendons de voir si, aujourd'hui, les Français sont ouverts à l'idée de payer des impôts pour améliorer la condition pénitentiaire.

Sans doute à cause de ce que j'avais subi en déportation, j'ai toujours développé une sensibilité extrême à tout ce qui, dans les rapports humains, génère humiliation et abaissement de l'autre. Détestant la promiscuité physique autant que l'aliénation morale, je ne pouvais que me considérer comme une sorte de militante des prisons. Parmi les magistrats du service mon sentiment était largement partagé. À mon modeste niveau, je n'économisais moi-même ni mon temps ni mes forces. Je me suis en particulier beaucoup souciée du sort des femmes détenues. Bien qu'infiniment moins nombreuses que les hommes, et surtout plus disciplinées, elles souffraient de conditions de détention particulièrement rigoureuses. Tout semblait se dérouler comme si la société, par l'intermédiaire des personnels de surveillance, s'efforçait non seulement de les punir, mais aussi de les humilier. Au tout nouveau centre pénitentiaire pour femmes de Rennes, j'eus la stupeur de découvrir des pratiques particulièrement perverses. Les détenues vivaient dans des chambrettes individuelles, certes décentes, mais la directrice s'acharnait à leur empoisonner l'existence bien au-delà des contraintes réglementaires. Selon elle, ces femmes, souvent de grandes criminelles, devaient s'acquitter de leur dette envers la société. De surcroît, obsédée par l'homosexualité, elle saisissait le prétexte du détail le plus anodin pour multiplier les brimades. Il suffisait qu'une détenue passe un sucre à une de ses camarades pour écoper d'une sanction.

Dans ce contexte, la santé des détenus constituait un réel sujet de préoccupation. À partir de 1959, la nomination d'un médecin-conseil, le docteur Georges Fully, ancien résistant, déporté à Dachau, où il s'était lié d'amitié avec Edmond Michelet, devenu garde des Sceaux, a permis d'alerter la chancellerie sur l'état de santé déplorable des détenus et les risques de tuberculose. Il fut décidé qu'un camion radiologique passerait dans tous les établissements pénitentiaires, puis nous avons obtenu la création de centres médico-psychologiques dans les maisons d'arrêt.

En même temps, la direction a obtenu les crédits nécessaires pour ouvrir et gérer quelques bibliothèques, ainsi que quelques structures scolaires pour les mineurs, toujours au grand dam des esprits les plus étriqués, sans doute les pères de ceux qui devaient ensuite s'élever contre les prétendues « prisons trois étoiles ».

Au moment où je rédige ces lignes, un demi-siècle après l'époque à laquelle elles se réfèrent, l'actualité judiciaire souligne la permanence de certaines problématiques, je veux parler de la délinquance et de la criminalité sexuelles. Dans ce temps-là, indépendamment du suivi des conditions de détention, j'avais mission de présenter, chaque semaine, les dossiers de libération conditionnelle au comité interministériel chargé de statuer sur les demandes présentées. Soit dit en passant, je ne suis pas sûre que la décentralisation de cette procédure ait été un progrès, compte tenu des écarts d'appréciation qu'elle autorise. Quoi qu'il en soit, la libération conditionnelle impliquait que l'on passât au scanner, si je puis dire, le vécu et le comportement des détenus. Ce faisant, j'ai été surprise de découvrir d'abord le taux élevé de la délinquance sexuelle – dont l'inceste constituait, à condition d'être constaté, la version la plus courante, disons la plus banale –, ensuite le taux élevé de la récidive, enfin l'indulgence, la complaisance, peut-être la résignation de magistrats et de médecins, remettant en liberté des détenus manifestement dangereux pour la société. Passons sur la pédophilie, qualifiée, à l'époque, au mieux d'attouchement, au pire de viol, et trop rarement saisie. Je crains qu'il faille aujourd'hui s'alarmer de voir Internet en être probablement devenu le principal vecteur.

Un nouveau dossier, plus circonstanciel, me fut confié. Quelques mois après mon arrivée au ministère, on commençait à s'émouvoir en haut lieu du sort des prisonniers algériens. C'était le moment où, les langues se déliant, livres et articles se mettaient à dénoncer les exactions des militaires, la torture, le sort réservé aux fellaghas quand ils tombaient aux mains des forces de l'ordre. En dépit de l'opposition à peine voilée du Premier ministre Michel Debré, qui ne voyait dans tout cela qu'une agitation orchestrée par ses opposants, sur le conseil de Germaine Tillion, Edmond Michelet se saisit de la situation et chargea un membre de son cabinet, Joseph Rovan, d'organiser une inspection générale des prisons algériennes. Quelqu'un prononça mon nom : « Il y a une jeune femme qui a été déportée, qui est magistrat à l'administration pénitentiaire, qui s'occupe beaucoup des prisons. Vous n'avez qu'à l'envoyer là-bas. » Je suis donc partie seule pour l'Algérie, afin de pouvoir informer le ministre de ce qu'il s'y passait. Je mentirais en disant que j'ai été accueillie à bras ouverts. Partout, j'ai été si mal reçue par les responsables que j'ai préféré rédiger moi-même mes rapports, plutôt que de les faire dactylographier par un agent local de la pénitentiaire.

L'un des problèmes auxquels je me trouvais confrontée était particulièrement ardu : fallait-il maintenir dans les prisons algériennes les cinq ou six cents personnes condamnées à mort, mais dont le Général avait suspendu l'exécution en 1958 ? Le bruit courait que des militaires extrémistes projetaient de pénétrer en force dans les prisons pour y « faire justice », comme on dit. Je pris cela très au sérieux : compte tenu de l'agitation des esprits, le pire était à craindre. Les prisonniers ont donc été rapidement ramenés en métropole, et les inquiétudes sur leur sort ont pu être levées. Autre souvenir pénible : la rencontre de jeunes terroristes à juste titre détenus, mais dans des conditions ignobles et non justifiées. À cet égard, si les considérations humanitaires étaient déterminantes dans mon attitude, elles n'étaient pas les seules. Semblables agissements me paraissaient politiquement suicidaires, pour la simple raison que, tôt ou tard, les terroristes finiraient par sortir de prison ; autant ne pas en faire des martyrs. J'ai fini par obtenir le transfert de certains d'entre eux en métropole, où ils purgèrent leurs peines dans des conditions plus normales.

À mon retour, je me suis investie dans la situation de ces Algériens transférés en métropole, et plus particulièrement dans celle des femmes. La tâche était difficile. Je m'en suis acquittée de mon mieux, améliorant ce qui pouvait l'être, sensibilisant les directeurs et les gardiens. En particulier, j'ai obtenu qu'elles soient regroupées au sein d'un même établissement et puissent y poursuivre des études. Je bénéficiais dans cette tâche de la confiance du sous-directeur à l'application des peines, André Perdriau, un magistrat et un homme d'une qualité professionnelle et personnelle exceptionnelle. Nous partagions les mêmes idées. Selon nous, les prisons devaient servir à élever intellectuellement les détenus, et pas seulement à les punir.

Pour ma part, je n'étais pas disposée à me résigner. Si l'État ne se donnait pas les moyens d'améliorer le régime carcéral, au moins ne m'empêchait-il pas d'en connaître le fonctionnement et les dysfonctionnements. Les frais de mission étaient distribués au compte-gouttes. Je m'arrangeais donc autrement. Ainsi, par exemple, lorsque nous partions en vacances en Espagne, je profitais de notre passage à Nîmes pour inspecter la prison, cette maison centrale particulièrement vétuste, réservée aux condamnés à de longues peines. Mon mari et mes enfants protestaient d'avoir à m'attendre quelques heures, mais je tenais bon ! L'année suivante, rebelote à la centrale de Mauzac.

Une des situations humaines les plus douloureuses dont j'ai eu à m'occuper à l'époque faisait suite à la fin de la guerre d'Algérie. Notre service avait reçu une sorte d'appel au secours. Les prisonniers algériens venaient d'être amnistiés en application des accords d'Évian et avaient donc été élargis, y compris certains qui auraient dû purger de longues peines. Demeuraient derrière les barreaux de la prison Montluc à Lyon trois personnes du réseau Jeanson, deux jeunes femmes et un homme, que l'administration ne libérait pas au motif que, n'étant pas algériens mais français, ils ne pouvaient bénéficier de l'amnistie. On imagine l'état de leur moral. Il me paraissait urgent qu'ils puissent être réconfortés. Ils avaient souhaité que Jean-Paul Sartre, leur père spirituel, fût autorisé à les voir. Le feu vert fut donné mais le philosophe ne vint pas.

Globalement, la misère de la pénitentiaire était à l'unisson de celle de l'ensemble de notre système judiciaire. Michel Debré, brièvement garde des Sceaux à l'automne 1958, avait certes entrepris d'améliorer la condition des magistrats, d'actualiser la carte judiciaire, de moderniser la procédure pénale. Encore eût-il fallu que cette politique fût poursuivie et nourrie des moyens budgétaires adéquats, si l'on voulait que cette fonction régalienne par excellence qu'est la justice fût mise à l'heure. Ce ne fut pas le cas. D'une part, les successeurs de Michel Debré manquèrent soit de la volonté, soit du poids politique, soit de la durée nécessaire pour mobiliser les moyens indispensables. D'autre part, le corps social des magistrats était allergique à la seule idée de recruter quelques administrateurs du budget, sans lesquels la chancellerie continuait à ronronner en vase clos. Enfin, les élus de terrain ne souhaitaient pas que la carte des cours et tribunaux fût remise en cause, et l'opinion elle-même n'était guère acquise à l'idée qu'une justice digne de ce nom a un coût qu'il convient d'accepter. Cinquante ans plus tard, je ne suis pas sûre que ces obstacles aient disparu.

En ce qui me concerne, j'avais une telle passion pour mon travail qu'au bout de sept ans, mon énergie n'était toujours pas entamée. D'autres fonctions m'avaient été proposées à plusieurs reprises, notamment au cabinet du garde des Sceaux. J'avais toujours refusé, au grand dam de mon mari, qui se plaignait de me voir courir la France pour améliorer le sort des détenus. « Écoute, tes prisons, ça commence à bien faire. Il n'est question que de cela à la maison. J'en ai assez des prisons ! Je ne veux plus en entendre parler. » Les enfants se plaignaient aussi. À force de les entendre protester, les uns et les autres, j'ai pensé qu'il fallait mettre un terme à cette vie, mais je ne voulais abandonner la pénitentiaire qu'à condition d'avoir le sentiment de trouver ailleurs une activité aussi intéressante.

Un jour, enfin, un vrai choix s'est présenté. René Pleven, qui présidait alors la commission des lois à l'Assemblée nationale, voulait créer deux commissions d'étude, l'une sur le statut des malades mentaux, l'autre sur l'adoption. Il m'a proposé le secrétariat de ces deux commissions. Mon mari voulait à tout prix me convaincre d'accepter, ce qui me fournirait l'occasion de changer de paysage. J'ai longuement tergiversé. J'avais le sentiment de ne pas en avoir fini avec la pénitentiaire.

Quoi qu'il en soit, et mettant un terme à ces hésitations, le nouveau garde des Sceaux, Jean Foyer, m'a affectée à la Direction des affaires civiles. Le conservateur qu'il était ne possédait pas le charisme d'Edmond Michelet, mais c'était un juriste exceptionnel. Dès son installation place Vendôme, sur la base des travaux des commissions parlementaires, il a lancé de grandes réformes du code civil, aussi bien en matières commerciale qu'immobilière ou familiale. Par rapport à une situation qui n'avait guère évolué depuis le Code Napoléon, il a introduit une égalité totale des droits entre les hommes et les femmes, aussi bien en ce qui concerne l'autorité sur les enfants que la gestion des biens. Ces chantiers étaient conduits par un éminent professeur de droit, Jean Carbonnier, par ailleurs sociologue. Travailler à ses côtés m'a fait mieux comprendre combien il est essentiel que le droit prenne en compte les réalités sociales. Cependant, le professeur Carbonnier n'étant pas favorable à l'adoption, j'ai rédigé le projet d'une loi qui s'imposait absolument dans ce domaine, pour éviter les drames fréquents d'enfants ballottés d'une famille à l'autre.

En dehors de ces réformes, conduites à la chancellerie, nous apportions à d'autres ministères un concours juridique. C'est ainsi qu'à propos des droits des malades mentaux, de leur internement, de leur protection, j'ai noué avec les hauts fonctionnaires du ministère de la Santé une relation qui m'a été ultérieurement précieuse. Dans ce domaine comme dans bien d'autres, le droit était largement resté figé depuis le XIXe siècle. Il y avait une sorte de strabisme à vouloir le moderniser dans un cadre daté, celui d'un réduit où je voisinais avec un collègue dont les manches de lustrine évoquaient irrésistiblement Courteline, tandis qu'il me fallait écrire sur du papier à en-tête rescapé de l'... « État français, Vichy, le... ».

J'ai pourtant passé là cinq années fécondes et variées. J'avais le sentiment d'être en prise directe avec le pouls de la société, de mieux en comprendre les attentes et de participer à la mise en place de réformes nécessaires, importantes, mais également tardives, ce qui me donnait l'impression qu'il fallait galoper plus vite pour rattraper les retards accumulés par le droit sur le mouvement de la société. C'est la raison pour laquelle les événements de mai 1968 m'ont plus passionnée que surprise. Ils représentaient une remise en cause des hiérarchies, d'ailleurs moins celles des intelligences et des talents que celles des fonctions. Contrairement à d'autres, je n'estimais pas que les jeunes se trompaient : nous vivions bel et bien dans une société figée. Mai 68 fut très largement la contestation des patrons d'universités, des pontes de la médecine, des ministres, des chefs d'entreprise, de tous les mandarins qui croyaient détenir leurs pouvoirs d'une sorte de droit divin. Ce mouvement exprima d'abord un vaste besoin de s'affirmer, de prendre la parole, à la Sorbonne, à l'Odéon ou ailleurs. Contrairement à ce que répétaient les ténors de la droite, tout ne se résumait donc pas à des délires gauchistes ; une réelle envie de faire bouger les choses se faisait jour au sein de la jeunesse.

À l'époque, nous habitions à l'angle de la rue Danton et de la place Saint-André-des-Arts, dans un appartement dont le balcon courait autour de l'immeuble. Il faisait la joie de nos enfants et de leurs amis, qui venaient là comme au spectacle, quand ils n'étaient pas dans la rue à conspuer les CRS, qui ne le méritaient généralement pas : arrachés vingt-quatre heures plus tôt à leur province, ils faisaient en réalité ce qu'ils pouvaient pour contenir les débordements de

ce qui s'apparentait encore à un gigantesque monôme.
Par la suite, de nos trois enfants, c'est toujours Nicolas qui se sentit le plus concerné, manifestant sans
cesse, contestant les « mandarins », partant en expédi-
tion aux usines de Flins, et se faisant ramasser par la
police.

Dans les premiers jours, je regardais donc tout cela
avec intérêt. D'autant plus que, dans des milieux traditionnellement peu enclins à la contestation, les
conversations faisaient rage ; au ministère de la Justice autant qu'ailleurs. Pour une profession au recrutement difficile, mal payée, appesantie par les habitudes
et les craintes du moindre changement, le moment
n'était-il pas venu de s'ouvrir à la modernité ? Face à
ceux, nombreux, qui raisonnaient ainsi se dressaient
les conservateurs, qui cherchaient à temporiser en
s'accrochant à une vision obsolète de la magistrature.
Une telle attitude me hérissait. C'est pourquoi, à sa
naissance, je me suis inscrite au syndicat de la magistrature. Nous étions nombreux à y voir l'occasion
d'adapter la justice au monde dans lequel nous
vivions, moins sur le plan des textes eux-mêmes que
de la conception du rôle du juge dans une société en
mutation.

Malheureusement, les principes les plus généreux
ne sont pas toujours suivis des effets escomptés.
J'ai rapidement pris conscience que le syndicat
cherchait plus à adopter un positionnement politique
qu'il ne se souciait de rénover la justice, se prélassant
avec délices dans les eaux confortables du corporatisme. Quelle ne fut pas ma déception, par exemple,
à voir certains magistrats demander au syndicat des

consignes pour le traitement de tel ou tel dossier ! Un sectarisme aussi indigne se trouvait aux antipodes de ce que beaucoup attendaient. Au total, l'esprit de réforme n'avait guère su générer qu'une filière d'influence. Le conservatisme de gauche succéda à celui de droite, et rien ne changea véritablement. Cette remarque vaut pour de nombreuses autres sphères professionnelles ; ce que mai 1968 n'a pas dilué dans une gigantesque pagaille, nombre de ses leaders ont su le récupérer pour se promouvoir eux-mêmes très efficacement.

La « chienlit », pour reprendre le mot du Général, a rapidement gagné la rue. Petit à petit, ce qui aurait pu déboucher sur un mouvement de rénovation s'est enlisé dans les calculs et règlements de comptes politiciens, tandis que les casseurs faisaient la loi. Je n'ai pas plus aimé des slogans comme « CRS, SS » que l'abattage sauvage des platanes du boulevard Saint-Michel ou les affrontements de plus en plus violents. Les jeunes devenaient de plus en plus provocateurs à l'égard des forces de l'ordre, et l'inquiétude est montée. Pour autant, nous n'étions pas terrorisés, comme bien des gens qui vivaient l'apocalypse. Notre vie professionnelle et sociale se poursuivait comme par le passé. Avec ma carte de magistrat, je pouvais franchir les barrages des forces de l'ordre qui, certains jours, bouclaient le quartier. Quand nous nous rendions chez des amis, en dehors du Quartier latin, nous étions stupéfaits de les entendre affirmer : « Mais dans votre coin tout est en feu, c'est épouvantable ! »

Puis ce furent les grèves, la paralysie progressive du pays, le flottement gouvernemental, les offres de service des uns et des autres, et l'inquiétude ne fit que croître. Même si le retour à l'ordre nous soulagea, nous n'avons pas participé à la grande manifestation de soutien au pouvoir qui a envahi les Champs-Élysées. Elle avait un arrière-goût de revanche. Ce n'est pas parce que les étudiants étaient allés trop loin qu'il fallait tordre le bâton de l'autre côté.

Lorsque de Gaulle quitta l'Élysée, l'année suivante, je n'ai pas éprouvé de regret. J'avais d'ailleurs voté non au référendum, moins à cause de la réforme du Sénat, qui ne me concernait guère plus que les autres Français, que pour la manière dont de Gaulle usait du référendum, test plébiscitaire de sa légitimité.

À l'élection présidentielle qui suivit son départ, j'ai voté sans hésitation pour Georges Pompidou. Je n'avais rien contre la politique qu'il avait menée comme Premier ministre, et il s'était si bien sorti de la crise de mai 68 que de Gaulle l'avait congédié, craignant alors qu'il ne lui fasse de l'ombre.

Son élection marqua un tournant dans mon itinéraire. René Pleven, avec lequel j'avais déjà travaillé, devenu ministre de la Justice, m'offrit un poste de conseiller technique à son cabinet. Âgé de près de soixante-dix ans, il conservait une haute stature. Après avoir occupé de nombreux postes ministériels sous la IVe République, y compris celui de président du Conseil, il avait su s'adapter à notre époque. Président de la commission des lois à l'Assemblée nationale, ses positions sur un certain nombre de dossiers en panne avaient abouti à de réelles avancées ; ainsi, pour la réforme des professions d'avoué et d'avocat. Il consacrait tout son temps à la gestion de son ministère, et son cabinet ne chômait pas. Je n'y suis restée qu'un an, avec un emploi du temps surchargé. Certes, le poste que j'occupais était réputé technique. Cependant, même si, au sein d'un cabinet ministériel, le rôle politique est traditionnellement dévolu à son directeur, mes activités me faisaient nécessité de me frotter à un monde parlementaire dont j'ignorais à peu près tout.

À cette époque, les trois enfants vivaient encore à la maison, et il apparut vite que mon emploi du temps dévorait le peu de liberté que j'avais jusqu'alors réussi à leur consacrer. Je rentrais rarement chez moi avant dix ou onze heures du soir.

Au bout d'un an, et pour reprendre un peu mon souffle, j'ai accepté le poste moins harassant de secrétaire du Conseil supérieur de la magistrature, auquel m'a nommée le président Pompidou.

J'appréciais sa personnalité. Il avait un regard velouté, savait se montrer courtois et attentif envers les autres et, ce qui ajoutait à son charme, ne dissimulait pas sa passion de l'art contemporain. Il avait la réputation d'être très exigeant avec ses collaborateurs sur le plan du travail, mais de rapports agréables.

Après l'élection de son mari, Mme Pompidou m'avait très vite demandé d'être secrétaire générale de la fondation pour handicapés et personnes âgées qu'elle venait de créer. J'ai accepté avec plaisir et aujourd'hui, près de quarante ans plus tard, je reste fidèle au poste. Quant à Claude Pompidou, jusqu'à ses derniers jours, cette femme d'exception a présidé avec talent et rigueur les réunions du conseil et, infatigable à la tâche, continué de chercher des financements.

Dans ma fonction au CSM, je rencontrais régulièrement le Président et nos échanges de vues n'étaient pas des conversations de salon, s'agissant pour moi, par exemple, d'éclairer son jugement dans l'exercice de son droit de grâce, lorsqu'une condamnation à mort avait été prononcée.

À l'époque, le CSM, indépendamment de l'instruction des recours en grâce, fonction que l'abolition de la peine de mort devait, un peu plus tard, rendre caduque, était confiné dans la gestion de carrière des magistrats du siège. C'était une manière de confessionnal où les magistrats venaient exprimer leurs souhaits d'avancement, faire montre à cet effet de leurs talents et étaler leurs frustrations lorsque leurs vœux n'étaient pas comblés. Disons que c'était une sorte de bureau des pleurs. On a beaucoup mis en cause l'influence des parrainages politiques dans ce système, je n'ose dire dans cette course à l'échalote. Pour dire le vrai, j'ai constamment eu le sentiment, au cours des trois années passées dans cette institution, que la pesanteur n'était pas d'ordre politique, mais bien d'ordre corporatif, les grands chefs de cours cultivant leurs écuries, comme je l'ai constaté ultérieurement dans le corps médical hospitalier.

J'aurais peine à soutenir que le parcours au Conseil supérieur de la magistrature ait compté parmi les étapes les plus lourdes de mon itinéraire. Malgré l'incontestable prestige du poste, je m'y suis sentie moins utile que dans les autres fonctions occupées dans le monde de la chancellerie. Je suis ainsi faite : les missions qu'on me confie ne prennent sens à mes yeux qu'autant que je peux y faire bouger les lignes. Je confesse, avec une pointe de remords, et un peu d'humour, que j'avais un quotidien si léger qu'il m'est arrivé plus d'une fois, dans l'après-midi, de prendre le temps d'aller voir un film. Les chauffeurs du conseil, militaires privilégiés du contingent, avaient eux-mêmes un emploi du temps si peu contraignant que leur affectation, planque idéale, était particulièrement recherchée. Encore eussent-ils dû l'exercer avec un minimum de diligence. L'un d'entre eux, fils d'avocat, se souvient sans doute qu'un excès de désinvolture lui valut un mois de service militaire supplémentaire, en pleine période de Noël. Qu'on se rassure. Je ne passais pas mon temps au cinéma. J'ai profité de ces années un peu plus creuses pour représenter la chancellerie dans les commissions du Conseil de l'Europe, sur des sujets passionnants comme l'harmonisation des droits civils nationaux.

À la demande de Georges Pompidou, j'ai également été nommée à l'un des postes d'administrateurs de l'ORTF chargés de représenter l'État. J'étais la première femme à siéger dans ce conseil d'administration, comme d'ailleurs dans celui de la Fondation de France auquel j'ai été nommée à la même époque. On m'a rapporté que le Président, qui souhaitait écorner le monopole masculin, avait à quelques semaines d'intervalle rayé les noms de deux hommes sur les listes qu'on lui soumettait pour les remplacer par le mien. C'est possible. Une telle attitude était bien dans sa manière. Sa bonhomie apparente cachait une grande détermination sur les sujets qui lui tenaient à cœur.

L'ORTF traversait alors une période difficile. Des tensions opposaient le conseil au directeur général de l'office, Jean-Jacques de Bresson, prototype du conservateur ancré sur des principes rigides et animé par un désir d'immixtion dans les travaux de son conseil. Il fut rapidement remplacé par un personnage plus urbain et dynamique, Arthur Conte, puis par Marceau Long, haut fonctionnaire brillant, mais moins à l'aise à ce poste qu'il ne le serait plus tard au secrétariat général du gouvernement ou à la présidence du Conseil d'État. Il reste que tenir la barre d'un tel navire ne figurait pas au nombre des tâches les plus aisées dans la France d'alors. Le monde de l'audiovisuel public n'était pas sorti indemne des événements de 1968, tiraillé qu'il était entre ses obligations de service public et des désirs d'affranchissement que le pouvoir cherchait à maîtriser. L'époque voyait donc fleurir les conflits sociaux internes et les mouvements de grève à répétition. On sait comment Valéry Giscard d'Estaing devait résoudre le problème quelques années plus tard, faisant éclater l'ORTF, monstre devenu ingouvernable, en une série de sociétés indépendantes. Le conseil d'administration devait gérer de multiples tâches techniques : problèmes de rémunération, d'embauches, de statuts des personnels. Comme on s'en doute, les représentants de l'État devaient constamment servir d'arbitres entre les différents syndicats en butte à des bras de fer permanents. Je me souviens de certaines séances à l'ordre du jour surchargé, qui s'achevaient dans une atmosphère d'épuisement général.

C'est à la même époque, au début des années 1970, que j'ai effectué mon premier voyage en Israël. Par la suite, lorsque j'ai occupé des fonctions ministérielles, j'y suis retournée à plusieurs reprises pour des rencontres ou des colloques, entre autres dans le cadre des activités de l'association Peace in Middle East mise en place par Shimon Peres. Cette première visite marque une étape importante dans ma vie.

Mon dernier fils, Pierre-François, s'y trouvait alors. Très attiré par l'expérience israélienne, il vivait depuis plusieurs mois dans un kibboutz, allant jusqu'à se poser la question de la prolongation de ce séjour. Cette perspective ne m'enchantait pas ; je vivais mal l'idée d'une séparation entre un de nos enfants et le reste de la famille. Par chance, il avait séjourné chez une de mes amies israéliennes avant de rejoindre le kibboutz ; celle-ci n'avait rien fait pour encourager Pierre-François dans une décision que, en dehors de toute considération affective, j'avais du mal à comprendre. L'idée ne m'était jamais venue de pouvoir m'installer en Israël. Je me suis toujours sentie tellement française qu'une telle hypothèse est pour moi inenvisageable.

Non que je me sois jamais désintéressée du sort de ce pays et de ses habitants. Pendant ma déportation, avant même la création d'un État hébreu, j'avais pris conscience de l'espoir que représentait la Palestine. Je me souviens de Polonaises et de Slovaques qui se demandaient avec anxiété ce qu'elles deviendraient si un jour elles réchappaient du camp. Quelques-unes possédaient de la famille aux États-Unis et espéraient la rejoindre. Elles étaient peu nombreuses. À l'exception des rares militantes convaincues qui rêvaient à un radieux avenir communiste, les autres ne pensaient pas retourner d'où elles venaient. Elles n'avaient aucune envie de revivre dans des pays où l'antisémitisme s'était montré aussi dévastateur. Pour elles, la Palestine représentait donc une espérance. Après la guerre, plusieurs sont d'ailleurs restées dans les camps de personnes déplacées jusqu'à ce qu'elles puissent partir là-bas, via l'Italie, sur des bateaux qui acheminaient clandestinement jusqu'au Moyen-Orient. Elles n'imaginaient pas que puisse un jour exister un État juif, mais c'était là qu'elles voulaient aller. C'est ainsi que, comme tant d'autres, j'ai suivi en 1947 l'odyssée dramatique de l'*Exodus* ; d'abord avec espoir, ensuite avec anxiété lorsque les Anglais refusèrent au bateau le droit d'accoster en Palestine. Nous étions conscients que, pour ses milliers de passagers, la terre de leurs ancêtres constituait le seul espoir de retrouver une vie normale.

Cependant, malgré la compassion que j'éprouvais, je ne pouvais me garder d'un sentiment d'étrangeté. Aussi forts qu'ils aient pu être, ces rêves et ces aventures ne me touchaient pas directement. Le destin des hommes et des femmes qui gardaient les yeux fixés sur une Palestine lointaine n'était pas le nôtre. Et puis, je ne considérais pas les choses d'un point de vue religieux. Sous cet angle, l'hypothèse d'un futur Israël ne me concernait pas. Pour moi, il s'agissait de créer un foyer pour ceux qui n'en avaient plus, de fournir un havre de paix à tous ces déplacés sans famille, sans maison, sans métier, de leur donner une terre où ils pourraient enfin faire souche.

C'est pourquoi, face aux drames humains qui présidaient à la naissance d'Israël, et après que les Anglais eurent reconnu leurs torts envers les réfugiés, la soudaineté du conflit entre Israéliens et Arabes m'a surprise. Sans doute naïvement, j'avais imaginé que de part et d'autre, le découpage effectué par l'ONU serait accepté. Je vécus donc avec beaucoup d'inquiétude la première guerre, qui éclata dès 1948. Ensuite, lors de la crise de Suez, en 1956, j'ai pris la mesure du nationalisme arabe. Une évidence éclata alors au grand jour : l'Égypte représentait pour Israël la menace principale. À cette époque les Palestiniens n'avaient pas la capacité d'entreprendre le combat, et seuls les Égyptiens paraissaient capables de vaincre l'État juif. Beaucoup plus tard, alors que j'en étais la présidente, Sadate a rendu visite au Parlement européen. Nous avons alors eu de longues discussions, et j'ai compris que les relations entre l'Égypte et Israël avaient profondément changé. À ses yeux, les accords de Camp David, signés deux ans plus tôt, n'avaient rien d'un chiffon de papier. Hélas, il devait être assassiné quelques semaines plus tard, et les événements n'ont pas répondu aux espoirs de paix que nous caressions alors.

Ces événements dramatiques étaient encore à venir lorsque je me suis rendue en Israël. À cette époque, chacun conservait en tête les propos atterrants de De Gaulle sur le peuple juif, d'autant plus injustes que l'offensive d'Israël en 1967 relevait d'une sorte de

légitime défense. Sa victoire sur les trois fronts avait
permis aux Juifs de desserrer l'étau et de conquérir de
nouveaux territoires. J'ai alors pensé qu'Israël devait
faire le maximum pour trouver une solution vivable
pour les uns et pour les autres. Malheureusement,
l'occasion n'a pas été saisie. Par la suite, les uns et
les autres ont raté bien des chances de paix. L'exiguïté
de l'espace ne facilite pas les compromis territoriaux.
Il y a là trop d'histoire pour pas assez de géographie.
Ajoutons qu'en Israël, seule démocratie véritable de
la région, la proportionnelle intégrale, là comme ailleurs, ne favorise pas la stabilité du pouvoir.

Quoi qu'il en soit, les choses paraissent aujourd'hui
bloquées. Les causes en sont multiples, et chacun les
hiérarchise selon sa sensibilité politique, sans toujours
prendre suffisamment en compte le rôle des générations. Si le problème palestinien s'était posé avec la
même acuité il y a cinquante ans, il me semble que
beaucoup d'Israéliens auraient alors accepté de faire
des concessions. Beaucoup d'entre eux s'étaient installés en Palestine et y avaient fondé des kibboutz
avant même la création d'un État juif ; leur attitude
n'avait donc aucun caractère hégémonique. Pendant
longtemps, un homme comme Shimon Peres a repré-
senté cette sensibilité. Ensuite, lorsque j'ai présidé le
Parlement européen, j'ai à plusieurs reprises rencontré
le leader conservateur, Begin. Il me semblait moins
visionnaire que Sadate, mais il a tout de même
compris la nécessité d'un accord. C'était bien le signe
que, malgré leurs divergences, de tels hommes acceptaient de faire des concessions. Enfermées dans un

patriotisme farouche, les générations suivantes n'ont pas adopté la même attitude.

Ce premier voyage en Israël, j'y reviens, n'a duré que quatre ou cinq jours. Après avoir séjourné chez mon amie à Tel-Aviv, je suis allée voir Pierre-François dans son kibboutz, où il apprenait l'hébreu, travaillait comme un forcené et se disait très heureux de son sort. Il était alors âgé de seize ans, et je ne pouvais me résoudre à le voir renoncer à ses études et à sa vie en Europe. Je lui ai dit de réfléchir, et ce conseil a dû porter ses fruits. Ses deux frères sont restés loin de ces préoccupations ; l'aîné, Jean, achevait son droit, tandis que Nicolas étudiait la médecine.

Au-delà de ce bref séjour en Israël, j'ai découvert dans ces années-là le bonheur des évasions plus lointaines. En compagnie de mon amie Jacqueline Auriol, et grâce aux facilités dont toutes deux pouvions bénéficier, elle auprès d'Air France, moi grâce à mon mari qui dirigeait la compagnie aérienne UTA, il nous arrivait de nous échapper trois ou quatre jours de Paris. Nous aimions aller loin, en Asie ou en Afrique, un peu à l'aventure, dans une relative inconscience des conditions climatiques autant que des difficultés d'hébergement ou des risques de santé. J'ai gardé le souvenir d'une marche de plusieurs kilomètres en plein soleil, fin mars, à la frontière du Cameroun et du Tchad, parce que le car qui devait nous conduire à N'Djamena n'est jamais passé. À voir l'expression des gens qui nous dépassaient en voiture, je n'avais aucun mal à deviner leurs pensées : qui pouvaient bien être ces deux femmes blanches, sans doute folles, qui marchaient le long du fleuve ? Ces escapades étaient merveilleuses, mais tout cela ne suffisait pas à combler mon déficit d'activités. J'étais à cent lieues d'imaginer ce que l'avenir me réservait.

VI

Au gouvernement

Fin mars 1974, visitant le Népal en coup de vent avec Jacqueline Auriol, ayant toujours au cœur la nostalgie de la pénitentiaire, comment aurais-je pu imaginer que, moins de deux mois plus tard, je serais membre du gouvernement Chirac formé après l'élection de Valéry Giscard d'Estaing ?

Chacun savait que l'état de santé du président Pompidou laissait à désirer. La cortisone empâtait ses traits et sa silhouette. Néanmoins, nous sous-estimions la gravité de son état, sur lequel il était lui-même d'une absolue discrétion, même si l'on devinait les souffrances qu'il endurait. De retour du Népal, éblouie des paysages découverts, un peu déçue de n'avoir pu apercevoir les sommets himalayens noyés dans la brume, la nouvelle du décès du Président me fut un choc.

Sans préavis, la campagne présidentielle démarra aussitôt, sur les chapeaux de roues, trop vite en ce qui concerne Jacques Chaban-Delmas qui, avec sa candidature instantanée, fit alors un premier faux pas. Pourtant, mon mari et moi avons apporté sans hésitation notre soutien au père de la « nouvelle société ». Parmi les trois concurrents en lice, il nous apparaissait comme le seul authentique réformateur. Valéry Giscard d'Estaing représentait à nos yeux une droite d'allure sans doute moderne, mais foncièrement conservatrice dans ses assises aussi bien idéologiques que sociologiques, tandis que le virage à gauche toute de François Mitterrand ne nous inspirait aucune confiance. Le partisan du réformisme social, de la vie démocratique et du dialogue entre Français, le fin connaisseur du monde parlementaire, l'homme politique capable de débarrasser le gaullisme de ses ultimes chimères, était à n'en pas douter le séduisant maire de Bordeaux.

Là-dessus et contre toute attente, on s'aperçut que le sportif manquait de souffle. Chaban s'est en effet rapidement délité, sous l'œil des caméras, d'un meeting à l'autre, incapable de moderniser un discours soudain décalé par rapport à l'état réel du pays. Alors même que Giscard quittait l'Olympe et réussissait à parler juste, Chaban était de plus en plus obsolète. J'ai gardé en mémoire la calamiteuse prestation télévisée au cours de laquelle, flanqué d'un Malraux rongé de tics et à peine compréhensible, il donna le coup de grâce à sa campagne, s'effondrant dans les sondages. Dès lors, Giscard accédant au second tour et devenant le champion de valeurs que Chaban n'avait su incarner, il semblait plausible qu'il l'emportât sur Mitterrand. La surprise fut que, l'ayant déjà battu sur le plan technique, il le domina là où le leader de gauche l'emportait traditionnellement, la rhétorique. L'efficacité de la célèbre formule sur le monopole du cœur demeure présente à tous les esprits.

Déçue de la campagne de Chaban, je n'ai pas été étonnée de sa défaite, sans pour autant cerner la personnalité de Giscard, que je n'avais pas eu l'occasion d'approcher. Jusqu'au dernier moment, j'ai donc été tentée de m'abstenir au second tour. Je me revois me rendant au bureau de vote, accompagnée de mon dernier fils. Il était trop jeune pour voter, mais lorsque je lui ai fait part de mon incertitude, il n'a pu retenir sa surprise : « Pour quelqu'un qui prétend avoir des idées, je ne te comprends pas. S'il y a bien une chose qu'on ne doit jamais faire dans une élection, c'est de s'abstenir. Choisis celui des deux qui te convient le mieux, élimine celui qui ne te convient pas du tout, mais vote. » L'argument avait le mérite de la simplicité. J'ai donc voté pour Giscard. Par la suite, sur la base de malentendus divers, et aussi parce que j'avais une image d'ouverture qui me situait plus à gauche que je ne l'étais dans la réalité de mes choix, beaucoup de gens ont cru pouvoir affirmer que j'avais voté Mitterrand. J'apaise leur sens de la cohérence en politique. J'ai bel et bien voté pour celui qui fut élu, sans penser un instant que j'allais rejoindre son gouvernement.

Pendant sa campagne, le nouveau Président avait assuré les Français qu'il appellerait des femmes au gouvernement. L'idée était d'ailleurs dans l'air du temps. Quelques mois plus tôt, à l'occasion des fêtes de fin d'année, un magazine féminin, *Marie Claire* me semble-t-il, avait publié un retentissant article sur un éventuel gouvernement de femmes. J'en avais été bombardée Premier ministre. L'hypothèse était d'autant plus pittoresque que j'étais inconnue du grand public, que je n'avais jamais exercé le moindre mandat électoral ni assumé de fonction ministérielle. Je n'appartenais donc en rien à la sphère politico-mondaine dans laquelle les journalistes aiment généralement puiser des noms pour alimenter leurs articles de politique-fiction. Françoise Giroud figurait évidemment en bonne place sur ce podium virtuel. J'avais trouvé l'hypothèse tout à fait étonnante, et je n'étais pas la seule. Je me souviens d'un dîner particulièrement ennuyeux avec un groupe de ménages dont tous les maris étaient polytechniciens. La conversation s'était soudain égayée de remarques mi-amusées mi-fielleuses d'épouses s'enquérant de savoir combien j'avais payé l'hebdomadaire pour voir mon nom figurer en si belle place... Survint l'élection de Giscard. Dans les jours qui suivirent, une rumeur, étayée cette fois, commença à se répandre selon laquelle, parmi d'autres femmes plus en vue que je ne l'étais moi-même, le nouvel hôte de l'Élysée songeait à moi. C'était le Premier ministre, paraît-il, qui lui avait suggéré mon nom.

J'avais déjà eu l'occasion d'approcher Jacques Chirac. Mon mari le croisait dans les milieux politiques proches du pouvoir. Il me fascinait par l'incroyable déploiement d'énergie dont il faisait déjà preuve. Dès l'abord, il était convivial, chaleureux, œcuménique et sectaire, peut-être porteur d'un regret de ne pas être à gauche, bref, séduisant. Qui plus est, j'étais liée avec sa principale conseillère, Marie-France Garaud, magistrat comme moi. Nous nous étions rencontrées alors qu'elle était chargée de mission au cabinet de Jean Foyer, entre 1962 et 1967. Par la suite, nous étions devenues assez proches tandis qu'avec Pierre Juillet, elle décidait d'appuyer l'ancien poulain de Georges Pompidou, Jacques Chirac, dans sa course au pouvoir. Nommée au cabinet du nouveau Premier ministre, je crois bien que c'est elle qui a prononcé mon nom devant Jacques Chirac qui, à la demande du nouveau Président, cherchait des femmes « nouvelles en politique ». Toujours est-il que, tandis que le couple en charge de l'exécutif esquissait la délicate architecture du nouveau gouvernement, les rumeurs me concernant se firent de plus en plus précises. Je ne m'en étonnais plus, sachant par des amis journalistes et parlementaires que telle est la manière de faire en politique : lancer des noms un peu au hasard et mesurer leur impact sur l'opinion. À l'issue des tests de ce genre, on a vu des personnes ainsi précipitées au sommet du pouvoir, tandis que d'autres, qui s'en croyaient pourtant proches, en ont été à tout jamais écartées. Au sein du microcosme parisien, comme disait Raymond Barre, les esprits s'agitaient, les langues aussi.

Un soir, alors que nous dînions chez des amis, la maîtresse de maison m'invita à sortir de table. Quelqu'un désirait, de toute urgence, me parler. C'était Jacques Chirac, qui me demandait si j'accepterais, le cas échéant, de faire partie de son gouvernement. Il me pria de réfléchir et de le rappeler le lendemain. Le calme dont j'ai su faire preuve jusqu'à la fin de la soirée n'a pas manqué de surprendre mon mari. Pour dire le vrai, je n'avais qu'une très vague idée de ce

qui m'attendait. La curiosité aidant, je n'ai guère
hésité. C'est ainsi que je me suis retrouvée dès le lendemain ministre de la Santé, convaincue qu'une néophyte comme moi n'allait pas tarder à commettre une
sottise telle qu'on la renverrait dans ses foyers. En
outre, pourquoi le Président m'avait-il confié la santé,
secteur administratif dont je n'étais pas, et c'est le
moins que l'on puisse dire, une spécialiste ? Pensait-
il déjà à l'IVG, thème sur lequel il avait pris des
engagements ? Sans doute. Quoi qu'il en soit, j'étais
la seule femme ministre, mes consœurs n'occupant
que des secrétariats d'État, Annie Lesur à l'Éducation,
Hélène Dorlhac à la Justice, Françoise Giroud à la
Condition féminine.

De mes premiers pas au gouvernement, j'ai gardé
le souvenir d'un emploi du temps écrasant, du fait du
poids des dossiers et des servitudes gouvernementales.
Il est vrai que, dans ces deux domaines, la personnalité du nouveau Président s'imposait. Il était aussi
impressionnant par sa rapidité d'esprit et sa capacité
de travail que par sa prestance personnelle et la haute
idée qu'il se faisait de sa fonction. Aussi, les nouveaux ministres, moi-même et les autres, marchions-
nous sur des œufs. Lors des conseils, si l'un d'entre
nous se mettait à bredouiller, ou s'emmêlait dans ses
notes, il n'était pas rare de voir le Président froncer
les sourcils. Jacques Chirac venait alors à la rescousse
du néophyte avec aménité : « Monsieur le Président,
je tiens à dire que M. Untel ou Mme Unetelle a très
bien travaillé sur ce dossier et a fait tout ce qu'il fallait
faire. » Le Président acquiesçait alors en silence, et le
Conseil reprenait son cours. Le Premier ministre avait

nettement le souci d'arrondir les angles. Autour de la table se retrouvaient en effet de féroces ennemis politiques, tels les anciens gaullistes et les membres de la garde giscardienne, les premiers accusant les seconds d'avoir entraîné cinq ans plus tôt, par leur ralliement au non, le départ du Général. Les différents leaders centristes n'étaient pas en reste. Le gros de la troupe, en particulier les nouveaux comme moi, se tenait dans une prudente réserve, facilitée, du reste, par les usages, puisque les ministres ne prennent la parole que s'ils y sont conviés par le Président. En tout état de cause, énoncer ses convictions sans platitudes ni maladresses ne relève pas de la facilité. J'ai souvenir d'un moment particulièrement intense, deux ans plus tard, lorsque le Président a demandé à chacun son point de vue et son accord sur le projet de système monétaire européen, pour éviter toute défection ultérieure.

En dépit de ces figures de style, j'ai trouvé que les séances du Conseil des ministres constituaient des moments forts pour chacun d'entre nous. Ces réunions permettent à tous les membres d'un gouvernement d'embrasser la politique générale conduite au service du pays. Les communications se situent le plus souvent à très haut niveau, même si, à l'époque, la rituelle intervention du ministre des Affaires étrangères nous laissait quelquefois pantois. Jean Sauvagnargues était manifestement plus fait pour les postes diplomatiques, qu'il a du reste occupés avec brio, que pour celui de ministre, où il lui est arrivé plus d'une fois de défendre des thèses étranges. Au moins ses communications étaient-elles brèves.

Parmi les personnalités qui composaient le gouvernement, la seule que je connaissais auparavant était Françoise Giroud, croisée chez Marcel Bleustein-Blanchet. Comme elle se retrouvait en charge du nouveau département de la Condition féminine, il me semblait normal de travailler avec elle. Dès les premiers jours de nos prises de fonctions, je l'ai donc appelée pour lui proposer des opérations communes. Elle pourrait recueillir les demandes des femmes, nous en parlerions ensemble, et mon ministère lui apporterait son soutien financier, puisque le budget du sien était famélique. Françoise m'a écoutée poliment, mais, quelques jours après, j'ai eu la surprise de découvrir un écho assez ironique et désagréable dans *L'Express*. J'en ai conclu qu'il ne servait à rien de soumettre une quelconque idée à une femme qui faisait profession d'en produire à longueur d'articles. La cause des femmes l'intéressait-elle vraiment d'ailleurs ? Je n'en suis pas convaincue. Elle avait, avec une plume remarquable, une personnalité brillante, savait parfaitement jouer des formules assassines – on se rappelle sa phrase terrible à propos de la campagne présidentielle de Chaban : « On ne tire pas sur une ambulance » –, mais son militantisme et ses engagements réels au profit de la cause des femmes étaient sans doute moins forts que son sens médiatique hors pair ne le laissait croire.

En revanche, j'ai immédiatement entretenu des rapports de confiance avec un homme pourtant étranger à mon milieu et dont les idées politiques étaient *a priori* éloignées des miennes, Michel Poniatowski. Fidèle et peut-être unique confident de Valéry Giscard d'Estaing, véritable Premier ministre bis de ce gouvernement, et donc influent très au-delà de son poste, déjà essentiel, de ministre de l'Intérieur, Ponia, comme on l'appelait, était d'un commerce très agréable. Notre rapprochement se produisit dès la cérémonie de passation des pouvoirs. Michel Poniatowski m'avait en effet précédée au ministère de la Santé sous le gouvernement Messmer, le dernier de la présidence Pompidou, où il avait pu prendre la mesure du grave problème de l'avortement clandestin dans notre pays. J'étais loin de m'attendre à ce qu'il m'entretienne aussitôt de ce problème avec une telle conviction, allant jusqu'à me déclarer : « Il faut aller vite, sinon vous arriverez un matin au ministère et vous découvrirez qu'une équipe du MLAC [1] squatte votre bureau et s'apprête à y pratiquer un avortement. » J'en suis restée sans voix. Je savais que le problème était grave, mais je n'imaginais pas que, jusque dans l'entourage de Giscard, les hommes politiques en possédaient une conscience aussi aiguë. Beaucoup d'entre eux vivaient les pressions du MLAC comme autant de provocations injustifiables vis-à-vis de l'État. Pour Giscard, cet aspect du problème a d'ailleurs beaucoup compté. Très attentif à l'autorité de l'État, il était choqué que l'ordre public fût ainsi mis en cause. « On ne peut pas supporter que des cars et des trains partent vers l'étranger pour que des femmes avortent », affirmait-il alors à ses proches. Il est vrai que, dans certaines pharmacies, ces manifestations donnaient lieu à

---

1. Mouvement pour la liberté de l'avortement et de la contraception.

une publicité indécente : « Tel jour, à tel endroit, partira un car. » Pour toutes ces raisons, j'ai compris que, dans l'esprit du Président, la question devait être prise en mains par le ministre de la Santé, et non, comme on aurait pu s'y attendre, par le garde des Sceaux. Il est vrai que le nouvel occupant de la chancellerie, Jean Lecanuet, n'était sans doute pas la personne la plus convaincue de l'urgence de légaliser la situation, quelque regret qu'il ait pu avoir de ne pas présenter lui-même le texte. Mon cabinet et moi nous sommes donc aussitôt attelés à la tâche urgente qui nous attendait.

La chance m'a permis de recruter des collaborateurs hors pair, dont l'aide me fut plus que précieuse, indispensable. À mes côtés, deux conseillères juridiques de haut vol, Myriam Ezratty, plus tard premier président de la cour d'appel de Paris, et Colette Même, conseiller d'État. Et puis, rencontré alors que j'étais au cabinet de René Pleven, un homme venu également du Conseil d'État, aussi brillant intellectuellement qu'humainement exceptionnel, Dominique Le Vert, dont j'ai fait mon directeur de cabinet. Nous avons travaillé ensemble durant les sept années que j'ai passées au gouvernement, de 1974 à 1979 et de 1993 à 1995, et je partage le jugement de nombreux collègues qui ont vu en lui l'un des meilleurs, sinon le meilleur directeur de cabinet de l'époque. Le malheur a voulu qu'il disparaisse peu de temps après mon départ du gouvernement. Mais qu'aurais-je fait s'il n'avait pas été à mes côtés pendant toutes ces années ?

Le rythme de vie d'un ministre est trépidant, sans doute est-ce une banalité de le rappeler, pour tous ceux qui ont vécu cette expérience. Mes nouvelles fonctions mobilisaient tout mon temps, ma volonté, mon énergie. Chaque jour, il me fallait prendre des décisions sur les sujets les plus variés, me rendre plusieurs fois par semaine au Parlement pour défendre des projets, dont une loi importante sur la famille, et le mercredi répondre aux questions des parlementaires. Le courrier ministériel absorbait une part importante du temps de mes collaborateurs, qui m'en tenaient régulièrement informée, tandis que les personnes les plus éminentes ne cessaient d'attirer mon attention sur tel ou tel problème évidemment crucial. Ainsi, dès le jour de mon entrée en fonction, un ami commun organisa un déjeuner avec le professeur Jean Bernard, qui voulait me rencontrer au plus vite. Je ne pouvais refuser. Il m'entreprit sur une « urgence absolue » dont j'ignorais tout : « Bientôt nous n'aurons plus d'infirmières dans nos hôpitaux, m'expliqua-t-il. Elles commencent déjà à manquer. Il faut sans tarder lancer un plan de recrutement pour les infirmières, sinon l'hôpital public ne pourra plus fonctionner. » J'ai alors compris à quel point on attend d'un nouveau ministre tout, et tout de suite ; et sans doute à juste titre. Mais on admettra que la soudaineté et l'ampleur de la tâche à accomplir avaient de quoi surprendre la novice que j'étais.

Et puis, il y avait les gros dossiers, ceux qu'il faut empoigner à bras-le-corps pour les faire avancer. L'un des premiers concernait les établissements pour personnes âgées, dont le gouvernement avait entrepris la complète rénovation. On commençait à prendre conscience que les gens vieillissaient et que les équipements du pays se révélaient à la fois trop peu nombreux et terriblement inadaptés. J'ai eu aussi à m'occuper en urgence de délicats problèmes financiers. À cette époque, nombre d'hôpitaux étaient en construction et on s'apercevait déjà que la plupart d'entre eux seraient surdimensionnés par rapport aux besoins réels. Il fallait donc revoir certains programmes.

Ma tâche me paraissait d'autant plus lourde que la profession médicale, dans l'ensemble, m'acceptait avec réticence. Il ne sert à rien de travestir les faits : face à un milieu au conservatisme très marqué, je présentais le triple défaut d'être une femme, d'être favorable à la légalisation de l'avortement, et enfin d'être juive. Je me rappelle ma première rencontre avec le groupe de médecins conseillers que Robert Boulin avait constitué quelques années plus tôt. L'accueil qu'ils me réservèrent fut glacial. Je crois bien que, s'ils avaient pu m'assassiner, ils l'auraient fait. Je suis restée cinq minutes avec eux, convaincue que je perdais mon temps. Par la suite, je n'ai plus convoqué ce groupe que de loin en loin, avant de le dissoudre, ce qui n'a guère paru émouvoir ses membres.

Même si dans mes premières attributions ne figurait pas la Sécurité sociale – c'était le ministre du Travail, Michel Durafour, qui en avait alors la charge –, je me suis rapidement rendu compte que la situation financière du régime était catastrophique. Je devais en hériter deux ans plus tard, lorsque Raymond Barre succéda à Jacques Chirac à la tête du gouvernement. Entre-temps, la crise économique avait encore tendu la situation et malgré la rigueur de gestion dont le nouveau Premier ministre faisait preuve, nous avons eu toutes les peines du monde à maintenir les déficits dans des limites acceptables. Et comme à cette époque les dépenses de santé ne faisaient l'objet d'aucun débat parlementaire, il ne fallait pas être doué d'une grande clairvoyance pour comprendre que les dépenses allaient exploser. Je me souviens de réunions au cours desquelles je tentais d'ouvrir les yeux des médecins par des propos qui me semblaient relever du bon sens : « La médecine a un coût, mais elle a surtout un prix. Il faudra en être conscient », leur répétais-je, lisant dans leurs regards l'incompréhension la plus totale.

Très rapidement, je me suis trouvée sans le vouloir en position de vedette, d'abord parce que mon premier texte voté élargissait le champ de la contraception, jusque-là très encadrée, malgré tous les efforts de Lucien Neuwirth. Ensuite, et surtout, parce que dès l'été nous nous sommes attelés au texte de la loi sur l'IVG. J'ai dit et répété combien la situation de l'avortement dans ce pays devenait intenable. Cette question agitait fort les esprits depuis le rejet par le Parlement, un an plus tôt, du texte soumis à ses suffrages par le garde des Sceaux, à l'époque, Jean Taittinger. Son projet était pourtant de portée limitée, puisqu'il n'autorisait l'avortement qu'en cas de danger pour la mère, ou si le fœtus lui-même était menacé. Le président Pompidou, qui y était hostile, l'avait soutenu du bout des lèvres et les parlementaires, après le discours pourtant mesuré du garde des Sceaux, avaient voté une motion de renvoi. La commission des affaires culturelles s'est donc retrouvée saisie du problème, mais rien n'avait avancé à cause du décès brutal de Pompidou et de la campagne électorale ; de sorte qu'en 1974, c'était toujours l'antique loi pénale de 1920, très rigoureuse, qui s'appliquait. Dans la plupart des cas, ceux qui pratiquaient l'avortement parvenaient à passer à travers les mailles du filet, mais la loi restait la loi, et tout le monde gardait en mémoire l'usage ignoble qu'en avait fait le régime de Vichy en faisant juger, puis exécuter « pour l'exemple », le 30 juillet 1943, Marie-Louise Giraud, blanchisseuse à Cherbourg, histoire sinistre reprise dans un film de Claude Chabrol.

Pourtant la commission parlementaire n'était pas restée inactive. Sous l'égide de son président, un médecin de campagne très au fait des questions d'avortement clandestin, elle avait réalisé un livre blanc qui, un an plus tard, me fut d'une grande utilité. De nombreuses personnes avaient alors été auditionnées, religieux, laïcs, franc-maçons, philosophes, professionnels de la médecine. La consultation avait été très large, et la tonalité générale préconisait en fin de compte un texte plus ambitieux que celui qu'avait proposé Jean Taittinger. Le rejet de son texte de loi m'apparut alors sous un jour nouveau : c'était presque une bonne chose, car son vote aurait entraîné le gel de la situation pour de longues années, alors même que l'opinion était disposée, je m'en rendais compte, à aller plus loin. Nous nous retrouvions donc les mains libres.

Depuis des années j'étais sensibilisée à ce problème de l'avortement ; pas seulement en tant que femme, mais en tant que magistrat. Comme la plupart de mes collègues, j'étais effarée des drames dont je pouvais avoir connaissance. Et puis, l'attitude particulièrement réactionnaire de certains juges me choquait. Sévissait à l'époque un juge d'instruction, spécialisé dans les affaires médicales, qui s'acharnait à poursuivre les médecins ayant pratiqué des avortements afin de leur interdire à vie l'exercice de la médecine. Il se comportait comme un fou furieux, mais la loi le lui permettait. Nous étions donc un certain nombre à la chancellerie qui militions en faveur d'un nouveau texte. Ainsi, à la Direction des affaires criminelles se trouvait un magistrat, Christian Pierre, en charge de ces affaires. À chaque changement de gouvernement, il adressait au nouveau ministre une note visant à le sensibiliser à l'urgence de ce problème. Mais les gardes des Sceaux se succédaient, et aucune loi n'apparaissait. C'est alors que Michel Poniatowski a compris que la question devait être tranchée par son ministère, celui de la Santé, et non par celui de la Justice. Un temps, il avait envisagé de me confier la présidence d'une commission sur ces questions, car il savait que je m'y intéressais. Mais avec la mort de Georges Pompidou, les événements s'étaient précipités, et voilà que je me retrouvais en charge de ce dossier explosif. J'en connaissais l'urgence, mais aussi les écueils, et je n'avais garde de sous-estimer les oppositions qu'il me faudrait combattre, à la fois dans l'opinion et au Parlement. Giscard n'ayant pas dissous l'Assemblée, je savais que bientôt se dresseraient face à moi ces mêmes députés qui, un an plus tôt, avaient refusé de voter un texte pourtant bien plus timide que celui qui allait leur être soumis.

Du moins pouvais-je compter sur l'appui inconditionnel du Président. Son Premier ministre, en revanche, se montrait plus réservé. Aux yeux de Jacques Chirac, le pays se trouvait confronté à des problèmes autrement plus urgents que l'IVG. Pourquoi Giscard s'acharnait-il donc à vouloir résoudre celui-là en premier ? « Les femmes se sont toujours débrouillées. Elles continueront à se débrouiller », tranchait Chirac avec le solide aplomb qu'on lui connaît. Toutefois, la fidélité du personnage est ainsi faite qu'à partir du moment où le président de la République eut réaffirmé avec force qu'il voulait ce texte, Jacques Chirac n'a pas ménagé son soutien à mon égard et tout mis en œuvre pour que la loi soit votée. Dans le camp gouvernemental, tout le monde se préparait donc à la bataille, le Président, le Premier ministre, le ministre d'État Michel Poniatowski, moi-même... Tout le monde, ou presque. Sans doute incertain quant à l'issue des débats, et lui-même partagé entre ses convictions personnelles et les constats qu'il n'avait pu manquer de faire en tant que garde des Sceaux, Jean Lecanuet s'en tenait à une prudente réserve. Enfin, pour éviter d'enflammer par des propos extrêmes les intégristes du « droit à la vie », on avait suggéré à Françoise Giroud d'éviter toute surenchère en parlant de l'avortement comme d'un droit des femmes, car nous savions, les uns et les autres, que l'affaire s'annonçait délicate. Le scénario le plus vraisemblable était qu'après un vote difficile à l'Assemblée, le Sénat, toujours plus conservateur sur les questions de société, rejetterait le texte et qu'il faudrait alors le faire passer en force à l'Assemblée.

Pour l'élaboration du texte de loi, j'ai travaillé davantage avec l'Élysée qu'avec Matignon. Mon équipe est restée sur la brèche pendant des semaines. D'une certaine façon, la ligne à suivre était simple. Parmi les différentes législations européennes, nous connaissions surtout les modèles de ce qu'il ne fallait pas faire. Ainsi, je ne voulais pas mettre en place des commissions qui auraient à apprécier la situation des femmes candidates à l'interruption de grossesse. Même encadrée, la décision ne pouvait qu'appartenir aux femmes concernées. Sans doute devraient-elles prendre conseil, disposer d'un délai de réflexion, être complètement informées des conséquences de leur acte, mais c'est à elles, et à elles seules, que devait appartenir la décision, c'est-à-dire l'appréciation de leur situation de détresse. Pour éclairer le débat, j'ai mené une série de consultations, entre autres avec le planning familial et des personnalités comme Gisèle Halimi, qui était depuis des années une des militantes les plus convaincues de la libéralisation de l'avortement. C'est elle qui, lors d'une audience restée célèbre, avait obtenu l'acquittement par le tribunal de Bobigny, en 1972, d'une mineure violée, pourtant poursuivie pour avortement. Bien entendu, j'ai consulté aussi de nombreux gynécologues. Ma surprise a été de découvrir combien leurs avis étaient partagés, et assez rarement favorables à une loi. Par la suite, heureusement, les choses ont évolué. Lorsque les jeunes internes qui s'étaient trouvés impuissants face au drame de nombreuses femmes sont devenus professeurs, le regard de la profession s'est modifié. Aujourd'hui, il est rare de trouver des gynécologues délibérément hostiles à l'IVG. En revanche, j'ai rencontré chez les généralistes une quasi-unanimité en faveur de la loi. Quelles qu'aient pu être par ailleurs leurs convictions morales, ces hommes de terrain étaient effarés de voir les dégâts qu'entraînaient les avortements sauvages dans les couches populaires. Il fallait que la loi protège ces femmes. Les riches, si on peut dire, étaient mieux loties : elles partaient se faire avorter clandestinement à l'étranger, en Angleterre ou aux Pays-Bas. Ces médecins savaient par ailleurs que, même dans les milieux catholiques, beaucoup de femmes recouraient à l'avortement et qu'il fallait à tout prix légiférer dans ce domaine pour en finir avec cette hypocrisie.

Je n'ai pas rencontré de difficultés insurmontables avec les autorités religieuses. Elles n'ignoraient rien de ma détermination, et je connaissais leur opposition de principe. La marge de manœuvre était donc étroite, mais cadrée : celle du compromis à négocier afin de ne pas heurter les consciences. Paradoxalement, les intégristes nous ont facilité la tâche. La campagne des « Laissez-les vivre » qui avait débuté un an plus tôt, lorsque Jean Taittinger avait présenté son projet, a repris de plus belle, avant même que quiconque sache ce qu'il y aurait dans le texte. Chacun a rapidement senti combien cette campagne, nourrie de tapages et de scandales, de « bruit et de fureur », ne reculant devant la bassesse d'aucune calomnie, d'aucune accusation, était surtout menée par des gens d'extrême droite, dont les représentants des différentes religions tenaient à se démarquer. Avec l'Église catholique, les choses se sont mieux déroulées que j'aurais pu le craindre. Par l'entremise de Joseph Fontanet, proche de mon mari et favorable au projet, je me suis entretenue avec le prélat en charge de ces problèmes au sein de la hiérarchie catholique. Il n'a pas tenté de me dissuader. Il exprimait le vœu que la liberté de conscience soit assurée dans la loi et que nul ne puisse obliger un médecin ou un soignant à pratiquer une IVG. Il est vrai qu'à cette époque, l'Église de France était très ouverte, et le Vatican en prise plus directe avec les mouvements du siècle que par la suite. Ultérieurement, j'aurais sans doute rencontré plus de difficultés.

En fait, Lucien Neuwirth avait, quelques années auparavant, à l'occasion du débat sur la contraception lancé par sa proposition de loi, pris la mesure du bras de fer qui m'attendait. Les réactions à l'Assemblée avaient été déjà très vives. Je me suis du reste demandé, à l'époque, si les hommes n'étaient pas, en fin de compte, plus hostiles à la contraception qu'à l'avortement. La contraception consacre la liberté des femmes et la maîtrise qu'elles ont de leur corps, dont elle dépossède ainsi les hommes. Elle remet donc en cause des mentalités ancestrales. L'avortement, en revanche, ne soustrait pas les femmes à l'autorité des hommes, mais les meurtrit. Pour en revenir au débat avec la hiérarchie catholique, j'ai souvenir d'une rencontre, à l'époque, avec des représentants du clergé régulier destinée à examiner le problème de leur protection sociale. La réunion s'est fort bien déroulée, dans une ambiance courtoise et positive. J'en ai tiré le sentiment que les communautés religieuses étaient peut-être plus concernées par leur régime de Sécurité sociale que par l'IVG.

Quant aux Juifs et aux protestants, je ne les ai pratiquement pas consultés, non que je ne l'aie pas voulu, mais ils étaient très divisés sur le sujet, ainsi qu'il était apparu lorsqu'ils avaient été consultés sur le projet Taittinger. Certains luthériens étaient hostiles à l'avortement alors que la majorité de l'Église réformée y était favorable. Parmi les Juifs très religieux, certains m'en ont gardé rancune. Il y a deux ans, le 27 janvier 2005, à l'occasion du soixantième anniversaire de la libération d'Auschwitz, j'ai reçu le texte d'une lettre que des rabbins intégristes de New York, oui, de New York, avaient adressée au président de la République polonaise pour contester que la Pologne m'ait choisie pour représenter les déportés [1] alors que j'étais l'auteur de la loi sur l'IVG.

Le texte du projet de loi, rapidement mis au point, a été déposé à l'Assemblée nationale pour examen en commission. C'est alors que les vraies difficultés ont commencé. Une partie de l'opinion, très minoritaire, mais d'une efficacité redoutable, s'est déchaînée. J'ai reçu des milliers de lettres au contenu souvent abominable, inouï. Pour l'essentiel, ce courrier émanait d'une extrême droite catholique et antisémite dont j'avais peine à imaginer que, trente ans après la fin de la guerre, elle demeure aussi présente et active dans le pays. De temps en temps, une lettre, sur un ton convenable, faisait part de l'étonnement de son auteur : « Je

---

1. Voir annexe 1, p. 287.

ne comprends pas que vous, justement vous, avec votre itinéraire, assumiez ce rôle. » Ces lettres provenaient souvent de femmes éloignées des réalités, et même si leur contenu n'avait rien d'antipathique, elles donnaient la mesure des décalages psychologiques à l'intérieur de l'opinion. Je regrette d'ailleurs que tout ce courrier, et notamment les lettres les plus agressives, ait disparu. Mes assistantes de l'époque, scandalisées, déchiraient les pires de ces lettres. C'était une erreur ; il faut conserver ce genre de témoignages, afin de montrer de quoi certaines personnes sont capables, et rappeler aux esprits angéliques que les réformes de société s'effectuent toujours dans la douleur. Aujourd'hui, de tels textes intéresseraient sans aucun doute des sociologues.

Sous la présidence du docteur Henry Berger, qui devait ensuite présenter lui-même le rapport sur le texte, la commission des affaires sociales a mené ses travaux de manière remarquable. Médecin de zone rurale, en Bourgogne, Henry Berger avait eu connaissance de nombreux avortements et de drames humains effroyables. Au palais du Luxembourg, le texte fut accueilli avec la même compréhension par le docteur Mézard, sénateur du Cantal, président de la commission qui prit aussi le rapport. Pendant le débat, il me faisait ses confidences : « Quand j'ai vu qu'il y avait des cars vendredi soir qui partaient pour emmener des femmes se faire avorter aux Pays-Bas, j'ai pensé : "Ça ne peut pas continuer comme ça. Il vaut mieux avoir une loi." » L'un et l'autre, le docteur Berger et le docteur Mézard, bénéficiaient, chacun dans sa commission, d'une grande autorité morale et professionnelle.

Ils furent d'excellents rapporteurs, intelligents, nuancés, sensibles. Appartenant tous deux à la majorité, je les savais aptes à convaincre un certain nombre de collègues hésitants, ce à quoi ils sont en effet parvenus.

Plus nous nous rapprochions de l'échéance du débat, et plus les attaques se faisaient virulentes. Plusieurs fois, en sortant de chez moi, j'ai vu des croix gammées sur les murs de l'immeuble. À quelques reprises des personnes m'ont injuriée en pleine rue. Devant l'Assemblée nationale, des femmes égrenaient leur chapelet. Ma crainte était que toutes ces manifestations finissent par déborder. À la même époque, aux États-Unis, des médecins se faisaient assassiner pour avoir procédé à des avortements. La situation en France était tout de même moins explosive. Et puis, si aucune attaque ne me touchait, c'est parce que, tout bien pesé, je n'avais pas d'états d'âme. Je savais où j'allais. Le fait de ne pas moi-même être croyante m'a-t-il aidée ? Je n'en suis pas convaincue. Giscard était de culture et de pratique catholiques, et cela ne l'a pas empêché de vouloir cette réforme, de toutes ses forces. Quelques jours avant l'ouverture des débats, le conseil de l'ordre des médecins, par la voix de son président, le professeur Lortat-Jacob, fit encore monter la tension en s'affirmant totalement opposé au projet de loi.

C'est au cœur de cette agitation que, le 26 novembre 1974, la discussion s'ouvrit à l'Assemblée nationale [1]. Paradoxalement, les formations de la

---

1. Voir annexe 2, p. 291.

majorité n'avaient pas imposé la discipline de vote, Giscard ayant cependant prié les ministres de faire voter le texte par leurs suppléants. À gauche, la discipline de vote était imposée. Un seul député socialiste avait été autorisé à s'abstenir. À l'époque, la télévision ne retransmettait pas les débats parlementaires. Pour la circonstance, en dépit de la grève qui sévissait ce jour-là à l'ORTF, les grévistes s'installèrent dans les tribunes et diffusèrent le débat en direct. Face à cette même chambre qui avait, par deux cent cinquante-cinq voix contre deux cent douze, renvoyé en commission le projet Taittinger, le climat ne pouvait qu'être tendu de bout en bout durant les trois jours de discussion. J'avais beau être assurée du soutien de la plupart des médecins de la majorité, dont le docteur Bernard Pons, alors jeune député, je me sentais d'autant plus seule que beaucoup d'interventions à la tribune tenaient du réquisitoire, parfois de la prise à partie haineuse et diffamatoire. La pire de toutes fut celle de Jean-Marie Daillet, évoquant les fœtus envoyés au four crématoire. Il s'en est du reste excusé.

Ce furent des séances épuisantes et de bien étranges débats. J'en conserve quelques images. Celles, par exemple, de Michel Poniatowski, arpentant inlassablement les couloirs pour convaincre les députés de voter le texte, de Jacques Chirac venant me soutenir dans l'hémicycle, du président de l'Assemblée, Edgar Faure, usant de tous les stratagèmes pour mobiliser les députés favorables et dissuader les opposants, du garde des Sceaux Jean Lecanuet montant au créneau en faveur de la loi, peut-être incité à le faire par Giscard d'Estaing et Poniatowski... D'autres souvenirs me reviennent, celui de quelques brusques coups de fatigue tandis que, assise au banc des ministres, je me disais que je n'obtiendrais jamais la majorité, mais aussi ma détermination lorsque je montais à la tribune pour convaincre les députés, les petits mots d'encouragement des uns, les regards fuyants des autres...

Souvent dans les textes législatifs, une seule disposition fait clé de voûte. C'est là que tout le monde vous attend. Dans le cas de cette loi, il s'agissait évidemment de l'article précisant les conditions auxquelles la pratique de l'IVG était soumise. Jean-Paul Davin, mon attaché parlementaire, était en proie à une telle inquiétude que je devais le rassurer : « Jean-Paul, remettez-vous. Votre vie ne dépend tout de même pas de cette loi ! » Je le sentais plus affecté que moi par un éventuel échec. Sans cesse, il se livrait à de nouveaux décomptes, supputant qui pouvait voter pour, qui voterait à coup sûr contre, qui il fallait convaincre. Ses calculs étaient d'autant plus incertains que les retournements d'intention étaient nombreux, au point même que pendant une bonne partie des débats, les voix de gauche parurent nettement plus assurées que celles de la majorité au pouvoir. Les communistes avaient dit qu'ils voteraient le texte quel qu'il soit. Les socialistes le soutenaient également, mais avec des réserves. Gaston Defferre, qui présidait le groupe socialiste, s'était montré positif dans la discussion, tout en prévenant qu'il restait attentif à d'éventuels amendements qui, en accumulant les conditions à remplir, tireraient le texte initial trop à droite. Ma marge de manœuvre était donc étroite. Il me fallait ménager les deux côtés de l'Assemblée.

Là-dessus, on en vint à la clause de conscience, dont j'avais promis que tout médecin pourrait se prévaloir personnellement pour refuser la pratique d'une IVG. Son exercice ne faisait pas difficulté pour les hôpitaux publics, chaque praticien étant décisionnaire. En revanche, il convenait que, dans les hôpitaux privés, et plus précisément dans les établissements religieux, l'exercice de la clause de conscience permît à la direction d'interdire d'IVG l'établissement. Par suite d'un oubli, cette disposition n'avait pas été précisée dans le texte initial, et le dépôt d'un amendement pour combler cette lacune faillit compromettre le sort du texte, tout en révélant des réserves insoupçonnées de faux-semblants. Un élu de droite, par ailleurs hostile au texte, ne me fit-il pas grief, en acceptant l'amendement, de risquer de priver d'IVG sa circonscription, riche d'établissements privés, mais dépourvue d'hôpitaux publics ? Quant à la gauche, elle s'abstint sur l'amendement, après de longues suspensions et négociations, pour ne pas compromettre l'adoption globale du texte.

Finalement, la loi a été votée dans la nuit du 29 novembre par deux cent quatre-vingt-quatre voix contre cent quatre-vingt-neuf, avec une courte majorité des voix de droite, complétée par la totalité de celles de gauche. La victoire était ainsi plus large que nous ne l'avions imaginée et espérée. L'attitude de certains catholiques avait été à cet égard déterminante. La position d'Eugène Claudius-Petit, par exemple, avait été très attendue. Après avoir fait part de ses hésitations face à ce que ce texte représentait pour lui, il tint à dire qu'en son âme et conscience, n'ignorant rien de la situation réelle des femmes en difficulté, entre ses propres convictions et la compassion qu'il ressentait pour elles, il faisait le choix de la compassion. Il vota donc la loi, et je suis convaincue que sa décision fit école, comme un an plus tôt son opposition au projet Taittinger n'avait pu être exempte de conséquences.

Quinze jours plus tard, le texte fut voté au Sénat, quasiment dans les mêmes termes. Nous nous étions attendus à un bras de fer plus rude. Giscard avait apaisé mes craintes : « Compte tenu de ce qu'est le Sénat, généralement plus conservateur, surtout sur ces questions, la loi ne passera pas. Mais ça n'a pas d'importance ; nous la ferons revenir en seconde lecture à l'Assemblée nationale pour adoption définitive. » À notre vive surprise, le texte passa plus facilement au Sénat, peut-être sous la pression de l'opinion désormais acquise à la réforme. Les outrances des « Laissez-les vivre » comme l'effervescence de l'extrême droite et l'intégrisme des proches de monseigneur Lefèvre ne parvinrent pas, bien au contraire, à convaincre les sénateurs, toujours hostiles aux excès, de faire obstacle au projet.

Après l'adoption du texte, nous avons eu la satisfaction de voir que la presse lui était presque unanimement favorable. Je ne parle ni du *Nouvel Observateur*, qui avait pris parti dès 1971 en publiant le fameux manifeste des 343, ni de *L'Express*, mais *Le Figaro* lui-même se fit une raison. Dans les mois et les années qui suivirent, je m'accoutumai à entendre les hommes croisés ici ou là me dire : « Ma femme a tellement d'admiration pour vous. » Le sens du propos ne m'échappait pas : ma femme vous admire, mais pas moi. En réalité, les hommes ne se sont jamais intéressés à cette loi. Comme souvent, Jacques Chirac avait parfaitement traduit leur opinion : l'avortement demeurait une « affaire de bonnes femmes ». Pour autant, le soutien du Premier ministre dans ce parcours difficile ne m'avait jamais fait défaut. Dans la dernière nuit du débat à l'Assemblée, à quatre heures du matin, il avait proposé de venir me prêter main-forte. Après le vote, il m'envoya un gigantesque bouquet. La page législative tournée, il faudrait encore bien du temps et bien des actions pour que, dans une société pourtant en mouvement, les mentalités elles-mêmes évoluent en profondeur. C'est aujourd'hui chose faite.

Valéry Giscard d'Estaing, quant à lui, pouvait être satisfait. Il avait remporté le pari courageux qu'il avait osé contre son propre camp. En ce début de septennat, le symbole était fort. Cette victoire attestait que le pouvoir avait pris la mesure de la modernité sous laquelle il voulait placer son mandat. Quant à moi, dans mon ministère, je n'eus guère le loisir de savourer cette victoire. D'autres combats m'attendaient déjà. S'ils attiraient moins l'attention générale que le grand débat autour de l'IVG, ils n'en portaient pas moins sur des enjeux souvent importants.

Il convient ainsi de rappeler que, dès mon arrivée au ministère, mon attention avait été requise par la situation critique de l'Institut Pasteur, frôlant la faillite du fait d'investissements inconsidérés dans la fabrication de vaccins. Après un audit rapidement effectué par la Cour des comptes, j'ai obtenu de Jacques Chirac le concours financier exceptionnel qui permit, dès 1975, de replacer Pasteur sur une trajectoire d'équilibre budgétaire. Il importait également de mener à terme les travaux amorcés par Marie-Madeleine Dienesch et poursuivis par René Lenoir, promu secrétaire d'État, pour combler le vide, de plus en plus mal ressenti, de tout statut consacrant un minimum de droits pour les handicapés. Avec le concours des associations spécialisées, et notamment de l'UNAPEI, l'objectif d'une loi fondatrice fut atteint dès 1975.

Enfin, le Président, pensant peut-être que la légalisation de l'IVG justifiait, en contrepartie si je puis dire, que soit souligné l'intérêt que le gouvernement portait aux familles, quelques dispositions financières furent prises au titre de l'aide aux mères d'enfants en bas âge. Parallèlement, un effort additionnel fut entrepris en faveur des personnes âgées. J'ai souvenir qu'à cette époque certains doutaient que la famille soit encore une valeur de référence. J'avais cependant, pour ma part, constaté que tous mes collaborateurs réveillonnaient en famille à Noël.

Quels qu'aient été ces acquis, deux ans après mon entrée au gouvernement, je m'aperçus que le paysage avait changé. En toile de fond, le choc pétrolier, qui certes avait précédé l'élection de Giscard, commençait de produire ses redoutables effets. Sans le savoir, on s'acheminait vers la fin des trente glorieuses. Déjà, le temps n'était plus au plein emploi et à l'euphorie, et l'on s'orientait vers le chômage et la rigueur. À Matignon, Barre succédait à Chirac.

Pour ce qui me concerne, héritant de la Sécurité sociale, j'allais devoir explorer tous les moyens d'endiguer son déficit, par exemple en revoyant la carte hospitalière afin de fermer les établissements manquant par trop d'activité, ou encore en mettant un peu d'ordre dans le coût effervescent de la pharmacie, bref, en serrant un peu les cordons de la bourse.

Telle est l'étrangeté de notre vie politique : alors que, non sans mal, j'avais fait voter une loi qui bouleversait les mentalités françaises et améliorait – j'en avais la conviction – l'existence de dizaines de milliers de femmes, entorse au politiquement correct, dans la gestion quotidienne de mon ministère, les lobbies professionnels, revenus de leur surprise, se réveillaient pour faire obstacle aux mesures d'intérêt général que je voulais prendre.

Il faut dire qu'après les turbulences de mai 1968, le monde de la médecine avait retrouvé un vieux réflexe de blocage. Face à la moindre réforme envisagée, les adhérents du syndicat autonome se montraient conservateurs jusqu'à frôler l'obscurantisme. Les mandarins bloquaient tout, ou du moins s'y essayaient. Voyant que leurs manœuvres d'obstruction n'étaient pas couronnées de succès, ils entreprirent de se plaindre auprès de Valéry Giscard d'Estaing. Le Président me soutint d'autant plus que je l'avais prévenu lors de ma nomination : « Vous êtes obligé de me faire confiance et de considérer que je fais ce qu'il y a à faire. Compte tenu de ce que je suis, je ne peux exister que grâce à votre soutien. Que ce soutien me fasse défaut, et je serai paralysée. »

Fidèle à ses engagements, le Président avait d'abord renvoyé les mandarins protestataires à leurs cabinets et à leurs chaires, mais le conflit prit de l'ampleur lorsque je commençai à me pencher sur le délicat problème de la Sécurité sociale, les partenaires sociaux se contentant de constater des déficits croissants puis, faute de s'accorder sur les mesures à prendre, se tournaient vers l'État providence. Inutile d'être expert pour deviner qu'un tel état de choses ne pourrait s'éterniser. Pourtant, à en croire les réactions de l'opinion publique autant que du personnel médical, il s'agissait pour tout le monde d'une découverte. Il est vrai que les uns comme les autres étaient modérément intéressés de connaître le véritable coût de la protection sociale.

Tout au long de ce parcours, je me suis souvent sentie isolée. Parfois, néanmoins, j'ai trouvé des alliés de poids que je ne me serais pas attendue à voir à mes côtés. Par exemple, lorsque j'ai décidé de lancer la première campagne antitabac qui ait jamais eu lieu en France, Jean-Pierre Fourcade ne m'a pas ménagé son appui. Il était pourtant ministre des Finances, et nul n'ignore l'importance de la manne fiscale liée à la vente des tabacs. Cependant, il a aussitôt saisi l'intérêt sanitaire d'une telle campagne et lui a apporté son soutien. Le Président s'est lui-même montré favorable à ce combat ; il est vrai qu'il n'a jamais fumé. Il fut heureux, aussitôt, de faire retirer les cendriers de la table du Conseil, ainsi débarrassé des havanes de Michel Poniatowski. Quant à Jacques

Chirac, à l'époque fumeur impénitent, il n'avait pas saisi la nécessité d'une telle campagne. Il faut dire que le lien entre le tabac et le cancer était moins établi qu'aujourd'hui.

Quand je levais les yeux de mes dossiers, deux ans après la constitution du gouvernement, je m'apercevais que le climat avait changé. Entre Giscard et Chirac une fêlure s'était produite, que les entourages de l'un et de l'autre s'étaient vigoureusement employés à transformer en champ de bataille. Pierre Juillet et Marie-France Garaud, du côté de Jacques Chirac, s'en étaient donné à cœur joie, et avaient fini par convaincre le Premier ministre de prendre du champ. Jacques Chirac essaya de m'entraîner avec lui. Ne partageant pas sa critique du Président, je n'en voyais pas la nécessité. J'ai donc accepté de conserver ma fonction dans le gouvernement que Giscard, sans surprise pour moi, a prié Barre de former. En fin d'année, j'ai refusé d'adhérer au RPR, nouvellement créé, à la fureur, je dois le dire, de Jacques Chirac, et, pendant deux ans, j'ai continué de tracer mon sillon.

C'est alors que je me suis prise, peu à peu, à ressentir l'usure du pouvoir, que j'avais souvent entendu évoquer. Non que l'énergie me fît défaut, mais tout en percevant la masse de ce qui restait à faire, je voyais que les positions de Valéry Giscard d'Estaing évoluaient dans un autre sens. Inquiété sur sa gauche par la poussée socialiste, fragilisé sur sa droite par un électorat que la montée du chômage rendait frileux, coincé par une majorité parlementaire que les pre-

miers temps du septennat avaient su bousculer mais
qui retrouvait peu à peu ses anciennes marques, Giscard, privé de l'appui des gaullistes depuis le retrait
de Chirac, se trouvait politiquement affaibli. Désormais, le 49-3 devenait monnaie courante. Au surplus,
la crise économique, conjuguée aux délices et poisons
de sa charge, tendait à faire litière de ses meilleures
intentions. De plus en plus enfermé dans un palais où
ses conseillers lui chantaient des airs convenus, il ne
percevait pas qu'il se coupait d'un pays qu'il avait
promis de toujours regarder au fond des yeux, mais
dont il s'éloignait. Démarré en fanfare, son septennat
avait perdu de son éclat.

Comment s'en étonner ? Dans notre système, le
Président est d'abord un homme seul. Rien ne l'incite
au dialogue. Aussi longtemps qu'il est en place, il
n'est remis en cause par rien ni personne. Évoluant
dans un milieu aseptisé et de plus en plus artificiel, il
n'échange qu'avec ses pairs, une poignée de journalistes et une noria de hauts fonctionnaires nommés
en vertu d'un pouvoir qui connaît, en France, une
ampleur dont nul autre pays n'offre l'exemple. Le
chef de l'État y place en effet un nombre considérable
de personnes. Celles-ci deviennent autant d'obligés
et contribuent à ce phénomène de cour que chacun
a pu observer autour des présidents successifs de la
Vᵉ République.

Cette ambiance n'étant pas précisément ma tasse de
thé, dès que la perspective de la première élection du
Parlement européen au suffrage universel direct a

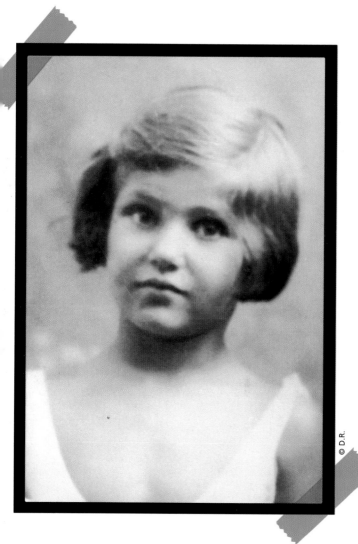

Simone Jacob, à quatre ans.

Sa mère.

Son père.

Simone et sa mère, à Nice.

Les quatre enfants Jacob avec leur mère,
à Nice, en 1930.

Milou, Simone, Jean et Denise, en 1932.

Milou, Denise, Jean et Simone, en 1934.

La classe de quatrième de Mlle Rougier en 1939,
à la veille de la guerre.

Les ateliers de Bobrek, à Auschwitz, où Simone

© Sygma

travailla de juillet 1944 à janvier 1945.

© Sygma

Simone et Antoine, au printemps 1946.

Simone, en 1946.

Simone et Jean, en 1948.

Simone, Jean et Nicolas, en 1952.

Jean, Pierre-François et Nicolas, en 1957.

Simone et ses trois fils, Pierre-François,
Jean et Nicolas, rue Danton, en 1964.

Été 2006, la famille Veil, quatre générations.

26 novembre 1974, à l'Assemblée nationale.

Au Parlement
européen.

Avec Raymond Barre.

Avec Margaret Thatcher.

Avec
Juan Carlos.

© Dalda Fotógrafo

Avec Ronald Reagan.

Avec George Bush.

Avec Hillary Clinton.

À Princeton.

Avec
Shimon
Peres.

© D.R.

Avec
Hussein
de Jordanie.

© D.R.

Avec
Abdou
Diouf.

© D.R.

Avec Nelson Mandela.

© D.R.

Avec Jean-Paul II.

Avec l'Abbé Pierre.

À Auschwitz, cinquante ans après,
avec ses enfants et petits-enfants.

© D.R.

PRAHA 1991

Le projet Mitterrand
d'Europe confédérale pour la
Conférence de Prague de 1991.

On conçoit, à la simple vue de cette carte, la crainte que pouvait inspirer, notamment aux représentants des pays à peine libérés du carcan soviétique, une Europe totalement déséquilibrée par l'immensité de la Russie et coupée de l'Alliance atlantique.

commencé à se préciser – jusque-là, les membres de cette assemblée étaient issus des parlements nationaux des neuf pays composant la Communauté économique européenne –, et que Valéry Giscard d'Estaing m'a jugée apte à porter les couleurs de l'UDF, j'ai sauté sur l'occasion. J'occupais les mêmes fonctions ministérielles depuis près de cinq ans. Outre un certain besoin de changement, j'avais le sentiment de ne plus pouvoir avancer.

VII

Citoyenne de l'Europe

Dès septembre 1978, au cours d'un voyage au Brésil où je l'avais accompagné, le président Valéry Giscard d'Estaing m'avait parlé des élections européennes. Je lui avais aussitôt donné mon accord. Très vite, je me suis retrouvée sur de nouveaux territoires, dont j'ignorais tout, ceux du combat électoral. Dès l'ouverture de la campagne, j'ai dû animer de nombreuses réunions, au début contrainte et forcée, puis avec plus d'enthousiasme. La découverte de la réalité d'une campagne électorale surprend toujours, surtout quelqu'un qui, comme moi à l'époque, a plus de cinquante ans et n'a jamais battu les estrades. Débiter un discours face à une foule surexcitée n'était pas mon fort. Je n'appréciais guère non plus le tapage spectaculaire qui nous entourait partout ; ces affiches, ces applaudissements frénétiques, ces formules à l'emporte-pièce, ces slogans réducteurs, voire racoleurs... Mes principaux colistiers, tous Européens convaincus, tels Jean Lecanuet, Edgar Faure ou Jean-François Deniau, ne ménageaient pas leur peine, sentant la victoire à notre portée. Partout, je rencontrais un enthousiasme qui peu à peu me rendit confiante : les Français adhéraient sincèrement au projet européen. Le système du « tourniquet » imaginé par Jacques Chirac pour faire plaisir à tous ses candidats, en les faisant siéger à tour de rôle, achevait de traiter l'institution par la dérision. Une fois en place, les premiers installés ont du reste refusé de céder leurs sièges.

Le succès passa d'ailleurs nos espérances. Aux élections de juin 1979, ma liste arriva première, assez loin devant celle du Parti socialiste, qui elle-même précédait de peu celle du Parti communiste – double constat qui fit bouillir Mitterrand –, et plus de dix points au-dessus de la liste gaulliste, ce qui fit enrager Jacques Chirac. Celui-ci n'avait pas eu la formule heureuse en nous baptisant, dans son appel de Cochin, « parti de l'étranger ». D'une façon générale, les gaullistes n'avaient pas trouvé leur rythme ; il est vrai que se porter candidat à un parlement dont on conteste jusqu'à l'existence relevait d'un paradoxe que l'opinion publique n'eut aucun mal à discerner.

Ayant toujours chaudement défendu l'élection du Parlement européen au suffrage universel, j'étais satisfaite du résultat obtenu. Ce fut d'ailleurs une époque heureuse dans le processus de la construction européenne. Beaucoup de ses partisans voyaient l'avenir aux couleurs de leurs espérances et ne doutaient pas que les peuples allaient bientôt se rallier à cette vision. Les faits devaient malheureusement nous montrer les limites de ce rêve. Pour l'heure, chacun était pressé d'agir. Je n'ai pourtant quitté mon poste ministériel que début juillet. Une urgence me retenait en effet au gouvernement. Il s'agissait de faire adopter par le Parlement un texte sur la réforme des études médicales, que Valéry Giscard d'Estaing avait souhaité que je défende. Dans le même temps, le Président s'activait auprès du chancelier allemand, son ami Helmut Schmidt, afin de s'assurer des suffrages qui me porteraient à la présidence du nouveau Parlement – rêve pieux, car Schmidt ne pouvait pas désavouer son propre parti en soutenant une candidate libérale française. Mais Valéry Giscard d'Estaing avait décidé de faire flèche de tout bois, et même du plus improbable. Compte tenu de ce que je représentais, il voyait dans ma candidature un symbole de la réunification franco-allemande, et la meilleure manière de tourner définitivement la page des guerres mondiales, ainsi qu'il ne se privait pas de le répéter à ses interlocuteurs. Giscard a toujours adoré les symboles qui frappent les imaginations. Qu'une ancienne déportée devienne la première présidente du nouveau Parlement européen lui paraissait de bon augure pour l'avenir.

A priori, la voie semblait ouverte. Les libéraux allemands, décidés à laisser les institutions jouer leur rôle, firent rapidement savoir qu'ils ne me mettraient pas de bâtons dans les roues. Du côté français, l'affaire paraissait tout aussi bien engagée. Si, comme tout le laissait supposer, les libéraux joignaient leurs voix à celles des démocrates-chrétiens, groupe de même importance que les socialistes, une candidature émanant de la liste UDF avait toutes ses chances. On s'affaira donc dans le camp français. Michel Poniatowski, entre autres, fit assaut de diplomatie et de persuasion pour rameuter les voix en faveur de ma candidature.

L'élection du président eut lieu dès la première séance du Parlement, à la mi-juillet. Un coup de théâtre nous y attendait. Tout heureux de montrer leur esprit frondeur, les gaullistes présentèrent à la dernière minute un candidat, afin de se compter, prétendirent-ils. Ils ne m'apportèrent donc leurs voix qu'au troisième tour, lorsqu'ils se rendirent compte que leur entêtement risquait de favoriser l'élection du candidat socialiste italien, un choix qui aurait encore un peu plus ruiné le parti chiraquien aux yeux de l'opinion. Je fus donc élue avec trois voix de plus que la majorité absolue. Les députés français n'en avaient pas fini, pour autant, avec leurs divisions. Bien qu'issus de la même majorité politique, ils se retrouvèrent dans trois groupes séparés, les gaullistes, les libéraux, les démocrates-chrétiens, ce qui fit de l'ombre à leur crédibilité. Par la suite, l'union entre les différentes composantes de la droite et du centre français n'a jamais existé qu'à de courts moments d'exception. D'où une absence de véritable poids dans les discussions européennes, qui ne s'est jamais démentie.

Mon premier discours[1] se voulut le plus unitaire possible. Je m'y présentais évidemment avec le souhait d'être la présidente de toute l'assemblée, et insistais sur les trois défis que nous avions à relever : celui de la paix, celui de la liberté, et celui du progrès social. Nous nous sommes aussitôt mis au travail, et les difficultés commencèrent. Nos débats ont tout de suite frappé l'opinion par leur vivacité. Très vite, en effet, les survivants du régime antérieur – les eurodé-

_____

1. Voir annexe 3, p. 313.

putés issus de parlements nationaux qui s'étaient ins-
crits sur les nouvelles listes – durent en rabattre : ils
espéraient rester maîtres du jeu, mais les nouveaux
élus du suffrage universel ne l'entendaient pas de
cette oreille. Un certain désordre s'ensuivit, d'autant
plus marqué que certains élus, novices en politique,
pouvaient se montrer incontrôlables. Quelques Danois,
par exemple, semblaient n'être là que pour saboter les
débats. À cela s'ajoutaient un règlement d'application
lourd et difficile et d'innombrables problèmes de tra-
duction. L'ensemble rendait ma tâche délicate. Je
m'en suis acquittée du mieux que j'ai pu, mais les
premiers mois furent tendus.

Il fallait aussi composer avec un problème que
j'ai découvert avec stupeur : celui d'une assemblée
contrainte de travailler en trois lieux différents. Les
commissions se réunissaient à Bruxelles, les assemblées plénières mensuelles se tenaient à Strasbourg ou
à Luxembourg, où étaient implantés le secrétariat
général et la plupart des services administratifs ! Nous
résidions donc plus souvent à Luxembourg qu'à
Strasbourg, où chaque déplacement entraînait de coû-
teux transports d'archives et de dossiers. En résultait
un quotidien digne de Kafka : les parlementaires,
installés à Bruxelles, ne voulaient pas venir à Luxembourg et les fonctionnaires, qui eux vivaient à Luxembourg, rechignaient pour se rendre à Strasbourg.
Le maire de la capitale alsacienne, Pierre Pflimlin,
n'avait pourtant pas lésiné à la dépense pour accroître
le confort des eurodéputés. Chacun d'eux disposait
d'une pièce pour travailler et dormir, dispositif dispro-
portionné pour cinq jours mensuels de séance plé-

nière. Ce système existe depuis maintenant trente ans, coûte des fortunes, et ne soulève à peu près aucun tollé, et même aucune question. Les journalistes, pourtant friands de gaspillages financiers, demeurent curieusement muets sur la question.

Si je n'accepte pas d'être taxée d'antieuropéanisme, je n'ai jamais dissimulé mon hostilité à cet éparpillement. Dès mon élection, j'ai alerté tout le monde sur ce gâchis de temps et d'argent, réfléchi à une éventuelle utilisation des immenses locaux strasbourgeois – pourquoi ne pas y installer une université européenne, par exemple ? –, mais en pure perte. Comme je ne déteste pas être politiquement incorrecte, je me suis entretenue de ce problème avec Jean François-Poncet, à l'époque ministre des Affaires étrangères du gouvernement de Raymond Barre. « Tout le monde sait que cela ne rime à rien, mais il ne faut pas le dire », m'a-t-il confié. Après quoi, j'en ai parlé à Valéry Giscard d'Estaing, qui n'a rien voulu savoir non plus. De la même façon qu'il m'avait propulsée à la tête de la liste européenne, puis à celle du Parlement, le symbole lui paraissait important : Strasbourg, la ville frontière longtemps disputée entre la France et l'Allemagne.

La réalité est tout autre. Le Parlement de Strasbourg est en fait un parlement belgo-luxembourgeois, et c'est logique : Bruxelles, siège de la Commission, interlocutrice permanente et naturelle des parlementaires, apparaît plus adaptée au travail. En outre, dans cette ville, qui prend de plus en plus tournure d'authentique capitale de l'Europe, les lobbies économiques se montrent aussi présents qu'actifs, mais les députés français leur ont longtemps prêté peu d'attention. Ils perçoivent mal les intérêts à défendre, et brillent plus souvent par leur absence que par leur assiduité. Même les partis résolument proeuropéens ne font pas preuve de l'efficacité qu'on serait en droit d'attendre d'eux. J'y vois l'une des raisons pour lesquelles notre pays a voté non au référendum de 2005.

Ce point de la dispersion des capitales n'est pas anodin : aux yeux des Français, comme à ceux de Giscard, l'Europe se nourrit plus souvent de symboles que de réalités. Une preuve parmi tant d'autres : du temps de ma présidence, et même ensuite, hors le ministre en charge des Affaires européennes, je n'ai guère vu que deux ministres du gouvernement se rendre à Strasbourg : Édith Cresson, alors ministre de l'Agriculture, rendait régulièrement visite aux parlementaires français avec lesquels, il est vrai, elle s'entendait mieux qu'avec les paysans français. Quant à Dominique Strauss-Kahn, du temps qu'il occupait les fonctions de ministre de l'Industrie, il prenait lui aussi souvent le chemin de Strasbourg pour s'enquérir des travaux européens et expliquer sa politique. Plus généralement, à l'époque, de quelque bord qu'ils fussent, nos élus, pour la plupart d'entre eux, ne s'intéressaient que de loin à la vie communautaire. Je crois savoir que les choses ont heureusement changé.

De ma première année de présidence, je conserve un bon souvenir, entaché cependant d'un incident budgétaire désagréable. Il faut savoir que le vote du budget de la Communauté constituait alors l'unique prérogative du Parlement européen. Certes, la Commission devait lui soumettre ses projets de directives, mais elle n'était pas liée par les avis du Parlement, dont les pouvoirs ont été heureusement élargis depuis lors. Pour ce qui touche au budget, notre seul pouvoir réel portait à l'époque sur les dépenses non obligatoires. Or, cette première année, pour la préparation du budget de 1980, la délégation d'élus que je présidais s'était appliquée une nuit entière à chercher un accord avec le Conseil des ministres des finances sur ces dépenses non obligatoires. Le Parlement souhaitait en effet qu'un effort particulier fût consacré à lutter contre la faim dans le monde. La situation en Afrique était si dramatique que nous jugions de notre devoir d'apporter à ce continent une aide financière supplémentaire : cinq ans plus tôt, la convention de Lomé avait systématisé un certain nombre d'engagements vis-à-vis des pays d'Afrique et des Caraïbes. Les parlementaires européens estimaient se situer dans cette ligne en augmentant l'aide à ces pays en grande difficulté.

Sans doute notre ambition humanitaire parut-elle excessive aux yeux de la France. Toujours est-il que son Premier ministre fit rapidement connaître l'opposition du gouvernement français à ce très léger dépassement. Bien que les autres pays membres ne se soient pas associés à ce rejet, la France s'entêta. En dépit du caractère finalement marginal des sommes en cause, un accord ne put donc être trouvé, mais comme il revenait en dernier ressort au président du Parlement de trancher, il était facile de prévoir ma décision. Raymond Barre tenta de l'infléchir. J'eus beau lui répéter que je devais fidélité aux décisions de l'assemblée qui m'avait élue, il ne voulut pas en démordre. Il fit même plus en dépêchant le secrétaire général du gouvernement, afin de tenter de me faire céder. Peine perdue. Celui-ci eut beau téléphoner vingt fois pendant notre conversation, alerter les journalistes sur ma « trahison » à l'égard de la France, élever le ton pour me rappeler à mes « devoirs envers mon pays », rien n'y fit. J'ai fait savoir à M. Barre que mon rôle était d'assumer la décision des eurodéputés, et ce malgré les risques de conflits éventuels avec tel ou tel gouvernement. Ma position n'était pas la plus confortable qui se puisse imaginer. En revanche, elle me valut un supplément de crédibilité au Parlement européen.

L'affaire n'en resta pas là. Dès le vote du budget, le gouvernement français forma un recours devant la Cour de justice européenne, nous contraignant à fonctionner jusqu'à l'été à coups de douzièmes provisoires. Finalement, la Cour de justice proposa un compromis et les choses s'arrangèrent. L'épisode demeura néanmoins significatif des tensions qui existaient alors entre États membres et eurodéputés. Au-delà de la somme en jeu, et malgré une situation humanitaire en Afrique que tout le monde s'accordait à juger dramatique, une question de principe était posée. La thèse de Raymond Barre, juridiquement fondée, était que le Parlement ne pouvait pas outrepasser, si peu que ce fût, la marge budgétaire dont il était en droit de disposer. On imagine combien la position des eurodéputés était différente. J'estime qu'ils étaient dans le vrai, sinon juridiquement, du moins politiquement.

En replaçant l'attitude française dans le contexte

de l'époque, je me rends compte aujourd'hui qu'elle n'aurait pas dû me surprendre. Tant dans ses fonctions antérieures à la Commission de Bruxelles que depuis qu'il dirigeait le gouvernement, Raymond Barre n'avait jamais fait preuve d'une dilection particulière pour la démarche parlementaire. À Paris, le recours au 49-3 n'était pas pour lui déplaire. Rien d'étonnant qu'à Strasbourg il ait jugé sévèrement une entorse, si légère fût-elle, à la règle budgétaire. À l'époque, on pouvait penser que l'élection du Parlement européen au suffrage universel était porteuse d'une volonté de relance du fédéralisme. Trente ans plus tard, force est de constater que cet objectif ne suffit plus à répondre aux attentes des peuples. Le fait de s'élargir à des pays moins européens et plus atlantistes – je pense à l'arrivée en 1973 des Britanniques et des Danois – a fait que le poids des partisans d'une Europe plus inter-gouvernementale que fédérale s'est accru. Aujour-d'hui, le passage à vingt-sept membres, avec l'entrée de la Roumanie et de la Bulgarie, rend difficile une gouvernance unanime, voire largement majoritaire. Compte tenu du nombre des États membres, les inté-rêts nationaux menacent à tout moment de préva-loir sur l'intérêt communautaire, phénomène encore amplifié par le traité de Nice qui, en octroyant à chaque État membre un seul commissaire, a plus encore déséquilibré le système voulu en son temps par les pères fondateurs, dans lequel le poids des « grands pays » était consacré. Les temps où l'Europe pourra s'exprimer d'une seule voix ne sont donc pas prévi-sibles à très court terme. Je fais partie de ceux qui le déplorent, car on sent bien aujourd'hui que l'Europe, depuis longtemps confrontée aux États-Unis et au Japon, l'est aussi désormais aux grandes entités émergentes que sont la Chine, l'Inde, le Brésil. En outre, sur le plan diplomatique, l'Europe a plus que jamais besoin d'unité face aux tensions internationales qui se produisent, et la crise irakienne a tragiquement montré combien il lui était toujours difficile de parler d'une seule voix, et donc de se faire entendre.

Dans les années 1980, quand je suis arrivée au Parlement européen, j'imaginais encore une évolution vers un système de type fédéral. Aujourd'hui, à la fois parce que nous sommes plus nombreux et parce que les mentalités ont changé, je ne peux que constater un attachement croissant des citoyens à leur cadre national et aux facteurs historiques qui ont formé des identités singulières. On l'a constaté aux Pays-Bas et en France avec l'échec du référendum, et on l'aurait sans doute constaté ailleurs si les autres pays membres avaient choisi le mode référendaire au lieu du vote parlementaire pour approuver le traité.

À cet égard, nous vivons un paradoxe : l'Européen d'aujourd'hui voyage beaucoup, l'euro est devenu une réalité dont la plupart se félicitent, Internet est entré dans les mœurs et la dimension de la mondialisation domine la pensée contemporaine. Cependant, les citoyens semblent beaucoup plus attachés à leur identité nationale qu'il y a vingt ans, au point que partout se développent des tentations communautaristes. Un signe parmi d'autres : à travers l'Europe, l'habitat rural est soigné dans ses moindres détails par des citadins à la recherche de racines ancestrales. S'ils tiennent tant à cette identité, c'est parce qu'ils subissent à jet continu les chocs mondiaux ; leur enracinement devient une valeur refuge, une protection contre toutes les tragédies que la télévision et Internet nous font vivre en temps réel, où qu'elles se produisent. C'est aussi ce que, à sa manière, traduit le discours mémoriel, celui des Antillais ou des Africains par exemple. Chacun recherche ses racines. Pour toutes ces raisons, si je pensais il y a vingt ans que nous parviendrions à dépasser rapidement le cadre de la nation, j'en suis aujourd'hui moins convaincue, de sorte que l'idée que je me forge désormais de l'Union européenne s'apparente davantage à un agrégat de poupées russes qu'à un édifice monolithique.

Pourtant, certaines évolutions sont encourageantes. Invitée à m'exprimer au nom de l'Europe devant l'Assemblée générale des Nations unies, j'ai été frappée de voir à quel point les représentants de la Commission et des différents pays européens se concertent avant les séances du Conseil de sécurité, où ne siègent en permanence que la Grande-Bretagne et la France.

À côté de réelles réussites, combien d'échecs cependant ! Rappelons-nous l'impossibilité pour l'Europe de présenter un front uni au moment des affaires de l'ex-Yougoslavie, ce qui a conduit à l'intervention des États-Unis. L'état de guerre qui s'est alors instauré entre les différentes Républiques nouvelles a ainsi créé une situation dramatique que les options diplomatiques des uns et des autres n'ont pas contribué à simplifier. Certes, la France de Mitterrand a évité, peut-être trop, le clivage historique qui eût porté notre pays vers la Serbie. Nos amis allemands ont davantage cédé à leur tropisme croate. À cela se sont ajoutés les réflexes religieux ; ainsi, les Russes ont toujours soutenu la Serbie orthodoxe. Enfin, les associations de défense des droits de l'homme se sont mises en mouvement, et il est difficile de penser qu'elles ont apaisé les esprits, dès lors qu'elles se sont toutes mobilisées dans le même sens, ce qui suffirait à expliquer l'amertume des Serbes, désignés comme responsables exclusifs.

Personnellement, j'ai souvent accueilli avec scepticisme la manière dont les événements sont présentés et commentés. À Srebreniča, par exemple, ce sont bien les Serbes qui ont massacré quelque huit mille hommes, mais il semble bien que les Européens présents auraient pu faire davantage pour éviter cette tragédie.

En tant que parlementaire européen, j'ai à l'époque participé à plusieurs missions dans l'ex-Yougoslavie, qui m'ont ouvert les yeux sur une réalité souvent plus nuancée que les représentations qui en étaient proposées. D'un voyage à l'autre, je me suis fait aussi la réflexion que, grâce à l'Europe, on avait évité dans les Balkans toute tension majeure entre l'Allemagne et la France, tournant ainsi fort heureusement le dos aux pesanteurs historiques. Pour le reste, en Bosnie, nous avons eu, dans la recherche de solutions d'apaisement, des échanges de vues dont le rapport final rendait compte de manière beaucoup trop brutale et schématique. Nous étions, en effet, plus nombreux à tenir des propos nuancés sur les responsabilités des uns et des autres que le texte ne le laissait entendre. Ainsi, nous avions observé qu'à l'intérieur de l'agglo-

mération de Sarajevo, contrairement aux affirmations
de certains intellectuels et des médias, la relation entre
les communautés n'allait pas sans grincements. Les
quartiers, musulmans et orthodoxes, se regardaient
souvent de travers. Nulle part on ne percevait cette
unité qu'on nous a trop volontiers décrite. Cette
situation d'antagonismes n'était d'ailleurs pas nouvelle ; les romans écrits dans l'entre-deux-guerres
évoquaient déjà des relations locales difficiles. Je me
souviens notamment d'un livre qui m'avait impressionnée, où l'on voyait un enfant musulman recueilli
dans une famille chrétienne de Sarajevo, jusqu'au jour
où il découvrait la vérité de ses origines, ce qui
déclenchait un drame. Il est toujours tentant de simplifier ; on désigne des responsables, des coupables, en
faisant bon marché de réalités complexes.

Je me rappelle avoir participé à une enquête dili-
gentée par la présidence du Conseil européen, alors
exercée par les Anglais, sur les viols en Croatie. Tout
était hâtif, bâclé. Lors des auditions de témoins, nous
ne disposions pas toujours d'interprètes, et j'éprouvais
la pénible sensation que l'encre des conclusions du
rapport était sèche avant même que l'enquête soit
close. Des violences s'étaient certes déployées, mais
sans doute pas dans les proportions que certains voulaient accréditer.

Lorsque le conflit a éclaté, d'abord entre les Serbes
et les Croates, puis avec les Bosniaques, les gens
ont dû fuir leurs villages en catastrophe avant d'être
recueillis dans des camps. À la demande d'une ONG
française, je me suis alors rendue sur le terrain. J'ai
découvert l'affligeant spectacle des réfugiés, d'appar-

tenances diverses, prostrés sur des matelas, ayant tout perdu. Leur sort était certes tragique, mais leur vie n'était pas en danger. Un intellectuel français, qui s'impliquait beaucoup dans le conflit, a cru bon de me dire : « Ça doit vous rappeler quelque chose. » Je n'ai pas répondu ; ce que je voyais ne ressemblait en rien à un camp de concentration, et encore moins à un camp d'extermination.

À l'époque, on a fait endosser l'ensemble du drame à Milosevic. Peut-être les Croates portaient-ils eux aussi une part des responsabilités. On ne saurait ignorer le poids de l'histoire. Lorsque des populations différentes sont contraintes de vivre ensemble, comme ce fut le cas dans la Yougoslavie de Tito, il est fatal que les rancœurs et les haines aient tendance à réapparaître lorsqu'elles sont décongelées.

Faut-il l'avouer ? J'ai toujours éprouvé une certaine méfiance à l'égard des militants des droits de l'homme, et des pressions qu'adossés aux opinions publiques et aux médias, ils exercent sur les responsables politiques. D'une manière générale, tout ce que l'on inscrit habituellement au compte d'une « morale internationale » ne me met pas à l'aise. Je trouve certes louable de vouloir que les peuples se réconcilient, sauf à observer qu'en dépit de leurs intentions généreuses, les mouvements des droits de l'homme y parviennent rarement. Il arrive même qu'ils obtiennent le résultat inverse en radicalisant l'opposition entre ceux qu'ils ont catalogués comme étant les « bons » et les autres, montrés du doigt, les « méchants ». Et puis, autre chose me gêne dans ces droits de l'homme prétendument universels, c'est que, précisément, ils ne le sont pas. Il y a toujours deux poids et deux mesures. Quand il s'agit de négocier des accords commerciaux avec la Chine, le silence est d'or. Quand on cherche à séduire Poutine, on lui décerne volontiers des brevets de civisme, passant sous silence ses manquements aux sacro-saints droits de l'homme. Au fond, ce sont toujours aux faibles que l'on fait la morale, tandis qu'on finit par blanchir les puissants. Ainsi adopte-t-on aujourd'hui envers les pays islamistes un *modus vivendi* qui remise en arrière-plan les fameux droits de l'homme.

Il est vrai que l'objectivité est une denrée rare, notamment en politique. Dans les situations d'extrême tension, elle est évidemment absente chez ceux qui s'affrontent. Elle l'est trop souvent aussi chez ceux qui ont mission, de l'extérieur, d'en juger. J'ai conservé un très mauvais souvenir du rapport qui fit suite, il y a une dizaine d'années, à une enquête confiée par le secrétaire général des Nations unies, à l'époque où le terrorisme sévissait en Algérie, à cinq ou six personnalités venues de tous les continents. Il y avait deux Européens, dont moi. Je n'ai jamais réussi à ce que le rapport fasse abstraction des idées préconçues du principal rédacteur qui n'avait aucune connaissance de l'Algérie et qui faisait la part trop belle aux islamistes.

On parle beaucoup ici ou là du droit d'ingérence. Il me paraît devoir être manié avec précaution, plutôt que d'être parfois brandi de manière inconsidérée. Quant à la force armée de cette idéologie, je veux dire la justice internationale, elle me semble tout aussi inadaptée aux situations particulières des États. À par-

tir du moment où le Chili était redevenu une démocratie, il eût été préférable de laisser aux Chiliens le soin
de juger Pinochet plutôt que de rameuter l'opinion
mondiale pour, du reste, ne rien obtenir. Il est déjà
difficile pour un pays de sortir d'un système dictato-
rial ; si en plus les détenteurs de la morale internationale s'en mêlent sans même lui laisser le temps de
résoudre ses problèmes internes, il me semble qu'on
ajoute encore au fardeau que les citoyens doivent
porter. C'est la raison pour laquelle j'admire profondément des hommes comme De Klerk et surtout Mandela. Grâce à Nelson Mandela, notamment, l'Afrique
du Sud a réussi à sortir d'une interminable tragédie.
Alors qu'on y redoutait des bains de sang, Blancs,
Noirs et métis sont parvenus, en se parlant, à exorciser
le passé et à se comprendre. Peut-être pourrait-on
s'inspirer d'un tel exemple ou encore de celui de la
réconciliation des Espagnols après la mort de Franco,
dans d'autres pays.

Les procès et les règlements de comptes sont sans
doute inévitables dans toute sortie de dictature, mais
il convient de toujours privilégier les vecteurs de
réconciliation. Un peuple qu'on n'encourage pas à
retrouver son unité, et un jour son harmonie, se
condamne à un destin dramatique, et il ne peut revenir
à la justice internationale de régler de tels problèmes.
Dans la problématique redoutable de la répression
des crimes contre l'humanité et des crimes de guerre,
je ne suis pas à l'aise lorsque le glaive de la morale
internationale est porté en sautoir par le pavillon
suisse, que je trouve bien effervescent, peut-être pour
se faire pardonner un passé inerte.

Imaginons que dans la France de la Libération, au lieu de laisser le pays régler les comptes de Vichy avec sa justice et ses choix politiques, ce soit un tribunal international qui ait jugé Pétain, Laval et leurs affidés : comment aurait réagi l'opinion nationale ? Si l'épuration a donné lieu à la fois à de tragiques excès et à de coupables indulgences, les uns et les autres parfaitement regrettables, je n'y vois pas motif pour que des juridictions internationales se saisissent de situations purement domestiques. Lorsque les crimes dont il s'agit n'impliquent qu'un seul État, et que la notion de crime contre l'humanité n'est pas clairement établie, il est préférable que tout pays concerné assume sa propre justice. À l'inverse, après 1945, il était patent que les crimes commis par les nazis concernaient toute l'Europe. Les procès de Nuremberg se trouvaient donc justifiés. Ils concernaient un petit nombre de hauts dirigeants. La justice devait passer, et passer vite, afin que puisse s'opérer la réconciliation avec les Allemands.

Cette conception exigeante des droits de l'homme et de la justice universelle est la mienne depuis toujours. Je me souviens de ma réaction, au moment du procès de Klaus Barbie, en 1983, kidnappé avant d'être extradé. J'ai alors déclaré à un journaliste : « Comment réagirait la France si on enlevait sur son sol d'anciens criminels de guerre ? S'il s'agissait par exemple de personnes ayant commis des tortures en Algérie, quelle serait notre attitude ? » Barbie étant ramené en France, il fallait bien le juger, mais je conserve un doute sur l'opportunité de la démarche suivie pour le récupérer. Dans le cas d'Eichmann, peut-être peut-on passer l'éponge sur l'enlèvement au nom de la contribution essentielle à l'histoire qu'a permis son procès.

Dans le même état d'esprit, j'ai toujours éprouvé une gêne face à l'absence de prescription des crimes contre l'humanité. Instruire des procès plusieurs décennies après les événements qu'ils concernent et dans un contexte historique qui n'est plus le même ne peut être que difficile, sinon impossible. Je sais que je suis isolée dans ce point de vue sur une question qui est un véritable tabou. Aujourd'hui, l'opinion sacralise la législation internationale. Lorsque Serge Klarsfeld, qui poursuivait Aloïs Brunner, exerçait une pression sur le Parlement européen pour que nous refusions tout accord financier avec la Syrie, au prétexte que l'ancien nazi y avait trouvé refuge, son attitude, quelque fondé que fût son souci de justice, avait l'inconvénient, politiquement sérieux, d'entraîner un embargo de l'aide financière, au détriment non seulement de la Syrie mais aussi des autres pays de la zone... dont Israël. Il est un moment où il faut accepter le principe de réalité, quelque sentiment que l'on puisse avoir pour un personnage comme Brunner.

En leur temps, l'arrestation et le procès de Paul Touvier ne m'ont en revanche nullement heurtée. Comme secrétaire générale du Conseil supérieur de la magistrature, j'avais été stupéfaite par la grâce que lui avait accordée Georges Pompidou. Le dossier lui avait sans doute été présenté sous un faux jour, car je n'imagine pas Pompidou accordant sa grâce à un tel individu en connaissance de cause. Par la suite, Touvier a accumulé les provocations, au point de circuler

dans des départements où il était interdit de séjour et
d'obtenir la protection de gens d'Église. Il avait voulu
échapper à la justice, mais celle-ci finit par le rattraper.

Lorsque l'affaire Papon a surgi, mon jugement a
été plus nuancé. Comme secrétaire général de la
préfecture de Gironde, il avait signé des arrêtés de
transfert par délégation de son préfet, ce qui malheureusement se fit dans tous les départements. Ce qui,
par la suite, me choqua au point de modifier mon
jugement, c'est l'arrogance de l'intéressé. J'en fus
scandalisée. Ce haut fonctionnaire pouvait s'être
trompé ; la moindre des choses eût été de le reconnaître. Or Maurice Papon n'a jamais exprimé le
moindre regret. Il s'est au contraire enferré dans sa
position, répétant que son action avait permis de sauver des vies humaines – c'était sans doute vrai : le
fameux troc de Juifs contre des résistants –, au point
que sa vraisemblable méconnaissance du sort qui
attendait les déportés au bout du voyage est passée au
second plan. Il n'a pas eu un mot pour les enfants
qu'il avait fait arrêter, pas un remords, pas une excuse.
Tout cela le condamnait sans appel. Comme dans le
cas de Paul Touvier, le dossier Papon a été jugé en
France, et non par une justice supranationale prétendant détenir une vérité universelle.

Lorsque j'ai accepté, en 2003, la présidence du
Fonds d'indemnisation des victimes auprès de la Cour
pénale internationale, j'ai précisé que je le faisais pour
défendre les droits des victimes, et non pour m'ériger
en juge des actions dont elles avaient souffert. Même

limité aux dommages matériels, le problème des réparations n'est cependant jamais facile à résoudre.

Après la guerre, lorsque les survivants de la Shoah sont rentrés en France, il leur a fallu apporter la preuve des spoliations qu'ils avaient subies. Encore ont-ils été souvent faiblement et difficilement indemnisés. Les fonds déposés dans les banques ou les contrats souscrits par les compagnies d'assurances ont rarement donné lieu à réparation. Quant à la Caisse des dépôts, elle avait « consigné » tout l'argent des personnes arrêtées, mais par la suite, elle ne prit aucune initiative en vue de le restituer et campa dans l'arrogance. Il aura fallu attendre 1995 et l'intervention conjointe de Jospin et de Chirac pour que se mette en place la commission Mattéoli. Celle-ci a travaillé sur les dossiers de la Caisse des dépôts, et en fin de compte, après un demi-siècle, les « orphelins » ont eu le choix entre une rente et un forfait.

Fin 1980, alors que j'avais trouvé mes marques au Parlement européen, la situation politique et économique de la France ne laissait pas d'être préoccupante. Cependant, lorsque approchèrent les élections, entre une politique de centre droit sans doute timide et les outrances du programme commun, je n'eus pas une seconde d'hésitation. Malgré les réserves que m'inspirait la politique conduite pendant la seconde partie de son mandat, Valéry Giscard d'Estaing me paraissait le seul choix possible. C'est François Mitterrand qui l'emporta, et ce que j'avais redouté se produisit : la France marchait désormais à grands pas vers un désastre économique et monétaire. Pierre Mauroy, dont je connaissais la sagesse et la modération, s'était

retrouvé l'otage d'une démarche qui n'avait rien de
social-démocrate mais où triomphaient l'incohérence
et l'incompétence, comme je l'ai exprimé à l'époque.

Heureusement, sous la pression des réalités internationales, une autre politique, plus modérée bien que
très chaotique, se mit en place après le tournant de
1983. Il m'a alors semblé que des hommes de bon
sens, tels Rocard ou Delors, retrouvaient une audience
dans l'opinion face aux options catastrophiques de
l'aile gauche du Parti socialiste et des communistes.
Cela n'était pas pour me déplaire.

Au sein d'un gouvernement socialiste où je ne
comptais guère d'amis, le ministre des Relations
extérieures m'était par chance bien connu. Avant
l'élection de Mitterrand, Claude Cheysson occupait un
fauteuil de commissaire européen. Je l'appréciais. La
transition avec le précédent gouvernement s'est donc
mieux passée que ce que je pouvais craindre. Ainsi,
une des premières décisions prises par François Mit-
terrrand, inspirée par Claude Cheysson, fut de retirer
le recours français dont Raymond Barre, par deux
fois, en 1980 puis en 1981, avait fait usage contre les
budgets votés par le Parlement européen. Ainsi va la
politique : Mitterrand dont je détestais les ambiguï-
tés et condamnais vigoureusement l'alliance avec les
communistes, ce nouveau président dont la politique
intérieure me paraissait suicidaire pour le pays, se
montra tout aussi attentif à la construction européenne
que l'avait été son prédécesseur.

La présidence du Parlement européen m'a conduite
à rendre visite à tous les gouvernements de la Communauté. J'ai souvenir d'avoir été partout reçue avec

de grands égards. À Bonn, notamment, le chancelier Helmut Schmidt, comme son challenger de l'époque, Helmut Kohl, m'ont impressionnée. L'un et l'autre, fervents militants de l'Europe, ne doutaient pas de la réunification de leur pays. À Bruxelles, le roi Baudouin, immobilisé par une intervention chirurgicale, tint à me recevoir, chaleureusement, avec la reine Fabiola, dans sa chambre d'hôpital. Soit dit en passant, l'IVG alimenta l'essentiel de la conversation pendant le déjeuner servi sur une table de bridge. Sans doute est-ce à Paris que j'ai reçu l'accueil le plus désinvolte. Mes relations avec les gouvernants français n'étaient du reste pas faciles. J'étais surprise par leur manque d'intérêt pour les questions européennes. Ils ne faisaient malheureusement pas exception dans le paysage politique de l'hexagone. Lorsque, plus tard, j'ai siégé au bureau politique de l'UDF, j'ai été étonnée de voir à quel point des responsables qui ne cessaient de faire étalage de leur conviction européenne s'intéressaient peu à ce qui se passait à Bruxelles. Pire encore : leurs connaissances des questions européennes avaient beau être limitées, ils n'essayaient même pas de les améliorer. Dans ce contexte d'indifférence, Valéry Giscard d'Estaing tranchait. Il ne cessait de suivre les questions institutionnelles, se montrait attentif aux travaux du Conseil, et tentait de poursuivre une politique européenne de la France, digne de ce nom.

Le manque d'intérêt porté par nos responsables politiques aux questions européennes était souligné par l'attention qu'on leur portait dans les autres pays. Ce constat s'est vérifié quand, plus tard, j'ai présidé le groupe libéral. Lorsque nos réunions se tenaient aux Pays-Bas, en Espagne ou en Allemagne, nous rencontrions un grand nombre de parlementaires et de responsables nationaux. En France, nous avions le plus grand mal à trouver des interlocuteurs. Cette indifférence frôlait la caricature à l'approche des élections européennes. Quand les responsables constituaient leurs listes, ils se souciaient peu des convictions et des compétences des candidats. Ils utilisaient ces listes pour récompenser des proches, toute place, notamment à un rang éligible, valant remerciement pour bons et loyaux services rendus au parti. Comment s'étonner, dans ces conditions, de l'absence de réelle motivation de nombreux élus français au Parlement européen ? Sans reparler du « tourniquet », j'ai constaté à l'époque, de la part de nombre d'élus français, un absentéisme systématique. Il faut dire que ceux qui étaient présents et actifs n'en tiraient guère profit, puisque lors des élections suivantes les états-majors politiques, en vertu du même principe de la prébende éliminatoire, les évinçaient au profit de nouveaux venus souvent néophytes. On les voyait surgir un ou deux jours pour signer leur feuille de présence, puis ils disparaissaient. Quel contraste avec les Britanniques, réputés hostiles à l'Europe, mais pratiquant à Strasbourg comme à Bruxelles une assiduité sans faille et défendant ainsi mieux que nous leurs intérêts nationaux.

Le président du Parlement européen est élu pour trente mois. À l'issue de mon mandat, en janvier 1982, un certain nombre de collègues jugèrent que j'avais bien défendu les intérêts de notre assemblée. Ils menèrent donc campagne pour que je me représente. Ma candidature suscitait un réel consensus puisque même les libéraux anglais s'y déclaraient favorables. Cependant, une fois encore, les gaullistes se placèrent en travers du chemin. Ils firent tout échouer en soutenant au premier tour le candidat chrétien-démocrate allemand Egon Klepsch, qui n'avait pourtant aucune chance face au candidat socialiste, le Néerlandais Piet Dankert. Voyant qu'ils ne démordraient pas de leur position, je retirai ma candidature avant le troisième tour de scrutin, et le socialiste fut élu par la seule division des députés français. Peut-être aurais-je pu me battre davantage, mais les jeux politiciens que je n'avais fuis en France que pour mieux les retrouver à Strasbourg avaient eu raison de mes forces.

Après deux années et demie aussi enrichissantes que trépidantes, j'avais plaisir à retrouver une certaine liberté. J'ai alors siégé à la commission juridique qui, entre autres textes importants, mit au point des conventions passées avec les pays non européens. Ce me fut une nouvelle occasion de vérifier avec tristesse que, lors des échanges, si les Anglais connaissaient leurs dossiers sur le bout des doigts, les Français n'étaient pas toujours aussi brillants. Ensuite, j'ai été élue présidente du groupe libéral, reprenant alors les voyages qui avaient marqué mes trente mois de présidence ; non pas seulement pour aller de Bruxelles à Luxembourg et à Strasbourg, mais à travers toute l'Europe.

À cette époque, les élargissements successifs généraient de nouveaux contacts et des échanges multiples. Je m'y suis toujours montrée favorable, malgré quelques réticences dans le cas de la Grèce, dont l'admission m'avait paru insuffisamment préparée au niveau de la population, mais que Valéry Giscard d'Estaing voulait boucler avant les élections de 1981. Quelques années plus tard, lorsque s'est posé le problème de l'entrée de l'Espagne et du Portugal dans la Communauté européenne, entrée à laquelle les gaullistes s'opposaient, les représentants des libéraux se sont rendus à plusieurs reprises à Madrid, Barcelone et Lisbonne. Nous nous sommes alors particulièrement intéressés aux réactions des responsables politiques et de leurs opinions publiques. Par la suite les contacts se sont étendus au-delà de notre continent, ainsi avec l'Amérique latine, très courtisée dans ces années-là par les libéraux allemands. Ceux-ci avaient à cœur d'apporter d'abord à l'Espagne et au Portugal, puis aux pays d'Amérique latine, un fort soutien dans leur marche vers la démocratie. Mais tout en travaillant sur le plan des principes, ils œuvraient pour les intérêts économiques allemands, façon habile et moderne de faire vivre la politique. Malheureusement les Français n'ont jamais compris l'utilité de ce genre d'action, incapables de voir qu'il ne sert à rien de déplorer la perte d'influence de son pays si l'on reste chez soi, les bras croisés. Sans doute nous inspirerions-nous opportunément de la pratique de l'Allemagne, où les principales formations politiques sont adossées à de grandes fondations, partenariats qui sont autant de vecteurs d'influence au profit des intérêts économiques de nos voisins.

Le décalage des comportements pouvait être si marqué entre la France et les autres membres que parfois l'ambassade d'Allemagne savait que je me rendais dans tel pays avant que les Français ne l'apprennent. Une anecdote me revient en mémoire. Lors de la visite d'une délégation parlementaire à Washington, des collègues italiens me confièrent, entre amusement et sérieux : « Vous nous accompagnerez ce soir chez l'ambassadeur, on vous prendra sous notre aile, parce que votre gouvernement fait si bien les choses que vous n'avez sans doute pas reçu d'invitation. » Telle était alors l'image que donnait la France aux autres députés européens. Je n'en étais pas fière. A-t-elle changé depuis ? Je l'espère. Ce serait bien opportun, surtout après notre rejet tonitruant du projet de traité constitutionnel en 2005.

Pendant la dernière campagne référendaire, j'ai souvent eu l'occasion d'aborder le problème de l'élargissement récent aux ex-pays de l'Est. J'ai répété que nous ne devions pas perdre de vue la chance qui fut la nôtre, après la Seconde Guerre mondiale, de vivre dans un régime de liberté, tandis que le rideau de fer se refermait sur l'autre moitié de l'Europe. Soyons honnêtes : nous avons joui de cette liberté sans trop nous soucier de ce qui se passait là-bas ni vraiment nous sentir solidaires de la misère des autres. Lorsque l'histoire nous en a offert la possibilité, il eût été impensable de ne pas ouvrir à ces pays les portes de l'Union européenne. À leur égard, nous avions contracté une sorte de dette, qui nous obligeait à nous conduire ainsi, fût-ce au détriment de nos intérêts économiques immédiats. De leur côté, je pense que franchir le saut pour nous rejoindre s'est souvent révélé difficile. Cela leur a toutefois permis de prendre des mesures rigoureuses, toujours délicates à faire accepter à une opinion publique. L'effort qu'ils ont ainsi accompli en matière économique, sociale et juridique, fut considérable. Aussi leur situation intérieure s'est-elle trouvée transformée et la misère, qui régnait encore au début des années 1990 dans la plupart de ces pays, a-t-elle pu être largement éradiquée en un temps sans équivalent dans l'histoire.

La question turque me paraît d'une autre nature. Passé Istanbul, il est difficile de prétendre que la Turquie fait partie de l'Europe. D'autant que le problème de l'islam nous interpelle beaucoup plus qu'hier, et que ses conséquences sur le statut des femmes sont réelles. La Bosnie, par exemple, est en train de s'islamiser en profondeur. On peut cependant espérer que si ce pays postule à rejoindre l'Union, notre culture commune permettra de lui vendre un certain nombre de règles. Encore s'agit-il là d'un pari, d'autant plus risqué que l'on s'éloigne du centre historique de l'Europe. Je crains donc que nous ne parvenions jamais à imposer à la Turquie quoi que ce soit en matière démocratique, car si nous peinons à trouver des limites géographiques précises à notre continent, nous rencontrons autant de difficultés à définir ses valeurs philosophiques. La référence au christianisme, que certains auraient voulu imposer, me paraît désormais hors de propos, ne serait-ce qu'à cause de la chute de la pratique religieuse. La référence républicaine est elle-même exclue : notre Europe compte presque autant de monarchies que de républiques. Alors quoi ?

Sans doute une certaine idée de l'homme et de sa culture, mais je peine à préciser les critères décisifs que l'on pourrait, dans chacun de nos pays, mettre en avant avec une égale certitude. L'Europe sera avant tout ce que nous en ferons.

À cet égard, un épisode de la longue geste mitterrandienne a suscité ma réelle admiration, s'agissant du discours prononcé en 1983 devant les députés allemands, où le Président n'a pas hésité à prendre à contre-pied une large partie des opinions française et allemande. On se rappelle la formule sur les « pacifistes, qui sont à l'Ouest, et les missiles, qui sont à l'Est ». Elle fit mouche, à un moment où la tentation de la neutralisation était alors grande chez certains Allemands. Nombre de socialistes, proches de Willy Brandt, attirés par l'Est, n'auraient sans doute pas hésité à accepter le pacte soviétique pour obtenir la réunification de leur pays. Dans ce contexte, le propos courageux de François Mitterrand apportant son soutien à l'implantation des missiles occidentaux marqua une date décisive. Pour ma part, il me semble qu'il s'agit là du plus lourd enjeu qu'il ait eu à relever, et il l'a assumé en soutenant le chancelier allemand en pleine période électorale. Jacques Chirac a eu l'honnêteté de le reconnaître, tandis que les communistes gardaient un prudent silence et que Raymond Barre, fidèle à lui-même, c'est-à-dire imprévisible, affirmait que le problème ne nous concernait pas et que nous n'avions donc pas à nous mêler des affaires allemandes.

Ce n'était pas la première fois que les réactions de celui qui avait été mon Premier ministre me surpre-

naient. Dès 1978, un dérapage verbal en Conseil des ministres avait bien failli mettre le feu aux poudres. Raymond Barre avait évoqué le « lobby juif » dans des termes que j'avais jugés déplacés. Après le Conseil, j'avais déclaré au Président qu'en cas de nouvelle sortie de son Premier ministre sur le prétendu « lobby juif », je quitterais aussitôt le gouvernement en disant pourquoi. Giscard était intervenu, et Barre avait ensuite doctement expliqué ce qu'il avait voulu dire ; à l'entendre, j'avais mal interprété ses propos. Deux ans plus tard, après l'attentat de la synagogue de la rue Copernic, sa langue avait à nouveau fourché. Alors que son ministre de l'Intérieur Christian Bonnet évoquait l'hypothèse d'un coup monté et que le président de la République s'abstenait de toute déclaration, Raymond Barre avait déploré la mort, à côté de Juifs, de « Français innocents ». J'avais participé à la manifestation qui dénonçait de tels propos.

Plus tard, j'ai encore constaté sa tendance à tenir l'action d'autrui pour quantité négligeable. Aux élections présidentielles de 1988, sa candidature, que j'avais vigoureusement soutenue, recueillit seize pour cent des suffrages, le plaçant loin derrière Mitterrand et Chirac. Face à son équipe de campagne, réunie au grand complet à la Maison de l'Amérique latine, il s'en prit aux centristes, responsables selon lui d'avoir fait échouer sa campagne. Seuls les gens de ses réseaux avaient travaillé ; les autres n'avaient rien fait. Jean François-Poncet, mon voisin, me susurra : « Mieux vaut en rire. Une autre fois, on le laissera seul avec des proches aussi efficaces ! » On ne peut pas dire qu'avant de disparaître il ait cherché à corri-

ger son image en vantant les mérites de Bruno Goll-
nisch ou en se lançant dans un éloge posthume de
Maurice Papon. Il n'empêche, tout atypique qu'il
était, sa disparition a privé l'échiquier politique d'un
homme d'État courageux.

Sur ce thème de l'antisémitisme, qui va souvent de
pair avec la xénophobie, l'émergence et la montée du
Front national m'ont très tôt inquiétée. Non que j'aie
jamais pensé que, dans ce pays qui est le nôtre, l'extrême droite avait à jamais disparu. Même minoritaire,
elle existait encore, comme nous l'avaient rappelé
les événements d'Algérie et la montée de l'OAS. Du
moins se montrait-elle discrète. Or, tout à coup, en
place d'un Poujade simplement populiste, l'extrême
droite se découvrit un leader charismatique et sulfureux en la personne de Jean-Marie Le Pen. Quelles
qu'aient été dans sa démarche la part de la conviction
et celle de la posture, le cocktail convenait à un certain nombre de gens qui, venus d'horizons divers, se
retrouvaient sur sa liste : catholiques intégristes, militaires en rupture de rang, ennemis jurés du communisme, tous fédérés par la même haine portée à une
présidence de gauche qu'ils détestaient.

L'élection de Dreux, en septembre 1983, marqua à
cet égard un tournant. J'ai saisi la menace qu'elle faisait peser sur notre vie politique. Il faut se rappeler la
violence des propos que tenait alors Jean-Marie Le
Pen, ses attaques constantes de la démocratie, sa négation arrogante de la Shoah. Alors que nous étions
quelques-uns à juger qu'on ne pouvait pas laisser passer de telles déclarations, voilà qu'au seuil du second
tour des élections municipales de Dreux, la liste

RPR/UDF incorpora quatre représentants du Front national, en places éligibles, dont Jean-Pierre Stirbois, secrétaire général du parti. Il y eut plus choquant encore. Unanimes ou quasi, les leaders de droite approuvaient cette stratégie, dont l'objectif claironné était de faire barrage à la gauche. Raymond Aron lui-même, dans *L'Express*, tint des propos dérangeants : « La seule Internationale de style fasciste dans les années 1980, elle est rouge et non pas brune. » Seul Bernard Stasi, le courageux maire d'Épernay, et moi-même élevâmes de vives protestations. Raymond Barre dénonça mon attitude, tandis que Jacques Chirac, qu'on devait connaître mieux inspiré par la suite, affirma que « quatre pèlerins du FN à Dreux » n'étaient rien face aux « quatre communistes au Conseil des ministres ». La suite de la montée en puissance du Front national a malheureusement donné raison à l'attitude d'alerte que nous avions adoptée, Bernard Stasi et moi. Le parti de Jean-Marie Le Pen n'en resterait pas là, ni dans ses provocations outrancières, ni dans ses victoires électorales. Jacques Chirac reconnut vite son erreur d'appréciation et modifia radicalement son attitude.

Près de vingt-cinq ans plus tard, je n'ai pas varié d'un iota dans mon jugement : on ne doit jamais, à quelque prix que ce soit, faire alliance avec l'extrême droite. Il ne faut pas davantage transformer les partisans en martyrs. La seule attitude consiste à les ignorer, ce qu'a fort bien fait Nicolas Sarkozy avant l'élection présidentielle de 2007. Au Parlement européen, les députés d'extrême droite se sont d'eux-mêmes, dès qu'ils y entrèrent, mis en situation d'être boycottés par les autres formations. Au fil des ans, ils ont multiplié des déclarations qui leur ont valu un isolement complet.

Pour autant, je ne crois pas, comme on l'a souvent soutenu, que l'absence de Le Pen nous aurait permis de faire l'économie d'un débat sur la sécurité et l'immigration. Ce débat a lieu partout en Europe, parce qu'on a ouvert les frontières, que la libre circulation entre nos pays a généré de multiples problèmes, et que la situation au sud de la Méditerranée est terrifiante. Nous sommes donc partagés entre mauvaise conscience et repli sur soi. Au surplus, beaucoup de jeunes débarquent aujourd'hui, non seulement d'Afrique, mais désormais d'Europe centrale et orientale, et se retrouvent, sans ressources ni projet, sur nos trottoirs où leurs rêves et leurs illusions achèvent de s'évaporer. Tous les pays sont donc amenés à limiter l'immigration. Dès lors que les taux de chômage demeurent élevés et les conditions de travail précaires, on ne peut pas empêcher les gens de comparer leur propre sort à celui des immigrés. Les femmes qui travaillent à mi-temps et élèvent des enfants se trouvent parfois dans des situations plus difficiles que certaines personnes venues de l'étranger et prises en charge par l'État à cent pour cent. Il s'agit là de situations difficilement supportables pour ceux qui les subissent, et prétendre que ce sont les discours de Jean-Marie Le Pen qui ont créé de tels problèmes relève d'un raisonnement simpliste.

En 1984, lors des élections suivantes au Parlement européen, je me suis retrouvée tête de liste. Cette fois, la situation était différente : la liste, unitaire, réunissait RPR et UDF. C'est que Jacques Chirac voulait innover, en matière européenne comme ailleurs. Par rapport à 1979, un changement radical était donc survenu dans son esprit : nous n'étions plus les « agents de l'étranger ». Il s'agissait d'un revirement d'autant plus grand qu'en matière de politique agricole commune se posaient alors de nombreuses questions, liées à la perspective de la prochaine entrée de l'Espagne et du Portugal dans la Communauté. Depuis des mois, l'inquiétude des agriculteurs français était telle que j'anticipais une vaste offensive du RPR contre l'élargissement, car à ce moment-là, soixante ou soixante-dix pour cent du budget communautaire allaient à l'agriculture. Par bonheur, elle n'eut pas lieu, comme si les gaullistes avaient compris que la démagogie, contrairement à ce que d'aucuns professent, a des limites. Je fus donc rapidement convaincue que le moment était venu d'arrimer le RPR au vaisseau européen. Jean Lecanuet, lui, faisait grise mine. Le ralliement des gaullistes aux thèses européennes lui paraissait devoir plus à l'opportunisme qu'à la conviction. Il alla jusqu'à commander un sondage pour connaître l'impact éventuel d'une liste centriste dont il aurait pris la tête. Les chiffres l'en dissuadèrent rapidement : les instituts de sondages le créditaient de quatre à cinq pour cent.

À l'issue de longues discussions entre centristes et gaullistes, la décision fut ainsi prise de présenter une liste unique, d'abord pour des raisons européennes, mais aussi parce que, face à François Mitterrand, l'opposition cherchait à offrir un visage uni. Dans cette décision entraient donc à la fois un souci tactique et l'espoir que le RPR renoncerait définitivement à son souverainisme pour former avec les centristes la grande force politique dont le pays avait besoin face à l'union de la gauche. Jusqu'alors, en effet, ce qui nous opposait pour l'essentiel, c'était la vision européenne. Sur les autres dossiers, il faut bien admettre que nous étions aussi divisés qu'eux. Ainsi, en matière de politique sociale, il y avait à droite et au centre toutes les nuances. L'UDF avait recueilli à la fois les orphelins du CDS, donc des démocrates-chrétiens, eux-mêmes morcelés en multiples chapelles, mais aussi des radicaux farouches partisans de la laïcité, et des libéraux d'obédience giscardienne. Cette UDF, créée en son temps par Valéry Giscard d'Estaing pour faire pièce au parti gaulliste, tenait donc de l'auberge espagnole.

Nous sommes partis au combat européen dans l'unité, plus que dans l'harmonie. La composition de la liste m'a presque totalement échappé. En particulier, la présence de Robert Hersant, dont le passé vichyssois était désormais connu de tous, ne me faisait aucun plaisir, c'est le moins que l'on puisse dire. On m'avait expliqué qu'il était difficile de se mettre à dos le propriétaire du tout-puissant *Figaro*. Une fois encore, la politique l'emportait ainsi sur les principes moraux. Ma seule échappatoire se référait à l'ancienne appartenance du patron de presse à la FGDS, le groupuscule politique qu'avait naguère dirigé François Mitterrand. J'avais donc tout loisir de renvoyer les socialistes qui m'attaquaient sévèrement sur ce sujet à leurs propres contradictions, ce que je ne me suis pas privée de faire. Il reste que, pour la première fois de ma vie, j'avais accepté, pour de basses raisons d'opportunité, un compromis qui avait à mes yeux l'allure d'une compromission. J'en suis d'autant moins fière que Robert Hersant n'a pas mis les pieds à Strasbourg.

En deuxième place de la liste se trouvait Bernard Pons, le médecin gaulliste avec lequel j'entretenais de bonnes relations depuis le vote de la loi sur l'IVG. Grâce à lui la campagne se déroula dans une bonne entente. Bernard Pons, pourtant fort peu européen jusqu'alors, se montra à la hauteur de ce que Jacques Chirac attendait de lui. C'était un homme de parti, un de ces fidèles qui agissent comme le patron le leur demande. Notre liste unique remporta un succès certain, ce qui n'empêcha pas les gaullistes, à peine élus, de faire bande à part en pérennisant leur groupe, ratant ainsi l'occasion de renforcer l'influence française au Parlement européen. Épisode d'autant plus regrettable que, lors de ces mêmes élections, le Front national avait émergé de façon spectaculaire. La droite et le centre auraient dû s'efforcer de parler d'une même voix, afin de bien marquer leur distance avec les idées d'extrême droite.

Tout au long de la législature, nous nous opposâmes maintes fois aux gaullistes, ce qui me conforta dans l'idée que, malgré ses charmes, on ne pouvait pas vouloir l'unité à n'importe quel prix. Cinq ans plus tard, lors de la troisième édition de ces mêmes élections européennes, la situation politique avait à nouveau changé. Valéry Giscard d'Estaing, remis de sa défaite de 1981, souhaitait revenir sur le devant de la scène. Se saisissant de l'opportunité que représentaient les élections européennes, il voulut présenter une liste avec le RPR, comme nous l'avions fait cinq ans plus tôt. Cette hypothèse me déplaisait. Pas plus que je n'avais conservé un bon souvenir de la liste de 1984, je n'avais été convaincue par le mandat écoulé. Et puis, j'étais lasse de voir les enjeux européens devenir de simples instruments au service des leaders politiques français. Jacques Chirac, qui pourtant avait largement contribué en 1981 à la défaite de Giscard, était devenu pour lui un allié incontournable. J'ai donc décidé de partir à l'aventure, avec mes amis centristes du CDS.

La campagne a été rude. Le RPR a mobilisé tous ses réseaux et militants pour occuper le terrain, et par moments j'ai eu la pénible impression que nous représentions à leurs yeux un ennemi plus redoutable que le Parti socialiste. Éclatée en plusieurs tendances, l'UDF peinait à faire entendre sa voix. J'ai alors perçu la difficulté d'appartenir à un parti qui n'en est pas vraiment un ; à force de vouloir être tout, il finit par ne plus rien être. Et puis, les circonstances nous divisaient. Je ne suis pas prête d'oublier une visite calamiteuse que, sur les conseils de François Bayrou, mon directeur de campagne, j'ai rendue à Jean Lecanuet en son fief normand. Je ne me doutais de rien, connaissant Lecanuet depuis le MRP des années 1950, et me souvenant de sa volonté farouche, cinq années seulement plus tôt, de présenter une liste purement centriste. J'arrivais donc à Rouen, où m'attendait une conférence de presse réunie dans son bureau, à la mairie. Ce fut pour entendre Jean Lecanuet déclarer aux journalistes : « Je suis heureux d'accueillir Mme Veil. Simplement, nous ne figurerons pas sur la même liste. Je participerai quant à moi à la liste Giscard. » Je n'invente rien. François Bayrou, que je connaissais alors à peine et auquel je faisais confiance, tant il m'était apparu intelligent et dynamique, venait de me donner la vraie mesure de son caractère, capable en quelques jours d'énoncer avec la même assurance une chose et son contraire, uniquement préoccupé de son propre avenir qui, depuis sa jeunesse, ne porte qu'un nom : l'Élysée.

Le personnage demeure incompréhensible si l'on ne tient pas compte de cette donnée essentielle : il est convaincu qu'il a été touché par le doigt de Dieu pour devenir président. C'est une idée fixe, une obsession à laquelle il est capable de sacrifier principes, alliés, amis. Comme tous ceux qui sont atteints de ce mal, il se figure les autres à son image : intrigants et opportunistes. Il a donc pu inventer cette chimère que je risquais de lui faire de l'ombre dans sa propre trajectoire, puisqu'en toutes circonstances il s'imagine que les autres ne peuvent que le gêner. De là découlèrent durant cette campagne certaines manœuvres où j'ai rapidement perçu la volonté de torpiller notre liste. En réalité, une telle attitude nuit plus à celui qui la pratique qu'à ceux qui la subissent. Les calculs de François Bayrou me laissèrent donc indifférente. Je n'ai jamais eu envie de concourir pour une campagne présidentielle. J'ai cependant regretté le maigre score que nous avons remporté, car certaines personnes de qualité qui figuraient sur cette liste auraient amplement mérité de siéger au Parlement européen.

Très vite ces péripéties furent oubliées. Quelques mois plus tard allait se produire un événement d'une portée considérable, sans conteste le plus marquant de la fin du XXᵉ siècle, la chute du mur de Berlin, événement d'autant plus symbolique qu'il marqua la fin d'un monde et le début d'un autre.

Même si certains esprits en envisageaient l'hypothèse, l'événement demeurait assez incertain, pour ne pas dire virtuel. Ce que tout le monde savait, en revanche, c'est que les pays de l'Europe de l'Est se montraient de plus en plus impatients et que l'Union soviétique ne possédait plus les moyens militaires, ni sans doute le goût, des répliques brutales dont elle avait fait usage par le passé, déployant ses chars à Budapest ou à Prague. Ce que certaines personnes savaient par ailleurs, c'était le profond désir de réunification qui habitait les responsables allemands, qu'ils fussent d'un côté ou de l'autre. Aux yeux des deux camps, il s'agissait d'une question de principe : les Allemands de l'Ouest étaient prêts à faire un effort considérable pour aider ceux de l'Est qui, eux, ne rêvaient que d'échapper à l'écrasante tutelle soviétique.

J'ai gardé le souvenir précis d'un voyage effectué peu de temps avant de quitter la présidence du Parlement européen, en janvier 1982. Dans le cadre de la préparation du cinq centième anniversaire de la naissance de Luther se déroulaient de grandes manifestations en Allemagne de l'Est. Mon collègue allemand, Martin Bangemann, alors président du groupe libéral, avait insisté pour que je l'accompagne. J'avais d'emblée établi les limites de l'exercice en le prévenant :

« Ne m'entraînez pas dans un périple qui puisse être interprété comme une démarche visant à restaurer l'unité allemande, éventualité qui fait débat en France. » Sa réponse m'avait à la fois rassurée et surprise : « N'ayez crainte, il ne s'agit pas d'une manœuvre politique. J'aimerais simplement que vous preniez conscience qu'au fond, toutes nos racines sont en Allemagne de l'Est. » J'ai alors réalisé l'importance de l'aspect culturel du problème. Dès lors que l'on en mesurait l'ampleur, rien ne pourrait s'opposer à une prochaine réunification. Cela me fut d'ailleurs confirmé par un long entretien avec le représentant de Bonn auprès du gouvernement de la RDA, à Berlin, qui m'expliqua longuement que l'objectif ultime de sa mission était de préparer la réunification allemande.

Celle-ci ne devait cependant se produire que plusieurs années plus tard. Trois mois avant qu'elle ne survienne, tel un coup de tonnerre pour les esprits non avertis, j'avais été invitée à San Francisco, par le Club franco-américain, à parler de l'Europe. Dans l'avion, j'avais lu des déclarations de Willy Brandt affirmant que la réunification allemande n'était pas pour demain. Il faudrait du temps, affirmait l'ancien chancelier, pour que la situation se débloque, peut-être encore deux ou trois ans, comprenait-on à la lecture de l'article. Nous étions pourtant nombreux à avoir le sentiment que quelque chose couvait, et qu'après le bras de fer entre Reagan et Gorbatchev, les Hongrois étaient en train de forcer la porte. Très vite, ce furent les Tchèques qui, à leur tour, réussirent à passer sans encombre à l'Ouest. Toutefois, les Allemands de l'Est demeuraient coupés du monde occidental.

Quelques semaines plus tard, le 8 novembre, je me trouvais à Barcelone. J'y présidais, avec le président de la région de Catalogne, un colloque sur le thème de l'Euroméditerranée. Il s'agit là d'une préoccupation constante chez tous les dirigeants des pays européens qui ont une façade sur cette mer commune : quels types de relations entretenir avec le Maghreb et les Africains ? Je siégeais à la tribune lorsqu'on nous a fait passer un télégramme annonçant que les Allemands de l'Est ouvriraient le mur dès le lendemain et que la circulation serait libre. Le président Pujol a aussitôt lu le télégramme à l'assemblée. Les réactions ont été impressionnantes ; tous les Européens présents, pour la plupart membres du Parlement, pleuraient de joie et d'émotion, tandis que les Africains restaient assis sans parvenir à cacher leur inquiétude. Ils avaient immédiatement compris la portée des changements qui allaient se produire. Désormais, l'intérêt et l'aide que l'Europe apportait au Sud se reporteraient sur les pays de l'ancien bloc soviétique. Il y avait quelque chose de fascinant à voir ainsi, en direct, exploser l'espérance des uns et la crainte des autres devant les difficultés à venir.

Le colloque se terminait le soir même ; je suis aussitôt rentrée à Paris, comme prévu. Ce qui ne l'était pas, c'était de me rendre à Berlin dès le lendemain, avec Antoine, grâce à des amis journalistes qui nous réservaient deux places dans un avion privé. Nous avons ainsi pu vivre en direct, avec l'émotion que l'on devine, cette première journée de liberté. À la porte de Brandebourg, côté ouest, le mur était omniprésent. Des rangées de soldats se tenaient en ligne sur son faîtage, immobiles, l'arme au poing. On sentait pourtant que la menace qu'ils avaient si longtemps incarnée s'était évanouie. Aucun trouble n'agitait la foule présente, bien au contraire : le silence et le calme étaient absolus, impressionnants. De temps en temps, quelqu'un s'approchait du mur. Un des soldats lui adressait alors un signe et la personne s'éloignait de quelques pas. Puis le silence retombait sur la foule qui continuait à affluer vers le mur. Plus tard, dans la soirée, des brèches ont été pratiquées à différents endroits, et la joie a alors explosé.

Au niveau du Parlement européen, les débats se sont très vite polarisés sur une question précise : quel serait le statut de l'Allemagne de l'Est ? Juridiquement, il n'y avait pas de problème. Il existait dans le traité de Rome un codicille aux termes duquel il était prévu qu'en cas de réunification, l'Est se rallierait automatiquement au système politique de l'Ouest. La situation était donc prévue, mais les problèmes techniques posés n'en étaient pas moins réels. Une commission spéciale s'est donc rapidement mise en place pour examiner les dispositions nécessaires pour adapter le droit européen aux nouveaux territoires de l'Est. Certains d'entre nous se sont déplacés là-bas pour rencontrer les responsables, sans grand résultat d'ailleurs, car il n'existait aucune formation politique correspondant aux nôtres.

Chacun se rappelle la prudence avec laquelle François Mitterrand a accueilli ce processus de réunification. Ce que l'on sait moins, en revanche, c'est qu'il a dès 1991 organisé une conférence à Prague, à laquelle furent conviés les représentants des deux Allemagne, ainsi que des autres pays d'Europe de l'Est. Je m'y suis rendue avec la délégation française. Des commissions se sont aussitôt mises au travail, notamment pour savoir ce qu'il conviendrait de faire en matière de politique sociale et culturelle, dans la perspective d'une large confédération européenne. Pour ma part, je présidais une commission institutionnelle où siégeaient Robert Badinter et Maurice Faure, qui avaient tous deux reçu du Président français des instructions très strictes.

Détail significatif, je me rappelle que la délégation française avait distribué un papier à lettres orné d'une carte [1] sur laquelle figurait cette nouvelle Europe « confédérale » englobant la Russie, dont l'énorme masse à l'est de l'Union européenne ne laissait à celle-ci qu'un strapontin exigu. Lorsque Vaclav Havel, qui présidait la réunion d'ouverture, a découvert cette carte, il s'est écrié : « Cette Europe-là, jamais ! Nous n'en voulons pas. » Le cri du cœur reflétait la crainte que représentait toujours la Russie. On ne voyait qu'elle, alors que les États-Unis, bien entendu, ne figuraient pas sur la carte. C'était comme si l'Alliance atlantique était morte. En effet, la confédération que souhaitait Mitterrand nous détachait complètement de l'Alliance atlantique, ce qui était un véritable cauchemar pour les pays de l'Est. Ils savaient que, sur le plan de la défense, la Communauté européenne n'existait pas. La seule puissance qui les intéressait, surtout au lendemain de ces événements, c'étaient les États-Unis. La conférence partait donc mal.

---

1. Voir dernière page du cahier hors-texte.

D'emblée, l'ambiance fut tendue. Les commissions siégeaient sans désemparer, des journées entières. Celle que je présidais devait réfléchir à un projet politique définissant les relations entre l'Europe de l'Ouest et les pays de l'Est nouvellement libérés. Malgré les efforts des représentants français, la motion votée après trois jours de débats intenses, et souvent conflictuels, ne répondait en rien aux espoirs de François Mitterrand. Pendant la nuit qui a précédé la fin de nos travaux, j'ai dû faire un aller et retour à Barcelone, pour y recevoir un prix honorifique que les Espagnols tenaient à me remettre. Lorsque je suis rentrée, à cinq heures du matin, j'ai trouvé sous ma porte une lettre m'informant que les représentants des pays de l'Est ne pouvaient pas accepter les propositions de Robert Badinter et de Maurice Faure. Nous nous sommes retrouvés à huit heures pour dresser le constat de l'impasse. Le même jour, Vaclav Havel offrait un déjeuner de départ auquel étaient conviées les hautes personnalités. Lorsqu'il a appris que le projet de confédération avait été repoussé, François Mitterrand s'est mis en colère. Il nous a traités d'incapables. Après quoi, le silence est retombé sur toute cette affaire, que l'Élysée est parvenu à occulter. Il reste que, près de vingt ans plus tard, l'incompréhension demeure entière entre l'ouest et l'est de l'Europe. Jacques Chirac n'a toujours pas compris pourquoi les pays de l'Est se tournent vers les États-Unis.

Comment ne pas conserver une nostalgie de ce parcours européen au cours duquel j'ai rencontré tant de personnalités marquantes ? Je crois encore entendre

Helmut Schmidt me répéter, avec insistance, à propos
de la réunification allemande, au début des années
1980 : « Nous ne la verrons peut-être pas, mais nous
la préparons par tous les moyens, et notamment par
le sport, par la culture. » Il était d'une intelligence
aiguë, et disposait d'un esprit plus fin qu'Helmut
Kohl, qui en revanche m'impressionnait par la
vigueur de ses convictions. Je revois aussi Margaret
Thatcher, moins désagréable que sa légende ne l'a
affirmé. Lorsqu'elle a rendu visite au Parlement
européen, alors que son pays assurait la présidence du
Conseil, elle ne s'est pas acquittée, comme tant
d'autres chefs de gouvernement, d'une simple formalité. D'ailleurs, l'ambiance n'était pas à la politesse :
ce jour-là, les parlementaires de gauche arboraient un
brassard noir en signe de deuil... Quand Margaret
Thatcher a commencé à répondre aux questions qui
lui étaient posées, tout le monde a été surpris par sa
compétence et le brouhaha a fait place à un silence
attentif. J'ai ensuite déjeuné en tête à tête avec elle ;
c'était une femme sèche, assez dure, mais très au fait
de tous les dossiers.

Je conserve un souvenir particulièrement fort du
couple Clinton. Lui, chaleureux, sympathique, doté
d'une réelle présence. Elle, d'intelligence brillante,
s'exprimant avec une parfaite aisance, comme souvent
les hommes politiques américains en sont capables,
détaillant ses arguments avec efficacité et simplicité.
Je crois bien qu'à ce jour, elle est, avec la présidente sortante de Lettonie, Mme Vaira Vīķe-Frei-
berga, l'une des deux femmes politiques qui m'ont
fait la plus forte impression. Les autres présidents

américains me sont apparus assez conformes aux images que le grand public en a conservées. Ronald Reagan, remarquable comédien, était doué face à la caméra d'un sens instinctif de la parole, du geste et du regard. Bush père était sympathique, agréable et fin.

Parmi les nombreuses personnalités que j'ai rencontrées, en tant que présidente du Parlement, la personne qui m'a le plus fascinée demeure Anouar al-Sadate. Avec Claude Cheysson, j'avais eu l'idée de le convier, après son voyage à Jérusalem, à prendre la parole devant le Parlement européen. Au cours d'une séance tenue à Luxembourg, il s'est exprimé avec conviction et talent. C'était un homme hors du commun, charismatique. Lorsque nous avons déjeuné tous les deux, après la séance, et fort tranquillement, je lui ai demandé comment il allait régler le problème de Jérusalem. Il a souri avant de me répondre : « Le jour où il ne restera plus que la question de Jérusalem à régler, c'est que nous aurons beaucoup progressé, et alors, ne vous inquiétez pas : nous trouverons des solutions. » Bien des années après, comment ne pas déplorer que la situation israélo-palestinienne, loin de s'améliorer, soit devenue plus ardue qu'elle ne l'était alors ? À cette époque, pour un certain nombre d'Israéliens, l'hypothèse d'un État palestinien était quasiment acquise ; elle n'a cessé depuis de s'estomper.

Parfois, je repense également à toutes les actions menées durant mes treize années de présence au Parlement européen. J'ai ainsi présidé un groupe d'experts sur la libre circulation des personnes, où j'avais tenu à souligner que si les fonctionnaires de la

Commission étaient très européens, ils étaient de profil technocratique, souvent coupés des réalités nationales. Autre moment fort dans mes souvenirs : pendant dix-huit mois ou deux ans, j'ai pris part à la préparation du Sommet de la Terre, programmé à Rio pour 1992. À l'origine, il n'avait pas été prévu d'y traiter de la santé, mais l'OMS a comblé cette lacune et m'a demandé de présider un groupe de travail, ce qui m'a valu d'aller à Rio deux fois en une semaine, une fois pour y présenter le rapport, l'autre fois pour accompagner Mitterand, et d'assister ainsi à ce qui marqua le point de départ d'une politique mondiale de l'environnement.

Au fond, tout au long de ma vie, j'ai eu la chance de pouvoir m'investir à ouvrir des brèches dans le conformisme ambiant, de mettre en convergence les phénomènes de société et les cadrages juridiques. Depuis longtemps, je rêve d'un Davos consacré aux questions sociales, plus particulièrement à la santé. On voit bien que le financement de carrefours d'échanges de ce genre, nécessaires dans un monde qui change vite, fait problème. Lorsqu'il s'agit de l'économie, les ressources financières ne font pas défaut. Pour ce qui est du social, il n'y a jamais d'argent, sauf à « taper » les industriels de la pharmacie, ce qui jetterait un doute sur l'objectivité de ces débats. L'OMS n'a pas les moyens d'y pourvoir autrement que timidement, de loin en loin, comme elle l'a fait dans la perspective de la conférence de Rio sur l'environnement, à travers un échange de vues dont j'ai eu le privilège de présenter les conclusions.

Je constate plus généralement, en le déplorant, que

le principe de réalité entrave l'initiative et l'action. J'en ai fait à maintes reprises l'expérience. Lorsque j'ai quitté la scène européenne, je n'étais pas au bout de mes peines.

VIII

Bis repetita...

En dépit des difficultés rencontrées au fil de ces
années 1980, la vie me convenait. Depuis mon départ
de la présidence du Parlement européen, je siégeais
dans des commissions passionnantes, notamment celle
des droits de l'homme. Dans la mesure où les enfants
ne vivaient plus à la maison et où mon mari était
très pris par ses activités professionnelles, j'avais du
temps à consacrer à des voyages, nombreux et enri-
chissants.

C'est dans ces années-là que j'ai découvert l'ampleur de la tragédie du sida sur le continent africain.
Par le biais des contacts conservés dans le milieu
médical, j'avais pris la mesure du drame que cette
épidémie représentait en France. Aussi avais-je pris
l'habitude, quand je le pouvais, de me rendre le mercredi soir dans un hôpital du treizième arrondissement
où l'un des spécialistes du sida à l'OMS, le professeur
Kazatchkine, recevait des malades et des familles en
consultation. De nombreux patients n'avaient pas
d'autres disponibilités horaires à cause de leur travail ;
ne voulant pas que leur état soit connu, ils avaient

opté pour des visites discrètes. Ces consultations tiraient leur force et leur originalité d'être des moments de rencontres. Malades, familles et proches communiquaient librement entre eux, échangeaient des livres, écoutaient de la musique. L'atmosphère était d'autant plus poignante que la médecine ne disposait alors d'aucun traitement efficace et que la maladie conservait son caractère de tabou. Les nombreux malades dont les familles ignoraient l'état ou, pire encore, les avaient rejetés souffraient d'une angoissante solitude. La consultation du professeur Kazatchkine était leur ultime lieu d'accueil, le seul moment où, au cœur d'une vie éprouvante, ils pouvaient enfin se retrouver eux-mêmes et parler librement.

Très vite, j'ai commencé à explorer le sujet en Afrique, où nous savions que la maladie se répandait le plus rapidement. Ce que j'y ai découvert a achevé de m'ouvrir les yeux sur l'ampleur du drame sanitaire qui s'y déroulait, dans l'indifférence de l'opinion publique. Quand on essayait d'évoquer en France la situation en Afrique, cela n'intéressait personne. Je me rappelle avoir coprésidé pour le Parlement européen une réunion tenue à Versailles au début des années 1990. La Commission de Bruxelles avait obtenu des crédits relativement importants pour lutter contre le fléau. L'autre coprésidente pour l'Afrique était une jeune députée ougandaise qui, à ma surprise, a tenu des propos similaires aux miens : impossible, selon elle, de sensibiliser l'opinion africaine au drame du sida. Les Églises s'opposaient fermement à l'usage des préservatifs. Un ou deux ans plus tard, alors que j'occupais à nouveau le ministère de la Santé, j'ai connu les mêmes expériences. Philippe Douste-Blazy et moi étions parvenus à organiser une grande conférence internationale à Paris. Elle a failli être torpillée par des politiques qui craignaient que le sida nous serve de piédestal. Nous avons tenu bon, mais au prix d'une dépense d'énergie qui eût été mieux employée au service de la cause sanitaire.

Le 30 mars 1993, j'étais sur le point de m'envoler pour la Namibie où devait se tenir un important colloque sur le sida, organisé par l'assemblée des ACP, la structure qui regroupe les pays d'Afrique, des Caraïbes et du Pacifique. Je devais y représenter le Parlement européen. Quelques heures avant mon départ, je reçus un appel téléphonique du tout nouveau Premier ministre, Édouard Balladur, que François Mitterrand venait de nommer après la défaite cuisante des socialistes aux élections législatives. Je connaissais peu Édouard Balladur et n'avais guère d'opinion arrêtée sur lui. À mes yeux, il avait toujours abordé les situations politiques avec une grande prudence. Ma surprise fut grande de l'entendre me proposer de revenir au ministère de la Santé et des Affaires sociales avec rang de ministre d'État.

J'ai hésité pendant quelques instants à lui demander le ministère de la Justice. Je pense qu'il aurait pu me donner son accord, mais je me suis aussitôt ravisée. Malgré le vif intérêt que j'aurais trouvé à diriger une maison que je connaissais bien et que j'avais beaucoup aimée, je savais que, sans assise politique forte, la tâche qui m'y attendait serait difficile, sinon impossible. Lorsqu'il s'agit de prendre des décisions lourdes de conséquences, par exemple de donner le feu vert à des poursuites d'hommes politiques ou d'acteurs économiques de premier plan, il est impossible d'y parvenir sans un solide soutien. C'est un point souvent ignoré de l'opinion, autant que des hommes politiques les plus aguerris. Je me souviens d'avoir tenté d'ouvrir les yeux de Maurice Faure, pourtant vieux routier des cabinets de la IVe République, qui ayant refusé les Affaires étrangères, par crainte de surmenage, me disait combien il était heureux que François Mitterrand lui ait proposé le portefeuille « plus calme » de la Justice. « Détrompez-vous, lui avais-je répondu, il vous faudra subir des pressions plus fortes que dans n'importe quel autre ministère. » Quelques semaines plus tard, j'avais à nouveau recueilli ses confidences, qui ne m'avaient nullement surprise. « Vous aviez raison, c'est infernal. Je jette l'éponge. » Une telle conviction me venait du temps où, ministre de la Santé, j'avais vu mon collègue de la justice se débattre dans les problèmes de la chancellerie. Je m'étais alors souvent dit : « Si un jour je devais être garde des Sceaux, je crois que je préférerais me suicider plutôt que vivre ce qu'il vit. » Et puis, les expériences que j'avais jadis vécues au cabinet de René Pleven ne s'étaient pas déroulées sans difficulté. Malgré le prestige dont il jouissait et l'expérience politique qui lui permettait de résister aux pressions, je l'avais vu peu à peu usé par la fonction. La chancellerie avait d'ailleurs mis un terme à sa brillante carrière politique, ce qui l'avait attristé. J'osais donc à peine imaginer ce que serait mon propre quotidien place Vendôme, alors que je ne possédais ni son expérience ni son adossement politique. Au moment d'écrire ces lignes, dans un contexte qui ne s'est pas réformé, je ne peux m'empêcher de penser à Rachida Dati, dont la lucidité et le courage font mon admiration.

Revenons à 1993. Je n'avais jamais ressenti au ministère de la Santé les mêmes pressions, le même corporatisme. Le poste correspondait parfaitement à mes souhaits, comme à ce que je pensais être en mesure d'assumer. Mes combats, je les avais toujours choisis. La proposition du Premier ministre m'a donc satisfaite. Je lui ai pourtant demandé d'adjoindre à mes fonctions celles du ministère de la Ville, car je sentais que là aussi les choses bougeaient et que le nouveau gouvernement se devait d'y conduire une politique forte. Il a accepté, je crois sans trop comprendre ce qui pouvait m'intéresser dans cette mission. Il est vrai que l'action de mon charismatique prédécesseur, Bernard Tapie, avait certes mobilisé les jeunes, mais sans pour autant parvenir à maîtriser les maquis administratifs.

J'ai ainsi vécu l'expérience de la cohabitation et d'une ambiance d'autant plus lourde que François Mitterrand était très malade. Semaine après semaine, lors du Conseil des ministres, il nous arrivait d'attendre son arrivée pendant une demi-heure. Ensuite, le Conseil se déroulait dans une ambiance feutrée. Il durait quelques dizaines de minutes, le temps d'entériner les projets de loi et les nominations. Les communications étaient réduites au strict minimum. Tout avait été validé la veille, lors d'une réunion interministérielle à Matignon. J'étais assise à la droite du Président. Parfois, j'avais droit à une remarque acide parce que je prenais des notes, ce qui en principe ne se fait pas au Conseil. Puis, quand tout était expédié, nous nous séparions sans un mot, chacun retournant à son ministère.

Cependant, aussi évanescente qu'ait pu être la présence présidentielle, on ne peut pas dire qu'Édouard Balladur avait les mains libres. J'étais frappée de son extrême prudence, due sans doute à une courtoisie et à un sens hiérarchique sans faille, mais aussi au fait qu'il ne voulait pas mécontenter François Mitterrand. Sans doute jugeait-il la situation du pays suffisamment difficile pour qu'on n'y rajoute pas le triste spectacle d'un bras de fer permanent à la tête de l'État, comme la première cohabitation s'y était trop abandonnée. La France vivait alors une de ses très rares périodes de déflation, ce qui, après avoir ruiné le crédit de la gauche, réduisait à presque rien les marges de manœuvre du nouveau gouvernement.

Le déficit de la Sécurité sociale était devenu abyssal, ce qui ne simplifiait pas mon action. Du côté des dépenses, le diagnostic n'était guère difficile à établir. Agir sur lui était une autre affaire. La progression de la dépense était déjà constante. L'abus des médicaments en est une des causes. Il n'existe pas un pays au monde où l'on absorbe autant de médicaments que chez nous. Les récents efforts sur les génériques s'avèrent à ce titre porteurs d'économies, même si la réticence des patients demeure grande. Il faut y ajouter l'extrême souci du confort des malades, qui nous situe là aussi parmi les exceptions mondiales, et qui coûte fort cher ; j'entends par confort le volume spectaculaire des prescriptions d'arrêt maladie, inégalement contrôlées. Celles des caisses primaires et régionales, dont la gestion est rigoureuse, pèsent sur les taux d'arrêts maladie. C'était à l'époque, et c'est peut-être encore, le cas du Calvados. En revanche, des départements comme les Bouches-du-Rhône et les Alpes-Maritimes connaissaient des taux plus élevés. Toutes choses égales par ailleurs, en ce qui concerne les recettes, leur niveau varie en fonction de celui du chômage.

La gestion des hôpitaux est également à mettre en cause. Même si les ministres successifs l'ont sensiblement améliorée, ses résultats varient encore de façon criante selon la qualité des directions. Plus généralement, la carte hospitalière, comme celle des cours et tribunaux, n'a pas suivi l'évolution des populations. Ici, dans les agglomérations, il y a des lits dans les couloirs. Là, dans les petits hôpitaux de campagne, les actes chirurgicaux sont trop peu nombreux pour que le corps médical puisse acquérir l'expérience nécessaire qu'exige la sécurité de certaines interventions.

Comme si ce tableau n'était pas déjà assez noir, le passage aux trente-cinq heures a fait vivre par la suite aux hôpitaux une nouvelle et difficile épreuve, dont ils ne sont du reste pas sortis. Son application rigide a entraîné un bouleversement des tableaux de service et des nécessités croissantes d'embauches qui, ne pouvant être satisfaites par manque de crédits, n'ont fait que compliquer le quotidien hospitalier. La mesure a été d'autant plus maladroite que les infirmières bénéficiaient déjà d'horaires aménagés et d'une plus grande facilité d'accès à des indices de rémunération supérieure. C'était la condition pour ne pas voir se tarir un recrutement très difficile. Le passage aux trente-cinq heures, loin de résoudre le problème, n'a donc fait que l'amplifier. Aujourd'hui, le système semble être parvenu à ses limites. Quand on se rend dans un hôpital, au service des urgences ou ailleurs, il n'est pas rare de découvrir des lits dans les couloirs. Une telle situation n'est pas admissible dans un pays tel que le nôtre qui se targue, à juste titre, de posséder l'un des meilleurs systèmes de santé du monde. Pour combien de temps encore ?

À côté de ces facteurs de stricte gestion comptable, il en est d'autres sur lesquels notre maîtrise est nulle parce qu'ils tiennent à l'évolution de la durée de la vie. Je pense d'abord à l'allongement de sa durée, un énorme progrès qui n'est pas sans incidence sur les frais de santé. D'autre part, et là aussi on ne peut que s'en réjouir, les maladies graves sont bien mieux soignées que naguère. On sauve aujourd'hui beaucoup de vies précédemment perdues, ce qui entraîne un coût réel car les techniques de pointe sont très onéreuses. Enfin, dernier aspect du problème, aussi difficile à nier que délicat à résoudre, le nombre de personnes qui ne paient pas de cotisations sociales, mais sont prises en charge à cent pour cent n'a cessé d'augmenter. Même s'il y a là un tabou, aussi bien à droite qu'à gauche, il est évident que la couverture sociale des populations immigrées et sans travail coûte fort cher. Aussi les courbes ne cessent-elles de s'écarter : tandis que celle des dépenses n'arrête pas de croître, celle des recettes a tendance à fléchir. Difficile, dans de telles conditions, de penser qu'elles puissent se rejoindre... Mais tout aussi difficile d'admettre que ces deux courbes s'écartent indéfiniment et que le déficit de la Sécurité sociale continue de se creuser.

Il est plus difficile encore d'inventer des solutions immédiatement performantes. Je ne discerne pas plus les coupes sombres à effectuer dans les dépenses que les recettes supplémentaires possibles. Sans doute une responsabilisation plus grande des citoyens entraînerait-elle des économies significatives ; les ministres successifs s'y emploient avec plus ou moins de succès. Quant à une hausse des cotisations, on hésite toujours à l'envisager. Une participation financière plus importante des assurances complémentaires ne toucherait qu'une faible partie de la population, celle dont de nombreux hommes politiques soulignent avec raison qu'elle est déjà fortement taxée. Dans ces conditions, que faire ? Là comme dans d'autres domaines, les Français seraient bien inspirés d'examiner la façon dont les autres pays d'Europe ont traité, et parfois résolu, ce problème. Sans en connaître les détails, je sais que les Scandinaves ont procédé à de profondes réformes en matière de protection sociale. Connaissant leur système décisionnaire, on ne peut douter qu'elles aient été le fruit d'accords passés entre les partenaires sociaux. Nous ne tirerions que des avantages à étudier de près les évolutions qu'ils ont su mettre en place.

Une antienne française souvent entendue, particulièrement dans les propos des gens aisés, veut que

nous payions trop d'impôts. Je ne partage pas ce point
de vue. En soi, l'impôt est économiquement indispensable et socialement moral. Il est donc logique de
payer des impôts proportionnels à ses revenus. Les
Scandinaves sont plus lourdement taxés que nous,
mais ils vivent dans des pays plus égalitaires et où le
taux de chômage est inférieur au nôtre. Là encore,
les comparaisons avec les autres pays européens nous
aideraient à réfléchir à notre problématique.

En dépit des difficultés inhérentes à la cohabitation,
à mes yeux le régime le plus stérile que l'on puisse
imaginer, l'équipe gouvernementale à laquelle j'appartenais était enthousiaste et sympathique. Je me suis
bien entendue avec Pierre Méhaignerie, garde des
Sceaux dans ce gouvernement. Ensemble, nous avons
travaillé en bonne intelligence et de façon efficace
sur de nombreux dossiers. Alain Juppé était d'un
commerce agréable. Il fut à l'époque un excellent
ministre des Affaires étrangères, fin et attentif aux
réalités mondiales. Seule ombre au tableau : l'attitude
pour le moins frileuse de la France face au massacre
des Tutsis perpétré au Rwanda. Aujourd'hui encore,
cette affaire est loin d'être clarifiée. Sans doute la
France était-elle plus engagée dans l'affaire qu'on
pouvait alors le supposer. François Mitterrand, comme
ses prédécesseurs, soutenait les Hutus, et la cohabitation ne facilitait pas la tâche d'Alain Juppé. La politique étrangère, surtout africaine, restait à l'époque,
comme aux plus beaux temps du gaullisme, l'apanage
du président de la République et de quelques proches.
Pendant que, par tradition, nous soutenions les Hutus,

les Belges défendaient les Tutsis. Cette situation durait depuis longtemps ; en somme, comme à l'époque des luttes coloniales en Afrique, chacun avait choisi sa tribu. À cela s'ajoutait la méfiance du gouvernement français à l'égard d'une influence américaine que l'on sentait croître dans la région. Il n'en fallait pas plus pour alimenter l'affrontement entre les ethnies. De tout cela, et de bien d'autres dossiers, il était du reste impossible de parler dans le cadre institutionnel de l'époque. Autant que je m'en souvienne, la question fut à peine abordée en Conseil des ministres et jamais soumise à débat. Aujourd'hui, quand des journalistes viennent reprocher leur silence aux ministres de l'époque, comme cela s'est encore produit dernièrement à mon encontre, ils ne comprennent pas quels freins multiples le système de la cohabitation mettait à notre action.

C'est dans ce même gouvernement que j'ai fait la connaissance d'un homme aussi vif qu'intelligent, infatigable travailleur, exceptionnellement au fait de ses dossiers : Nicolas Sarkozy. Je me souviendrai toujours de la discussion que j'ai eue avec lui à propos de mon budget. Jeune ministre, *a priori* inexpérimenté, il connaissait nos chiffres mieux que la directrice du budget elle-même ! Depuis lors, ce jeune homme a fait parler de lui. Depuis lors, et sans faille, je lui ai conservé amitié et confiance. Nicolas Sarkozy aime se battre. Il n'est à l'aise que lorsqu'il défend ses convictions face à un adversaire de poids. À cet égard, on ne peut pas dire que les dernières élections présidentielles lui auront offert la possibilité d'un combat d'égal à égal. Je suis convaincue qu'il aurait préféré se retrouver face à Dominique Strauss-Kahn, homme d'expérience et de compétence, plutôt que face à Ségolène Royal, plus inconsistante, plus floue dans ses jugements bien que plus entêtée jusque dans l'erreur.

Cohabitation oblige, le gouvernement Balladur ne pouvait pas mener la politique qu'il aurait souhaitée, et plus les élections présidentielles se rapprochaient, plus les décisions étaient difficiles. Je n'ai pas été la seule à le déplorer. Par exemple, dans le domaine des retraites, nous n'avons fait qu'une partie du chemin sans parvenir à l'objectif que nous nous étions fixé. Concernant l'autre dossier chaud, celui de la Sécurité sociale, nous avions mis au point un plan important avec Raymond Soubie, spécialiste incontesté des affaires sociales et ancien conseiller de Jacques Chirac et de Raymond Barre à Matignon. J'aurais voulu que nous parvenions à transmettre un texte au Parlement afin de tester les réactions des députés et de l'opinion. Malheureusement, le calendrier a rendu la chose impossible. Édouard Balladur n'avait déjà pas plus envie de se voir contré par François Mitterrand que de se mettre l'opinion à dos. Dès qu'il eut fait connaître sa décision de se porter candidat à l'Élysée, les réformes de fond, nécessairement douloureuses, se trouvèrent différées. Comme c'est trop souvent le cas en démocratie, notre politique fit donc les frais des échéances électorales.

Toutefois, sur certains dossiers, qui, il est vrai, n'intéressaient pas grand monde, les ministres gardaient une marge de manœuvre. Sur la politique de la Ville, notamment, Matignon autant que l'Élysée m'ont laissé les coudées franches. J'ai pu ainsi régler beaucoup de problèmes directement avec le ministère du Budget. Si les bonnes relations que nous avions, Nicolas Sarkozy et moi, me facilitaient l'existence, les choses étaient plus compliquées avec le ministre de l'Intérieur Charles Pasqua. Ses responsabilités étaient très larges, et il entendait bien les exercer. Nos échanges n'étaient guère faciles, car à tout propos, il ramenait le débat au sujet qui lui tenait à cœur : la lutte contre la drogue. Il en agitait l'urgence comme un épouvantail. Ministre de l'Intérieur, il était certes en charge de la répression. Il ne paraissait pas convaincu de l'intérêt de l'éducation et de la prévention, dont j'étais responsable. Vis-à-vis des journalistes, il savait prendre le bon profil en parlant du rôle des médecins dans le domaine de la toxicomanie, alors qu'en réalité il privilégiait la répression. En 1994 devait se tenir une grande réunion sur les problèmes de la drogue au siège des Nations unies à New York, c'est Charles Pasqua qui devait y représenter la France. Au dernier moment, la décision a été prise de m'envoyer à New York à sa place.

Plus tard, lors de la campagne présidentielle, les discutables opérations de police qu'il a diligentées ont certainement porté préjudice à la candidature d'Édouard Balladur, lui-même peu informé de ces initiatives, comme j'en ai eu la preuve à l'avant-veille du premier tour, tandis que je m'apprêtais à participer à l'ultime émission de télévision de la campagne. Un conseiller m'a fait passer l'information qu'une affaire bizarre impliquant un juge était en train de sortir. J'ai aussitôt téléphoné à la chancellerie pour en savoir

davantage. On m'a appris qu'il pouvait s'agir là d'un
« coup fourré » de Charles Pasqua, et qu'il convenait
que je me montre très prudente dans l'émission. J'ai
donc louvoyé face à certaines questions qui m'étaient
posées, mais tout cela n'arrangea pas les affaires
d'Édouard Balladur. Beaucoup de personnes s'étonnaient que le ministre de l'Intérieur puisse ainsi agir
à sa guise. C'était ignorer que le pilier qu'il était de
l'appareil gaulliste était doublé d'un remarquable
organisateur en matière de grand-messes électorales.
Quand il s'agissait d'organiser des meetings ou des
colloques, il n'avait pas son pareil pour « faire la
salle ».

Au-delà des bâtons que Charles Pasqua pouvait me
mettre dans les roues, il est difficile de nier que le
ministère de la Ville n'est pas par définition des plus
calmes. Tous ceux qui y sont passés ont vécu des
épisodes dont ils gardent des souvenirs cuisants. À
l'époque à laquelle je me réfère, l'opinion était chauf-
fée à blanc. Les journalistes avaient l'habitude de préférer le spectaculaire à l'objectivité. Les voitures en
feu, les bandes de jeunes provocateurs, les interviews
agressives, tout était bon pour faire monter l'audience
en jouant de la sensation. Je me souviens d'avoir
effectué une visite dans un quartier où les habitants
étaient dans l'ensemble plutôt satisfaits de vivre et de
coexister, mais les caméras se focalisèrent sur le seul
individu qui protestait du contraire, et c'est lui qui
recueillit toutes les faveurs des journalistes. L'usage
est demeuré de n'évoquer que ce qui ne va pas. Du
coup, personne ne souligne le mérite de certains
maires. Une ville comme Marseille, par exemple, où

toutes les communautés sont mélangées, ne connaissait pratiquement pas d'incidents à l'époque. Il est
vrai que la vie communautaire y bénéficiait déjà de
soins attentifs. Le maire, Jean-Claude Gaudin, invitait
une fois par mois à la mairie tous les responsables
religieux, catholiques, protestants, juifs, musulmans
et même bouddhistes. C'est en procédant de la sorte
que chacun peut dialoguer avec les autres. Dans ce
contexte, les chefs religieux tiennent leurs ouailles
sans trop de difficulté car rien ne dresse les groupes
les uns contre les autres. Lorsque, à l'époque, j'ai
rendu visite à Marseille, j'ai été étonnée du calme
général. Le préfet, comme tous ses semblables, trem-
blait à l'idée d'une bavure au cours de la visite ministérielle. À l'entendre, il n'était pas plus question de
me rendre dans le quartier chinois que de visiter le
quartier musulman. En fait, il aurait été ravi que je
me contente de recevoir les notables à la préfecture.
Je n'étais pas venue à Marseille pour faire des monda-
nités ; je me suis donc rendue dans les différents quartiers réputés chauds, et j'y ai été fort bien accueillie.
J'ai pu dialoguer avec des aïeules qui luttaient contre
la drogue et refusaient de baisser les bras face aux
agissements de certains ados désœuvrés. Ce jour-là, à
Marseille, malgré le préfet, j'ai donc passé un moment
extraordinaire.

Plus tard, toujours dans le cadre de mes fonctions
gouvernementales, je me suis rendue à la Réunion.
Cette fois-ci, c'est le ministre des DOM-TOM, Dominique Perben, qui m'a mise en garde : « Surtout, n'en-
trez pas dans les quartiers. C'est épouvantable en ce
moment. Par exemple le Chaudron, il n'en est pas

question. » J'y suis allée, je n'ai rencontré que des gens accueillants et sensibles à la marque de considération que représentait à leurs yeux la visite d'un ministre de la République. Non seulement il n'y eut aucun incident, mais là, comme dans d'autres quartiers en difficulté, la conversation s'est engagée et chacun a pu faire part de ses problèmes et de ses attentes. Ces expériences de terrain au cœur de quartiers dont j'ignorais à peu près tout, le désir de dialogue de leurs habitants et la volonté affirmée d'appartenir à la communauté nationale, tout cela m'a fait réfléchir et beaucoup appris.

Par contraste, d'autres banlieues, particulièrement autour de Paris, souffraient et souffrent encore d'une atomisation de communautés repliées sur elles-mêmes. Il est en outre possible que la jeunesse ait évolué en dix ans, et qu'émergent certains problèmes jusque-là contenus. Ne soyons pas naïfs : par le biais de certains mouvements associatifs, la politisation a fait son chemin dans des milieux qui jadis lui demeuraient étrangers, sinon hostiles. Parallèlement, le phénomène religieux s'est déployé en tournant le dos à une société qui revendique haut et fort son caractère laïque. De plus en plus de mères refusent de parler français et portent le voile. Des jeunes femmes refusent, *motu proprio* ou non, d'être examinées ou accouchées par un médecin de sexe masculin. D'où le caractère violemment antifrançais de minorités que les médias montent en épingle, ayant compris qu'il suffit de peu de chose pour que le climat devienne explosif. C'est la principale leçon des émeutes de novembre 2005. En même temps, ainsi que le confirment les témoignages de nombreux enseignants, beaucoup de jeunes désirent s'intégrer et agissent avec détermination en ce sens. À nous de les y encourager et de savoir les accueillir. Bref, le paysage social que nous offrons est contrasté et il convient d'éviter les jugements à l'emporte-pièce. Lors d'un dîner récent, un ami marocain qui a effectué toutes ses études de médecine en France soutenait que la Grande-Bretagne se montrait plus hospitalière envers les étrangers que la France. Je n'ai pas pu m'empêcher d'intervenir. Si Londres est en effet une ville ouverte aux étrangers qui ont de l'argent, les quartiers pakistanais font tellement songer à de misérables ghettos que les responsables politiques commencent à remettre en cause le sacro-saint modèle anglo-américain du communautarisme. En matière de politique d'accueil des étrangers, comme lorsque nous jugeons de la capacité d'intégration des personnes issues de l'immigration, prenons donc garde que l'arbre ne nous cache pas la forêt.

Évitons surtout la langue de bois et les idées reçues. Pour ma part, je ne suis pas hostile au principe d'une immigration choisie. D'ailleurs, elle se met en place un peu partout en Europe et ailleurs, par exemple au Canada. Le principe en est simple : il s'agit pour chaque pays d'ouvrir sa porte en fonction de ses propres besoins démographiques. Il est normal que les Italiens, qui connaissent depuis des années une natalité très basse, soient plus accueillants à l'égard des étrangers que d'autres nations, comme la France, qui bénéficient d'une démographie plus forte.

Lorsque est venue l'heure du choix d'un candidat en vue des élections présidentielles, j'ai opté sans hésitation pour Édouard Balladur. Malgré le sentiment de n'avoir pas fait tout ce que je souhaitais, j'estimais, compte tenu de tous les obstacles qu'il avait fallu surmonter, que l'action gouvernementale menée sous son autorité conduisait à un bilan honorable. Par ailleurs, l'esprit réformiste mais mesuré du Premier ministre me paraissait de bon augure pour l'avenir. Là-dessus, Jacques Chirac est à son tour entré en campagne, comme chacun s'y attendait. Nous étions alors loin de nous douter de ce qui allait se produire : la lutte fratricide entre les « amis de trente ans ». Après un début de campagne terne, Jacques Chirac a opéré une remontée spectaculaire qui devait le conduire à la victoire finale, tandis que la défaite d'Édouard Balladur apparaissait de plus en plus probable. Il est vrai que mener campagne face à Jacques Chirac n'a jamais été chose facile. En l'occurrence, le différentiel entre les deux candidats était trop marqué. D'un côté, un animal politique sans équivalent dans sa génération, grand adepte du serrement de mains et de la dégustation de produits du terroir, de l'autre, un haut fonctionnaire peu porté à distinguer une carotte d'une laitue sur un marché. En outre, hasard ou non, les coups se mirent rapidement à pleuvoir sur le Premier ministre candidat. À l'automne précédent, les démissions du gouvernement, pour cause d'« affaires », de certains de ses ministres, bientôt suivies de l'incarcération d'Alain Carignon, ne lui avaient guère porté préjudice, mais l'affaire Schuller-Maréchal, pilotée par Charles Pasqua, ne put qu'éclabousser le chef du gouvernement. Le ministre de l'Intérieur apparut alors comme un allié encombrant, ce qui plomba sévèrement le score d'Édouard Balladur.

Jacques Chirac fut donc élu, mais dans un climat politique dégradé. De là découlèrent de longues séquelles au sein du RPR, ainsi que des difficultés pour l'équipe arrivée au pouvoir. Dans le domaine de la santé, par exemple, le parti gaulliste avait battu les records de démagogie pour gagner les suffrages des médecins. Il avait promis monts et merveilles en cas de victoire de son candidat, assurant qu'on ne chipoterait plus sur les conventions et que les honoraires connaîtraient une hausse substantielle. Il en fut de la sorte dans de nombreux domaines, alors que le pays traversait les pires difficultés. Ce furent autant de promesses qu'Alain Juppé, devenu Premier ministre, allait payer très cher. Ceux qui avaient choisi le camp d'Édouard Balladur avaient perdu tout crédit aux yeux de Jacques Chirac. On le vit bien avec Nicolas Sarkozy, qui entama alors une longue traversée du désert.

Très vite, j'ai été sollicitée pour présider le Haut Conseil à l'Intégration, y succédant à l'ancien président du Conseil d'État, Marceau Long. C'est le Premier ministre Alain Juppé qui me l'avait demandé. Nous travaillions sur les questions d'égalité des chances, qui commençaient alors à préoccuper légitimement la société française. Notre tâche consistait à faire des propositions ; notamment, le Haut Conseil avait déjà à l'époque préconisé que la télévision publique accueille des présentateurs plus diversifiés. Sur le moment, nous n'avons guère été entendus. Ensuite, lorsque la gauche est revenue au pouvoir à la suite de la dissolution de l'Assemblée nationale, j'ai quitté cette fonction.

Ce ne furent pas mes seules occupations durant cette période. Après la défaite d'Édouard Balladur et la formation du gouvernement Juppé, j'avais pris la décision d'adhérer à un parti politique. Mon choix allait de soi : c'était l'UDF. Je choisis la filière de l'adhésion directe, car je ne souhaitais pas passer par l'un des partis qui constituaient le gros des troupes de la confédération et m'enfermer dans un jeu d'appareil, pour lequel je ne me sentais aucune vocation. J'adhérais au mouvement centriste par fidélité à des principes qui étaient les miens depuis toujours : nécessité de la construction européenne, conception ouverte et démocratique de la vie politique, dimension réformiste et sociale de l'action à mener. À cette époque, l'UDF était présidée par François Léotard, avec François Bayrou comme secrétaire général. Valéry Giscard d'Estaing s'en occupait d'assez loin. J'ai participé à un certain nombre de réunions sans parvenir à me passionner pour la stratégie politique elle-même ; j'étais venue pour soutenir un courant de pensée, non pour me faire élire à un poste quelconque.

Au demeurant, mon militantisme fut de si courte durée que la question ne se posa même pas. En novembre 1997 était organisée une journée de réflexion au cours de laquelle j'espérais que nous discuterions enfin de thèmes généraux intéressant la société française. En l'absence de François Léotard, retenu à un colloque sur le Front national, la séance était présidée par François Bayrou. Un certain nombre de sujets furent abordés, notamment celui de la parité entre hommes et femmes, à laquelle François Léotard avait fait savoir qu'il était favorable. Ensuite, l'échange de vues s'étendit au Front national et aux problèmes d'immigration. Je fis part des travaux du Haut Conseil à l'Intégration, en insistant sur l'urgence de positions claires sur les questions concernant les étrangers. Le débat s'engagea. Je me suis un peu enflammée, rappelant qu'il fallait avancer sans crainte sur toutes ces questions de société. Je trouvais que l'UDF demeurait trop timide, trop soucieuse de ne pas heurter la droite, et que le temps était venu pour elle de se définir clairement. Quelle ne fut pas alors ma surprise d'entendre François Bayrou m'en faire le reproche. « Avec de telles idées gauchistes, vous allez faire fuir notre électorat ! » m'a-t-il soudain lancé. Je ne me le suis pas fait dire deux fois. La réunion devait se poursuivre l'après-midi. Je n'y suis pas retournée.

J'ai ainsi quitté l'UDF, sans regrets. Je devrais plutôt savoir gré à François Bayrou de m'avoir pratiquement mise à la porte. Tout bien pesé, je n'étais pas faite pour de telles pratiques. Je manque de la souplesse nécessaire et, de surcroît, je suis incapable de travestir mes convictions. À partir de ce moment, je n'ai plus fréquenté aucune formation politique, UDF ou autre, et je ne m'en suis pas plus mal portée. Qu'aurais-je pu y apprendre, qu'aurais-je pu y faire ? Rien. Je n'ai jamais eu le désir de faire carrière et entends rester fidèle aux principes qui sont les miens. La politique me passionne, mais, dès qu'elle devient politicienne, elle cesse de m'intéresser.

IX

Vu de Sirius

Le hasard fait parfois bien les choses. Trois jours
après avoir quitté l'UDF, le président du Sénat, René
Monory, m'a priée de venir le voir : « Il va y avoir
un renouvellement au Conseil constitutionnel, me dit-
il. Trois nouveaux membres doivent être nommés par
le président de la République, celui de l'Assemblée
nationale et moi-même. Il me paraît souhaitable qu'une
seconde femme siège dans cette instance presque
exclusivement masculine. Seriez-vous intéressée ? »
Noëlle Lenoir, nommée par Henri Emmanuelli, était en
effet la première et seule femme à siéger au Conseil
constitutionnel. René Monory ajouta un second argument, auquel je ne pouvais rester insensible : mes
convictions européennes. Puis il apporta une précision
qu'il avait, je le sentais bien, du mal à me livrer : « Simplement, il faudra que vous quittiez la vie politique. »
Je l'ai aussitôt mis à l'aise. « Vous ne pourriez pas
mieux tomber. La vie politique pour moi, c'est terminé. »

René Monory était satisfait de mon accord. Quant
à moi, je me réjouissais de retrouver le monde du

droit, que j'avais pratiqué et aimé, et de me mettre à nouveau au service de la politique, mais cette fois à une certaine distance. Un détail m'échappait : pourquoi le président du Sénat me faisait-il part de ses intentions plusieurs mois avant la date de nomination des trois nouveaux membres du Conseil ? René Monory m'apporta la réponse. « Il convient de garder toute discrétion sur nos contacts. N'en parlez à personne, car je suppose que si la chose s'ébruitait, on essaierait de me faire changer d'avis. Ce serait d'ailleurs peine perdue, et vous pouvez compter sur ma résolution. » J'en suis restée sans voix. Décidément, les arcanes du pouvoir me seraient toujours étrangers...

L'affaire s'est déroulée comme René Monory l'avait prévue. À l'approche de la date de nomination, il a le premier fait connaître son choix, ce qui a énervé Jacques Chirac. « Je subissais de telles pressions, m'a dit le président du Sénat, que j'ai préféré annoncer ma décision dès aujourd'hui, pour couper court à toutes les manœuvres. »

Les trois nouveaux membres ont prêté serment le 3 mars 1998, pour un bail de neuf ans, qui a pris fin le 3 mars 2007. Ce mandat était évidemment assorti d'un devoir de réserve sans faille, tant sur les travaux du Conseil que sur la vie politique du pays. Aujourd'hui, au terme de ce parcours, je me sens autorisée à faire part de mon sentiment sur une institution généralement mal connue de nos concitoyens.

On s'étonne parfois de la durée du mandat des membres du Conseil. Jugée excessive, je la crois, au contraire, justifiée. La fonction requiert non seulement de l'expérience, mais de la stabilité, de la profondeur de champ. Dans d'autres pays, d'ailleurs, les membres des cours constitutionnelles sont nommés à vie. C'est le cas à la Cour suprême des États-Unis, dont les juges disposent de pouvoirs plus importants que chez nous puisque la Cour peut se saisir elle-même, faculté dont notre Conseil constitutionnel ne dispose pas. Du coup, certaines lois, non déférées au Conseil, mais dont telle ou telle disposition serait constitutionnellement contestable, sont consacrées dès lors qu'elles sont publiées au *Journal officiel*.

La mission des membres du Conseil est passionnante. Tous ont à cœur de conduire une authentique réflexion sur le droit et la politique. Anticiper ce que les textes qui leur sont soumis donneront dans la pratique, vérifier leur conformité à l'esprit et à la lettre de la Constitution, relever les points de divergence, autant de travaux riches d'enseignements et de conséquences.

Chemin faisant, on rencontre toutes sortes de situations. C'est ainsi que l'on voit passer des textes que l'on n'approuve pas sur le fond, mais qui n'autorisent aucun grief juridique. Fort heureusement, pour la plupart d'entre eux, les membres du Conseil constitutionnel possèdent une solide formation de juriste, doublée d'une longue pratique politique ou administrative, que leur passé politique se situe à droite ou à gauche. Après des débats sans complaisance, le sens du consensus l'emporte souvent dans un climat de convivialité. Le Conseil est ainsi une sorte de club. L'ambiance y est souriante, décontractée, la règle du silence à l'extérieur, telle qu'elle procède de l'obligation de réserve, crée une manière de complicité.

Depuis la naissance de la Ve République, le positionnement de cette institution a considérablement évolué. Initialement, aux termes de la Constitution de 1958, qui l'a mis en place, son intervention était extrêmement rare, dans la mesure où il ne pouvait être saisi que par le président de la République, celui de l'Assemblée ou celui du Sénat. Rien de surprenant à cela : de Gaulle n'était pas porté sur les contre-pouvoirs. Ce point de vue a durablement marqué nos gouvernants puisque, pendant très longtemps, la saisine est demeurée exceptionnelle. Il est vrai que le phénomène majoritaire que la France a connu sans éclipse pendant près d'un quart de siècle, de 1958 à 1981, évacuait la plupart des problèmes ; le travail législatif fonctionnait alors sans accident de parcours. Un premier changement est intervenu en 1971, lorsque le Conseil a été saisi d'un important texte sur la sécurité. Pour justifier l'annulation alors prononcée, il a été conduit à se référer aux préambules de nos Constitutions, celle de 1958, mais aussi celle de 1946, qui énoncent les principes fondamentaux de la République. Par la suite, cette démarche a été inscrite en quelque sorte dans le marbre du Conseil constitutionnel et ce dernier peut désormais se référer aux valeurs de la République. Aussi voit-on souvent les principes d'égalité ou de liberté servir d'adossement explicite à de nombreuses décisions. Les membres du Conseil constitutionnel ont ainsi établi une sorte de jurisprudence, qui n'est pas contestée.

La réforme majeure du Conseil constitutionnel est

intervenue en 1974, dès l'élection de Valéry Giscard d'Estaing à la présidence de la République. Le droit de former recours contre tout texte législatif a été en effet étendu à tout groupe d'au moins soixante députés ou sénateurs, à condition bien entendu que la saisine intervienne avant la publication de la loi. Dès le vote définitif du texte, le Conseil constitutionnel, dûment saisi, est donc tenu de se prononcer dans de brefs délais. Cette réforme fondamentale des conditions de sa saisine a fait du Conseil un véritable agent régulateur de notre vie démocratique. C'est d'ailleurs dans cet esprit que l'avait conçue Giscard, observant que le scrutin majoritaire aboutissant à un soutien généralement sans faille du gouvernement en place, il convenait de donner un contre-pouvoir réel à l'opposition. Les gaullistes ne s'y sont d'ailleurs pas trompés, qui se montrèrent à l'époque fort réticents à l'égard de la réforme. Depuis lors, le nombre des saisines n'a cessé de croître. Après l'élection de François Mitterrand, l'opposition de droite, naguère encore réticente, a emboîté le pas à une pratique dont elle découvrait soudain l'intérêt. Désormais, chaque fois qu'un texte touche à des questions économiques ou à des situations sociales, comme les projets de loi sur l'immigration, la saisine du Conseil est quasi automatique. La censure porte éventuellement sur tel ou tel des points soulevés par le recours.

Un cas particulier de saisine mérite d'être évoqué. Lorsqu'il était président de l'Assemblée nationale, Philippe Séguin a saisi le Conseil pour voir confirmée la loi bioéthique. Il ne s'agissait pas là d'un recours de type classique, mais de conférer un poids et une légitimité supplémentaires à un texte qui, du point de vue éthique, pouvait poser problème. Pour ma part, j'y ai vu une heureuse initiative, dont je regrette qu'elle ne soit pas plus fréquente. C'est la saisine pour confirmation, et non pour censure. Faut-il aller plus loin ? Depuis des lustres, l'ouverture de la saisine du Conseil au simple citoyen, à l'image de ce qui se fait dans d'autres pays, a été fréquemment évoquée. Certains pensent qu'elle serait bénéfique.

Autre question : le Conseil est-il saisi seulement du recours lui-même, c'est-à-dire des arguments invoqués dans la saisine, ou de l'ensemble du texte incriminé ? Jusqu'à maintenant, il s'est volontairement tenu à l'objet du recours, mais on pourrait imaginer qu'il étende le champ de son examen à l'ensemble du texte de loi qui lui est déféré.

Durant les années où j'ai siégé au Conseil constitutionnel, le problème de la primauté du droit communautaire sur la législation française a longuement été débattu. Aujourd'hui, et depuis 2004, la question a été tranchée. Le droit communautaire prévaut désormais, ce qui correspond à une nécessité incontournable dans le cadre d'un marché unique, sans pour autant qu'au point de vue politique la souveraineté française soit menacée. Aussi le Conseil a-t-il, avant le référendum de 2005, avalisé le projet de Constitution européenne.

Pour ce qui me concerne, la militante de l'Europe que je suis avait sollicité et obtenu du président Mazeaud un congé, sans solde, faut-il le préciser, pour prendre part à la campagne qui précéda la consultation populaire. C'est dire combien le rejet du texte a été, à mes yeux, catastrophique. Sans doute était-ce une erreur que de soumettre ce projet à référendum. Il est clair que le projet de traité constitutionnel aurait recueilli une majorité massive devant le Parlement contrairement au résultat qui sortit des urnes. Certains ont toutefois approuvé Jacques Chirac d'avoir pris ce risque, au nom de l'importance de l'enjeu. Ils perdent de vue que telle n'était sans doute pas sa motivation. Comme souvent, celle-ci était purement politique, j'allais écrire politicienne. Le Président pensait que le référendum mettrait en difficulté l'opposition, ce qui s'est d'ailleurs avéré, mais son principal résultat fut autre : la manœuvre se retourna en boomerang contre son auteur, et l'Europe entra, du fait de la France, dans une longue parenthèse de paralysie institution-nelle et fonctionnelle, tandis que l'Élysée, le gou-vernement et le pays se retrouvaient durablement affaiblis. Pour une large part, le référendum avait donc fonctionné comme la revanche de 2002.

Jusqu'alors, et depuis un demi-siècle, la France avait toujours constitué, avec l'Allemagne, le moteur de la construction européenne. En paralysant la construction de l'Europe, notre pays s'est lui-même bloqué. Au moment où j'écris ces lignes, quelques mois après l'élection de Nicolas Sarkozy, il convient de constater, avec bonheur, que le nouveau Président s'est acquis le mérite, aux yeux de l'histoire, d'avoir eu, à la différence de Ségolène Royal et de François Bayrou, le courage de dire clairement aux Français que le référendum était une impasse, puis une fois élu de proposer à nos partenaires un processus de réformes qui a replacé notre pays, non certes sans dommages résiduels, dans le débat européen d'où il était exclu.

La récente campagne présidentielle ne m'a pas pour autant réconciliée avec l'élection du Président au suffrage universel, même si son résultat a été conforme à mes vœux. Je ne suis pas davantage séduite par le quinquennat, et je ne conteste pas que les réticences que m'inspirent nos institutions relèvent peut-être du paradoxe chez quelqu'un qui a dû, au Conseil constitutionnel, veiller pendant neuf ans à leur respect. Quoi qu'il en soit, j'ai toujours été hostile, sinon à la Constitution de 1958, en tout cas à la pratique à laquelle elle a conduit. Il y a quelque vingt-cinq ans, j'ai donné une longue interview à Pierre Nora pour sa revue *Le Débat*, dans laquelle je faisais part de ma surprise. Je siégeais au Parlement européen, et j'avais pu juger par comparaison avec nos partenaires combien l'absence de dialogue démocratique, que l'on déplorait tant en France, était due à notre pratique institutionnelle et aux déséquilibres auxquels elle conduit, sans pour autant assurer l'efficacité de l'exécutif. Plus tard, nous avons découvert que la cohabitation ne réduit pas l'ankylose, bien au contraire.

Par différence avec la nôtre, je trouve que la Constitution allemande donne à nos voisins une bonne respiration démocratique. Certes, elle a été rédigée avec tout le soin nécessaire, au lendemain de la défaite de l'Allemagne, pour garantir dans ce pays le respect de la démocratie. Elle assure à la fois, me semble-t-il, un bon équilibre des pouvoirs, un dialogue de qualité, une efficacité de l'exécutif que je ne retrouve pas chez nous.

J'admire aussi le jeu de la démocratie aux États-Unis, quelles que soient les réserves que m'inspire l'administration Bush. La Grande-Bretagne, elle, se passe fort bien d'une Constitution formelle. C'est une authentique démocratie.

En tout cas, il est clair que notre mode d'emploi institutionnel n'a pas fini de faire problème.

J'ai aimé que le Conseil constitutionnel se préoccupe de la lutte contre les discriminations.

Dans cette matière, je suis hostile aux amalgames hâtifs et aux interprétations simplificatrices. Pour moi, par exemple, l'égalité entre les sexes n'est pas la négation de leurs différences, qui ne sont pas seulement physiques, n'en déplaise à quelques sociologues intégristes. Disons-le clairement. Je suis favorable à toutes les mesures de discrimination positive susceptibles de réduire les inégalités de chances, les inégalités sociales, les inégalités de rémunération, les inégalités de promotion dont souffrent encore les femmes.

Avec l'âge, je suis devenue de plus en plus militante de leur cause. Paradoxalement peut-être, là aussi, je m'y sens d'autant plus portée que ce que j'ai obtenu dans la vie, je l'ai souvent obtenu précisément parce que j'étais une femme. À l'école, dans les différentes classes où j'ai pu me trouver, j'étais toujours le chouchou des professeurs. À Auschwitz, le fait que je sois une femme m'a probablement sauvé la vie puisqu'une femme pour me protéger m'avait désignée pour rejoindre un commando moins dur que le camp lui-même (cf. supra). Si l'existence ne m'a guère épargnée, j'ai, en revanche, croisé bien des gens qui m'ont protégée. Tout cela pour dire que ma position actuelle ne saurait être interprétée comme une revanche personnelle. Elle tient en une seule phrase : les chances, pour les femmes, procèdent trop du hasard, et pas assez de la loi ou plus généralement de la règle du jeu. Réciproquement, je suis convaincue que la société ne peut que bénéficier de l'apport spécifique, pour elle, de la réduction des inégalités dont souffrent les femmes, plus en France du reste que dans les autres pays de l'Union, car chez nous les directives européennes sont, dans ce domaine, allègrement méconnues.

Un mot encore, à propos de la discrimination positive. Il est inutile de la proclamer à son de trompe. Il est préférable de la pratiquer. Nul besoin pour cela d'employer de grands mots, qui ne peuvent qu'ameuter les idéologues de l'égalitarisme républicain, non plus que de débattre de quotas sur lesquels personne ne s'accordera. Ici comme ailleurs, notre pays s'engage trop volontiers dans des débats théoriques qui portent sur les principes et négligent les réalités de la société. Pendant que l'on fait des ronds de jambe sur la parité, je suis bien obligée de constater qu'il n'y a plus que deux femmes, sur neuf, membres du Conseil constitutionnel. « De mon temps », comme on dit, nous étions trois.

Il est vrai qu'il n'y a aucune exigence juridique à la parité. À l'automne 1995, après l'épisode des « Juppettes », Alain Juppé ayant renvoyé à leur foyer les deux tiers des femmes membres de son gouvernement, nous nous sommes réunies, dix femmes de droite et de gauche, pour tenter de faire progresser la parité dans les élections politiques. En dépit de l'aménagement constitutionnel intervenu à l'époque, les formations politiques persistent à méconnaître la règle, chaque fois qu'elles le peuvent, préférant payer les pénalités prévues.

La problématique de l'inégalité des chances et des mesures correctives qu'elle appelle, chacun sait bien qu'elle va très au-delà de la question de la parité entre les hommes et les femmes. Elle est évidemment au cœur des questions d'intégration et de cohésion sociale. Là aussi, la discrimination s'impose. De temps à autre, on assiste à de courageuses initiatives. On a beaucoup parlé de celle prise par le directeur de Sciences-Po, Richard Descoings, ouvrant une filière de recrutement réservée aux élèves des banlieues. Après l'inévitable levée de boucliers qui a suivi sa décision, tout le monde a bien été obligé de reconnaître les conséquences positives de sa démarche. Il faudrait que cela fasse école.

X
Le mouvement

Lorsqu'en mars dernier, j'ai quitté mes fonctions au Conseil constitutionnel, personne n'aurait dû être surpris que, libérée de l'obligation de réserve, je prenne fait et cause pour la candidature de Nicolas Sarkozy. Quelles qu'aient été mes réticences et quelles que demeurent mes interrogations sur la dérive présidentialiste de nos institutions, je pensais que la France, assoupie maintenant depuis un quart de siècle, vivant largement à crédit, sur le dos de nos partenaires européens, sur le dos surtout des générations futures, avait besoin d'un électrochoc que seul Nicolas Sarkozy était en mesure de lui administrer. J'étais au surplus indignée par la manière dont toutes sortes de gens le diabolisaient. La suite m'a donné à penser que je n'avais pas eu tort.

Ayant ainsi tourné la dernière page d'un chapitre ouvert il y a plus de trente ans, celui d'une action politique au service de mon pays et de l'Union européenne, je voudrais souligner, l'œil dans le rétroviseur, ce qui m'apparaît comme la continuité d'un parcours, sans perdre de vue ce qui est devant nous.

Dans les différentes fonctions que j'ai occupées, au gouvernement, au Parlement européen, au Conseil constitutionnel, je me suis efforcée de ne pas faseyer, plaçant mes actes au service des principes auxquels je demeure attachée par toutes mes fibres : le sens de la justice, le respect de l'homme, la vigilance face à l'évolution de la société. Aujourd'hui, d'une certaine façon, je ne ferme pas la boutique de mes idées, et si je travaille moins que naguère, je persiste à défendre les causes qui me paraissent justes, dans le contexte des réalités contemporaines. Ainsi, je fais effort pour que mon regard demeure objectif et net de tabous. Il n'a donc pas la noirceur de celui des déclinologues dont nous sommes entourés. Tout n'est pas parfait en France, mais nos atouts, et notamment la vigueur de notre démographie, devraient nous permettre de surmonter nos handicaps, même si certains de ceux-ci sont solidement enracinés.

Nicolas Sarkozy a fait campagne sur le thème de la « rupture ». Son élection a constitué un électrochoc. Il convient désormais de remettre la France en mouvement, notamment dans les domaines clés de l'éducation, du travail, du logement, de la santé, de la justice, de la réforme de l'État.

L'éducation, parce que c'est ce qui commande le destin de la jeunesse. Soit dit en passant, on voit bien que dans ce domaine, la gratuité, totale ou partielle, c'est-à-dire la prise en charge, pour l'essentiel, par la collectivité, devrait induire une action d'orientation plus incitative que celle que l'on constate.

Cela dit, on est là dans un domaine où le corporatisme est roi. Le syndicalisme, à l'Éducation nationale, est à la fois tout-puissant et conservateur. Lorsque Claude Allègre a vitupéré le mammouth, je n'ai pas été choquée. Les ministres de l'Éducation qui ont souhaité perdurer sont ceux qui ont fait le moins de vagues, demeurant sagement à l'écoute des syndicats.

Il existe là, cependant, un gisement considérable d'énergies qui, démentant l'immobilisme ambiant, se manifestent à travers les initiatives d'un grand nombre de professeurs. J'en ai recueilli de nombreux exemples. Au niveau des universités, j'ai été marquée par ma rencontre, en 2005, avec le président de Paris-XIII à Villetaneuse, Alain Neuman. Il souhaitait honorer du titre de docteur *honoris causa*, entre autres personnalités, Yossi Beilin et Yasser Abed Rabo, anciens ministres, l'un israélien, l'autre palestinien, et m'avait sollicitée de leur remettre leur diplôme. J'ai découvert un personnage exceptionnel d'intelligence et d'humanité, qui m'a fortement impressionnée. Il avait organisé une manifestation émouvante. Il m'a ensuite parlé des excellents résultats de son université, précisant que la majorité de ses étudiants sont originaires d'Afrique ou du Moyen-Orient, issus de familles souvent illettrées. Quelques mois plus tard, après les émeutes de novembre 2005, comme je lui demandais si son université avait été agitée, il m'a dit n'avoir rencontré aucune difficulté. Récemment, j'ai appris qu'il avait proposé à Sciences-Po d'ouvrir une antenne à Villetaneuse. On le voit, cet universitaire ne risque pas d'être gagné par l'immobilisme.

Le cas est loin d'être unique. Je suis en relation avec une jeune femme dont les élèves préparent des diplômes de dactylographie et de comptabilité, ce qui ne limite en rien ses exigences intellectuelles et culturelles. Elle a successivement conduit sa classe de Noisy-le-Sec à Auschwitz, puis au Maroc, à la rencontre de femmes musulmanes avec lesquelles elle a établi un partenariat. Née en France, elle est elle-même musulmane. Élisabeth Guigou et moi partageons la même admiration pour son travail et sa personnalité et lui prodiguons, chaque fois que nous le pouvons, des signes d'encouragement et d'amitié.

Ces exemples prouvent qu'on peut obtenir des résultats spectaculaires dans ce milieu réputé inerte, pour peu qu'on soit motivé et qu'on refuse de s'en tenir à la rigidité des programmes. Lorsqu'il m'arrive de parcourir la littérature qui émane de ce ministère, je suis atterrée. Hors toute considération idéologique, on voit bien qu'il s'agit, en chambardant constamment programmes et méthodes, d'innover à tout prix. Le discours politiquement et syndicalement correct ne tend pas à élever les esprits, mais au contraire, au motif d'égalité, à niveler par le bas les programmes.

La réticence globale, pour m'en tenir à un euphémisme, du système éducatif à toute symbiose avec le monde de l'entreprise constitue un facteur de blocage qu'il faudra à tout prix desserrer.

Le travail, parlons-en, et sans détour. Lorsque j'affirme que nous devrions, par exemple, faire définitivement litière des trente-cinq heures, je ne pense pas seulement à la grave perturbation qui en subsiste dans le fonctionnement des hôpitaux, mais au désordre que cette affaire a laissé dans les esprits. Il y a chez nous une qualité du travail qui est tout à fait remarquable, mais cet atout a été, depuis maintenant dix ans, totalement effacé par l'idée fausse qu'en travaillant moins, on pouvait faire baisser le chômage. Même si tout le monde a compris l'absurdité de ce solécisme, même si tout le monde perçoit qu'on ne peut à la fois vivre plus longtemps et cesser plus tôt de travailler, la démagogie de l'État providence a entraîné des comportements regrettables. Trop de gens ont perdu le sens et le goût du travail, sans pour autant cesser de déplorer la stagnation ou la baisse de leur niveau de vie. Il en est résulté une cassure de plus en plus nette entre les différents groupes d'actifs, salariés ou non. Je suis ainsi frappée de voir qu'il est de plus en plus difficile de trouver un médecin pendant le week-end. Le vendredi, on est désormais certain de ne pas être dérangé, la RTT fonctionnant dès le jeudi soir. Deux cultures de la vie professionnelle se sont ainsi mises en place. On voit, d'une part des gens ambitieux, qui veulent progresser, faire carrière, qui aiment leur activité professionnelle, au point de lui donner priorité et d'en accepter les contraintes, d'autre part ceux qui s'accommodent de gagner moins, mais partent en week-end le jeudi soir et, dès qu'il y a quatre jours de congés, comparent sur Internet le prix de toutes les évasions proposées. Pour ceux-là, le travail n'est plus qu'une contrainte, dont ils n'attendent aucun épanouissement personnel. Ce strabisme a touché toutes les classes sociales et toutes les générations.

La faiblesse du dialogue social constitue au surplus dans ce domaine un lourd handicap. Elle est essentiellement due à la très dérisoire représentativité des syndicats, en dehors de la fonction publique. Faut-il obliger les salariés à se syndiquer ? À tout le moins, devrait-on imaginer des incitations, la crédibilité des syndicats ne pouvant résulter que d'une représentativité significative.

Le problème des retraites est le dernier volet de cette réconciliation nécessaire entre le citoyen et le travail. Personne ne peut contester la nécessité, pour sauver le système de répartition, dans un contexte dans lequel la durée de la vie progresse tous les ans, je crois d'un trimestre, de retarder l'obligation de quitter la vie active pour tous ceux qui préfèrent continuer à travailler plutôt que de subir un abattement de leur retraite. Dans la réforme des régimes spéciaux, on tiendra compte bien entendu de la pénibilité du travail, qui n'est pas la même selon qu'on travaille dans un bureau, dans une usine ou sur un chantier de travaux publics.

Le logement constitue un autre axe fondamental des actions qui s'imposent. Il y a là un domaine dans lequel les retards se sont accumulés, depuis la fin de la Première Guerre mondiale. À l'époque, par le jeu du blocage des loyers et d'une législation sur la réparation des dommages de guerre retenant le principe inerte, statique, de la reconstruction à l'identique, la construction a été paralysée. Rebelote après 1945. Quelques années plus tard, nous vivions en Allemagne et constations que les Allemands, dans un pays dont les villes avaient été très largement détruites par les bombardements, se logeaient plus facilement que les Français. Le rattrapage, tardivement amorcé, a conduit à des hausses de loyer d'autant plus rapides.

En même temps, aujourd'hui, le déficit de logements sociaux demeure considérable.

Dans le domaine de la santé, pour faire face à un coût qui ne cessera d'augmenter, en France comme ailleurs, quelles que soient les mesures d'économies, il conviendra évidemment que le financement de la Sécurité sociale pénalise moins qu'aujourd'hui les activités de main-d'œuvre.

Pour ce qui concerne la justice, dont on parle beaucoup au moment où j'écris ces lignes, je pense que l'indépendance qui lui est due ne justifie en rien qu'elle persiste à vivre en vase clos, je veux dire en marge de la société.

Enfin, la réforme de l'État et des collectivités territoriales répond d'abord à l'impérieuse nécessité d'un allègement significatif et rapide du poids de la sphère publique, qui asphyxie l'économie du pays et compromet l'héritage de nos enfants. Elle correspond aussi à un impératif de transparence, pour peu que l'on souhaite réconcilier le citoyen avec l'État.

XI

La lumière des Justes

Il y a quelques années, alors que nous nous approchions de la fin du siècle de l'Holocauste, la France a fait un effort de vérité que l'on n'osait plus espérer. Le 16 juillet 1995, par la bouche du président de la République, le pays a donné acte de la complicité de l'État dans les crimes contre les Juifs vivant en France pendant la Seconde Guerre mondiale, et affirmé l'imprescriptibilité de la dette contractée de ce fait. Il s'agissait d'un acte courageux. Jamais, par le passé, l'État n'avait admis sa part de responsabilité dans de tels faits. Longtemps, j'avais souhaité qu'un homme d'État prononce les mots, sincères, profonds, que Jacques Chirac a trouvés. Jusque-là, nos présidents s'étaient succédé, et aucun n'avait énoncé le propos que beaucoup attendaient. On se rappelle même la très sèche fin de non-recevoir que François Mitterrand avait opposée aux demandes formulées en ce sens. Désormais, grâce à Jacques Chirac, notre pays peut regarder sa propre histoire les yeux dans les yeux.

En même temps, la décision a été prise de créer une commission chargée d'étudier les spoliations dont avaient été victimes les Juifs, et de proposer des actions réparatrices. Cette commission a été présidée par Jean Mattéoli, président du Conseil économique et social, ancien déporté de la Résistance. Outre cette éminente personnalité, la commission comptait sept membres, dont le professeur Adolphe Steg, grand médecin estimé de tous et président de l'Alliance israélite universelle. Entamant aussitôt ses travaux, elle découvrit l'ampleur et les difficultés de la tâche qui lui était confiée plus d'un demi-siècle après les événements auxquels il lui fallait se référer.

La commission Mattéoli a rendu son rapport en mai 2000. L'ampleur des spoliations frappa alors l'opinion. Le groupe avait examiné avec le plus grand soin les conséquences de l'« aryanisation » de quelque cinquante mille entreprises juives, la situation des quatre-vingt-dix mille comptes bancaires juifs bloqués, les contrats d'assurances jamais honorés, les trente-huit mille appartements vidés de leur mobilier, les biens des Juifs internés versés à la Caisse des dépôts et consignations. Ainsi ses travaux touchaient-ils tous les secteurs de l'économie, industrie, commerce, services, et de la fonction publique.

Tout ce qui pouvait être restitué aux familles juives le fut, mais la commission ne se borna pas à cette prescription de saine justice. Elle mit en avant le devoir pour la France de perpétuer le souvenir et l'enseignement de l'histoire de la Shoah. Dans cet esprit, elle demanda que les fonds publics et privés des spoliations qui ne seraient pas réclamés par leurs détenteurs ou leurs ayants droit décédés soient versés à une fondation consacrée à la mémoire de la Shoah. Celle-ci a aussitôt été mise en place, et le Premier ministre Lionel Jospin m'a demandé d'en accepter la présidence. J'en ai été profondément honorée. Il me créditait des qualités requises pour veiller au sort de cette fondation : je ne participais à aucune instance juive, ce qui à ses yeux constituait un gage d'indépendance, mais j'étais une ancienne déportée et j'entretenais de bonnes relations avec l'État.

C'est le propos de Jacques Chirac qui, je pense, a conduit les membres de la commission Mattéoli à une vision aussi large du rôle de la fondation. Ses statuts ne mentionnent pas seulement le sort fait à la population juive, mais celui qu'ont subi les Tziganes. Sa vocation n'est pas uniquement sociale, mais s'étend au domaine culturel. Elle peut d'autant plus inscrire ses diverses missions dans le long terme qu'elle dispose de fonds importants, dont les intérêts ont jusqu'à présent suffi à financer les projets. Une part du budget est consacrée au musée du mémorial, qui abrite à la fois le mur des déportés et le mur des Justes, et où sont rassemblés les souvenirs et photos qui attestent de la souffrance des Juifs dans les camps français où ils furent internés. Je n'oublierai jamais l'intense émotion qui m'a étreinte lorsqu'un employé m'a montré un petit carnet semblable à ceux qu'utilisaient jadis les commerçants, avec souches et reçus, et sur lequel était consignée la somme de sept cents francs prise à ma mère lors de notre arrivée à Drancy. Papier dérisoire, preuve accablante, s'il en était encore besoin, du mélange de rigueur paperassière et d'aveuglement moral de l'administration. Alors que semaine après semaine, les convois de déportés partaient pour

Auschwitz, de zélés fonctionnaires remplissaient des
carnets à souche et remettaient des reçus aux Juifs.

Si la fondation ne prend pas elle-même d'initiative,
sauf à organiser des colloques d'historiens ou de cher-
cheurs, elle finance des travaux sur présentation de
projets émanant soit de personnes privées, tels des
étudiants en histoire ou des écrivains, soit de collectivités souhaitant organiser une manifestation ou une
commémoration d'événements liés à la Shoah. La
fondation reçoit par ailleurs de nombreux manuscrits
de films ou de romans réclamant son soutien. Trop
souvent, elle est contrainte de les refuser, car sa vocation est de servir la mémoire de la déportation, et non
de transformer les faits, voire de les trahir. Elle ne
finance que les projets culturels à vocation éducative
ou historique. Or, sous couvert d'imagination, de
nombreuses personnes, notamment des créateurs, partent dans des directions fantaisistes qui ne servent en
rien la mémoire de la Shoah. Si le réalisateur italien
Roberto Benigni, par exemple, avait sollicité notre
aide pour la réalisation de son film, *La vie est belle*,
il est évident que ce concours lui aurait été refusé.
Aucun enfant ne s'est jamais retrouvé dans un camp
au côté de son père, et aucun déporté n'a vécu une
libération semblable au *happy end* miraculeux et ridi-
cule sur lequel se clôt le film. Il s'agit d'une espèce
de conte dénué du moindre rapport avec la réalité.
Autre exemple : *La Liste de Schindler*, qui caricature
la réalité historique puisque cinquante personnes,
au plus, ont bénéficié de l'action courageuse de
Schindler. C'est loin d'être négligeable, mais ne correspond pas au scénario du film. Du moins faut-il

nuancer entre approximations généreuses et défor-
mations grossières. Des films plus anciens comme
Lacombe Lucien, *Portier de nuit*, *Le Choix de Sophie*,
proposent de l'Occupation ou de la déportation des
images que je trouve aussi inexactes et invraisem-
blables que dérangeantes. En revanche *Holocauste*,
sorti en 1978, et que j'ai à l'époque beaucoup
défendu, était une œuvre intéressante dans sa partie
descriptive de l'Allemagne, montrant des bourgeois
juifs allemands convaincus que rien ne pouvait leur
arriver.

À Paris se trouve la plus grande bibliothèque yiddish du monde, actuellement en très mauvais état ; la
fondation contribue à sa restauration. Elle peut aussi
aider à reconstruire des synagogues, sans toutefois
perdre de vue l'exigence de laïcité inscrite dans ses
statuts. Ainsi n'apporte-t-elle pas d'aide aux établissements scolaires considérés comme intégristes. L'enseignement du yiddish est cependant encouragé. Parlé
essentiellement par les Juifs polonais avant-guerre, il
a aujourd'hui pratiquement disparu. Le faire revivre,
c'est faire revivre tout un pan de la culture juive
menacé par l'oubli.

Un temps, la fondation a suivi un grand projet du
gouvernement polonais, qui lui demandait de parrai-
ner à Varsovie un musée à la mémoire des Juifs. Mais
dès le début les choses se sont mal engagées. Je me
rappelle une réunion tenue avec les responsables polonais du projet. Bientôt, on a compris que le musée
visait en partie à blanchir de toute responsabilité des
comportements de l'époque. La volonté apologétique
était manifeste : c'est tout juste si la Pologne n'enten-

dait pas démontrer combien, sur son sol, les Juifs avaient été bien accueillis et bien traités... Il n'a donc été donné aucune suite à un projet, d'ailleurs demeuré lettre morte. La Pologne ne brille pas par une grande rigueur en matière de mémoire. À Varsovie, l'actuel musée traite sur le même pied les crimes des Allemands et ceux des communistes.

En 2006, la fondation a tenu à apporter son soutien aux Juifs de Saint-Pétersbourg, où je me suis rendue. Au nombre de cent mille, les Juifs refusent de partir et d'aller vivre en Israël comme le gouvernement les y invite. Leur passé est différent de celui des autres Juifs d'Europe : ils n'ont jamais été confrontés à la violence nazie, puisque la ville n'a jamais été prise par les troupes allemandes, en dépit d'un siège long et meurtrier. Ils y ont donc vécu de façon très solidaire avec le reste de la population. Aujourd'hui, leur communauté demeure vivante et active, peuplée de jeunes gens qui font des études et voyagent à travers le monde, tout en restant attachés à leur ville. J'ai assisté là-bas à un spectacle plein d'humour dans lequel les filles qui dansaient, habillées en rabbins, jouaient à être des diables ; un sens de l'humour dont beaucoup de nos Juifs austères d'Europe de l'Ouest feraient bien de s'inspirer !

Un regret actuel est de ne pouvoir agir suffisamment en faveur des populations tziganes. Ce n'est pas faute de le vouloir. Mais peu d'entre eux vivent en France, et parmi ceux-là, souvent restés nomades, rares sont ceux qui se manifestent. Quelques historiens s'y intéressent, et lorsqu'ils font appel à la fondation, c'est toujours avec la plus grande bienveillance qu'ils sont écoutés. Ainsi, il y a quelques mois, lors des travaux préparatoires à l'hommage national rendu aux Justes, ai-je tenu à rappeler que de nombreux Tziganes avaient connu le même sort que les Juifs ; certains avaient été sauvés par des Justes tandis que d'autres connaissaient la déportation et la mort. Un même devoir de mémoire lie donc nos destins, et le silence de leur communauté ne doit pas servir l'oubli.

J'ai quitté la présidence de la fondation au début de l'année 2007 pour laisser la place, le 5 février, à David de Rothschild. Avec lui s'est ouverte une nouvelle ère, celle de la première génération de responsables qui n'ont pas connu la déportation. La fondation va sans doute évoluer, tout en gardant la même mission pédagogique et mémorielle. Quant à moi, j'en reste présidente d'honneur, chargée de certaines missions de représentation, peu nombreuses, je l'espère. Il faut savoir quitter sans regret ni nostalgie les fonctions auxquelles on a consacré une partie de son temps et de sa vie.

Dans la ligne de ses engagements antérieurs, le président de la République a rendu hommage le 18 janvier 2007 aux deux mille sept cent vingt-cinq Justes de France reconnus à ce jour, ces personnes qui ont caché et sauvé des Juifs pendant la guerre. À ses côtés, j'ai dévoilé dans la crypte du Panthéon une plaque sur laquelle on peut lire : « Sous la chape de haine et de nuit tombée sur la France dans les années d'occupation, des lumières par milliers refusèrent de s'éteindre. Nommés Justes parmi les nations ou restés anonymes, des femmes et des hommes de toutes origines et de toutes conditions ont sauvé des Juifs des persécutions antisémites et des camps d'extermination. Bravant les risques encourus, ils ont incarné l'Honneur de la France, ses valeurs de Justice, de Tolérance et d'Humanité[1]. » Ce fut un moment à la fois grandiose et émouvant, l'hommage enfin rendu à toutes ces personnes longtemps restées anonymes et qui ont témoigné de la grandeur de l'Homme dans le même temps où Vichy démontrait la petitesse de l'État ; ce jour-là, une sorte de réponse a été donnée aux déclarations présidentielles de 1995. Et il était essentiel que ce soit le même homme qui prononce cette double parole de repentance et d'hommage ; le même Président qui, au nom de la France, projette sur les ténèbres de la mort et de la honte la lumière des Justes.

C'est pour les Justes que naguère, alors qu'au conseil d'administration de l'ORTF j'avais avec mes collègues à veiller aussi à l'orientation des programmes et à ce titre à prendre des décisions parfois lourdes de conséquences, je m'étais personnellement opposée au financement et à la diffusion par la télévision du célèbre film *Le Chagrin et la Pitié*.

Les producteurs nourrissaient le projet de vendre leur film à la télévision, où il serait passé avant sa sortie en salles ; sûrs de leur fait, soutenus par de nombreux médias et accompagnant la vague d'une opinion publique largement acquise à leur cause, ils

----

1. Voir annexe 4, p. 329.

en demandèrent un chiffre astronomique qui nous laissa pantois. Et puis, très vite, le débat dépassa l'aspect financier. Grâce à notre ami Marcel Bleustein-Blanchet, président de Publicis, j'avais pu voir le film en projection privée. Il m'était aussitôt apparu indigne d'être acheté par la télévision française. Je ne me suis d'ailleurs pas privée de le dire au conseil d'administration. Venant de moi, un tel rejet en surprit plus d'un ; comment une juive ancienne déportée pouvait-elle être hostile à un documentaire qui stigmatisait l'attitude pour le moins frileuse des Français durant l'Occupation ? La chose semblait incompréhensible. Mais comme je ne manquais pas d'arguments, je suis partie au combat sans la moindre hésitation, et je l'ai gagné.

Les années 1970 avaient inversé la tendance des années 1950 ; à l'époque, réconciliation des Français et reconstruction du pays obligent, les gaullistes étaient parvenus à imposer l'idée d'une France héroïque et résistante à laquelle tout le monde avait fait semblant de croire. Vingt ans plus tard, la pensée dominante avait changé, tout aussi simplificatrice. Désormais les jeunes se montraient ravis qu'on leur dise que leurs parents s'étaient tous comportés comme des salauds, que la France avait agi de façon abominable, que pendant quatre ans la dénonciation avait été omniprésente, et qu'à l'exception des communistes, pas un seul citoyen n'avait accompli le moindre acte de résistance. *Le Chagrin et la Pitié* tombait à pic dans ce concert d'autoflagellation, et c'est à ce titre que je trouvais ce film injuste et partisan. En outre, il ne nous épargnait aucun raccourci mensonger. Ainsi la ville de Clermont-Ferrand, où un grand nombre d'étudiants avaient rejoint la Résistance, où nombre d'entre eux furent arrêtés, et pour beaucoup fusillés ou déportés, était présentée en exemple de la collaboration universelle. Un tel choix témoignait des manœuvres grossières du film. Germaine Tillion, qui avait elle aussi assisté à la projection, partageait largement mon point de vue.

J'ai exprimé avec vigueur ma réprobation, tant au conseil d'administration de l'ORTF qu'à l'extérieur. Certes je ne disposais que d'une voix, mais si le conseil décidait d'acheter l'œuvre, j'avais annoncé que j'en démissionnerais aussitôt. Après des débats embarrassés, la décision a finalement été prise de ne pas acquérir le film. Certains, sans doute pour se dédouaner, se sont ensuite répandus dans la presse en affirmant que Mme Veil n'en avait pas voulu. Je n'en avais pas fait mystère et si l'incident m'a valu une certaine notoriété publique, ce n'est pas de mon fait. Quant à Marcel Ophuls, il ne décolérait pas, car cette décision le privait d'une recette espérée. Ses craintes comptables ne durèrent pas longtemps. Lors de sa sortie en salles, *Le Chagrin et la Pitié* rencontra d'emblée un vif succès. Il est vrai qu'il bénéficia d'une large publicité parce que l'ORTF en avait refusé la diffusion ; preuve irréfutable, aux yeux de certains, que le pouvoir ne voulait pas que la vérité éclate.

C'est peu de dire qu'à l'époque, ces campagnes me choquèrent. La pseudo-vérité que le film prétendait faire éclater, j'en connaissais les limites. J'avais suffisamment travaillé sur la Shoah pour savoir que la France avait été de loin le pays où le pourcentage de

Juifs déportés s'était révélé le plus faible, un quart de la communauté et, toujours en proportion, très peu d'enfants. Ce phénomène ne trouvait son explication que dans une réalité indéniable : nombreux étaient les Français qui avaient caché des Juifs, ou n'avaient rien dit lorsqu'ils savaient qui en protégeait. Or le film n'en disait mot. Il se montrait en cela d'une grande injustice, moins d'ailleurs à l'égard du pouvoir de Vichy que des Français eux-mêmes. Quand j'exprimais de telles idées, je me gardais d'invoquer les hauts faits de résistance des uns ou des autres. Je mettais en avant les actes de tous ces gens perdus dans la foule qui avaient prévenu des familles entières, sauvé des enfants, caché des adultes. Ils avaient agi avec un courage digne de respect, alors même qu'ils ne savaient rien du sort qui attendait les déportés, mais ne pouvaient ignorer le leur au cas où les Allemands les arrêteraient. Ils n'en avaient tiré aucun profit ; beaucoup durent même se priver pour nourrir des bouches supplémentaires. La plupart d'entre eux ne se sont jamais fait connaître, n'ont pas reçu d'honneurs, de pensions, de médailles. C'est pourquoi j'aurais eu honte vis-à-vis d'eux que la télévision française programme à grand fracas de publicité un tel film. Je n'aurais pas voulu que des familles semblables aux Villeroy de mon adolescence pensent que la société réglait ses comptes sur leur dos. Pour toutes ces raisons, et même si mon attitude a pu choquer certains, je ne la regrette pas.

Par la suite, j'ai constaté que je n'étais pas seule à mener ce combat. L'association que préside Serge Klarsfeld a publié à l'époque une brochure dont la lecture m'a étonnée. Y sont énumérées des actions entreprises par le gouvernement de Vichy pour s'opposer aux Allemands ! Serge Klarsfeld y fournissait des arguments concrets à l'appui de sa thèse : refus d'obtempérer de l'administration dans certains cas, retards dans la mise en œuvre des ordres allemands ou des décisions de Vichy... Il n'est pas jusqu'à la rafle du Vél d'Hiv qu'il n'ait revisitée dans certains de ses aspects. En fait, il développe publiquement des thèses qui furent longtemps les miennes. J'avais observé qu'à cause de l'existence de deux zones, la France a en fait subi deux déportations : celle des Juifs étrangers et celle des Juifs français, ce qui a compliqué le déroulement des opérations telles que les avaient imaginées les Allemands, et ce qui a donc diminué le nombre de victimes. Les arrestations de Juifs dans les autres pays occupés sont survenues beaucoup plus tôt qu'en France, et la mortalité y a été plus importante. Peu de ceux qui furent déportés en 1941 sont revenus, car survivre deux ou trois hivers derrière les barbelés nazis relevait de l'impossible.

Cette mémoire des Justes est un trésor dont la sauvegarde est d'autant plus précieuse que le monde où nous vivons me semble menacé, non seulement par le désordre climatique, mais par le retour des intégrismes, après un demi-siècle où l'on avait pu se bercer du sentiment que la tolérance et l'œcuménisme étaient en progrès. Quelques semaines avant sa mort, au cours d'une longue conversation à l'unité de soins palliatifs où s'achevait son existence, dans la sérénité, le cardinal Lustiger m'a demandé de prendre la parole, le jour de ses obsèques, sur le parvis de la cathédrale, pour rappeler sa judéité. Sans doute pensait-il à sa mère, disparue à Auschwitz. Pour moi, ce vœu était sacré, et j'ai été meurtrie de devoir renoncer à l'exaucer, la hiérarchie m'ayant fait savoir que c'eût été inopportun. D'où est venue ce que j'ai perçu au moins comme une hésitation dans le dialogue judéochrétien, est-ce de l'Église catholique, ou de l'intégrisme juif, qui considère que l'on ne peut se référer à la judéité lorsqu'on a embrassé une autre religion ? Je ne peux que poser la question.

Parallèlement, l'Organisation des Nations unies a consacré une cérémonie à la mémoire de la Shoah, et son secrétaire général m'a conviée à cette occasion à prononcer une allocution au nom de tous les rescapés[1]. C'était le 29 janvier 2007.

En quelques semaines j'ai donc quitté mes fonctions au Conseil constitutionnel et à la Fondation pour la mémoire de la Shoah. Pour la première fois depuis des décennies, me voici rendue à une vie nouvelle, essentiellement familiale et privée. D'une certaine manière il m'a fallu en faire l'apprentissage, l'explorer pour en redécouvrir les richesses. Je m'y suis vite habituée.

Il y a peu, je déjeunais avec l'un de mes petits-fils, âgé de seize ans. Notre échange fut un vrai moment de plaisir. Nous nous sommes ensuite rendus dans une librairie où il a pu choisir les livres dont il avait envie. Il a acheté *Belle du Seigneur*, et je lui ai dit : « Tu as

---

1. Voir annexe 5, p. 333.

bien de la chance de le lire pour la première fois, parce que c'est un grand bonheur. » Au fond de moi, j'étais heureuse que le fil culturel ne se brise pas entre les générations, et que mon petit-fils puisse à son tour découvrir ce roman que j'avais dévoré il y a près de quarante ans. Il a aussi tenu à prendre *Voyage au bout de la nuit*, parce qu'un de ses professeurs lui en avait recommandé la lecture. Je me suis dispensée de tout commentaire ; tandis qu'il prenait le livre, l'image de mon père ne posant comme critère aux lectures de ses enfants que leur qualité littéraire m'est revenue à la mémoire. Le livre est un monde. À mon petit-fils de se forger un jugement sur les œuvres qu'il lit comme sur leurs auteurs.

Lorsque j'étais membre du gouvernement, je disposais de peu de temps pour lire, et j'en souffrais. En revanche, j'avais pris l'habitude, avec une amie, d'aller voir des tableaux le samedi matin. Le hasard a voulu que je fasse alors la connaissance de Vieira da Silva. Par la suite, je suis beaucoup sortie avec mon fils médecin qui, lui aussi, adorait la peinture, mais avait suivi un parcours différent du mien. Il s'était d'abord passionné pour les tableaux du XVIIe siècle qu'il aimait acheter à Drouot. Petit à petit, il s'est intéressé à des œuvres plus modernes et a même été plus loin que moi dans le contemporain. Comme nous étions sensibles aux mêmes toiles, nous arpentions ensemble les galeries et parfois, nous achetions, pour l'un ou pour l'autre, une œuvre qui nous plaisait. C'était une manière de nous offrir des cadeaux mutuels, une complicité entre nous. Depuis sa mort, il y a cinq ans, tout cela est fini.

Le soir, quand je rentre, il m'arrive de m'allonger quelques instants sur mon lit et d'admirer en silence le dôme des Invalides. C'est un rare privilège. Au loin, j'entends Antoine jouer du piano. Il pratique la musique régulièrement, comme aimait à le faire notre fils disparu ; celui-ci était même parvenu à une réelle maîtrise. Mon beau-père jouait beaucoup et composait.

Peu à peu, la nuit envahit la maison. Au son du piano, mon regard se perd face à mes tableaux familiers tandis qu'à nos côtés, tous ces morts qui nous furent si chers, connus et inconnus, se tiennent en silence. Je sais que nous n'en aurons jamais fini avec eux. Ils nous accompagnent où que nous allions, formant une immense chaîne qui les relie à nous autres, les rescapés.

Pourtant, mes pensées se portent irrésistiblement vers ma famille, celle que j'ai construite avec Antoine. Je songe à nos enfants, petits-enfants, arrière-petits-enfants, à nos déjeuners du samedi auxquels grands et petits manquaient peu et auxquels ont succédé les dîners du dimanche soir, à l'affection qui nous lie les uns aux autres et qui me rappelle celle qui nourrissait les Jacob. À la fin de la semaine, nous serons vingt-sept, réunis pour fêter mon anniversaire.

Paris, septembre 2007.

ANNEXES

Allocution du 27 janvier 2005
au nom des anciens prisonniers juifs
à l'occasion de la cérémonie internationale
de commémoration du soixantième anniversaire
de la libération du camp d'Auschwitz-Birkenau

Le cœur serré par l'émotion, c'est à vous tous, ici rassemblés, que je m'adresse. Il y a soixante ans, les barrières électrifiées d'Auschwitz-Birkenau tombaient, et le monde découvrait avec stupeur le plus grand charnier de tous les temps. Avant l'arrivée de l'armée Rouge, la plupart d'entre nous avions été emmenés dans ces marches de la mort au cours desquelles beaucoup ont succombé de froid et d'épuisement.

Plus d'un million et demi d'êtres humains avaient été assassinés : le plus grand nombre d'entre eux gazés dès leur arrivée, simplement parce qu'ils étaient nés juifs. Sur la rampe, toute proche d'ici, les hommes, les femmes, les enfants, brutalement débarqués des wagons, étaient en effet sélectionnés en une seconde, sur un simple geste des médecins SS. Mengele s'était ainsi arrogé droit de vie ou de mort sur des centaines de milliers de Juifs, qui avaient été persécutés et traqués dans les coins les plus reculés de la plupart des pays du continent européen.

Que serait devenu ce million d'enfants juifs assassinés, encore des bébés ou déjà adolescents, ici ou dans les ghettos, ou dans d'autres camps d'extermination ? Des philosophes, des artistes, de grands savants ou plus simplement d'habiles artisans ou des mères de famille ? Ce que je sais, c'est que je pleure encore chaque fois que je pense à tous ces enfants et que je ne pourrai jamais les oublier.

Certains, dont les rares survivants, sont, il est vrai, entrés dans le camp, mais pour y servir d'esclaves. La plupart d'entre eux sont ensuite morts d'épuisement, de faim, de froid, d'épidémies ou, eux aussi, sélectionnés à leur tour pour la chambre à gaz, parce qu'ils ne pouvaient plus travailler.

Il ne suffisait pas de détruire notre corps. Il fallait aussi nous faire perdre notre âme, notre conscience, notre humanité. Privés de notre identité, dès notre arrivée, à travers le numéro encore tatoué sur nos bras, nous n'étions plus que des *stücke*, des morceaux.

Le tribunal de Nuremberg, en jugeant pour crimes contre l'humanité les plus hauts responsables, reconnaissait l'atteinte portée non seulement aux victimes mais à l'humanité tout entière.

Et pourtant, le vœu que nous avons tous si souvent exprimé de « plus jamais ça » n'a pas été exaucé, puisque d'autres génocides ont été perpétrés.

Aujourd'hui, soixante ans après, un nouvel engagement doit être pris pour que les hommes s'unissent au moins pour lutter contre la haine de l'autre, contre l'antisémitisme et le racisme, contre l'intolérance.

Les pays européens qui, par deux fois, ont entraîné le monde entier dans des folies meurtrières ont réussi à surmonter leurs vieux démons. C'est ici, où le mal absolu a été perpétré, que la volonté doit renaître d'un monde fraternel, d'un monde fondé sur le respect de l'homme et de sa dignité.

Venus de tous les continents, croyants et non-croyants, nous appartenons tous à la même planète, à la communauté des hommes. Nous devons être vigilants, et la défendre non seulement contre les forces de la nature qui la menacent, mais encore davantage contre la folie des hommes.

Nous, les derniers survivants, nous avons le droit, et même le devoir, de vous mettre en garde et de vous demander que le « plus jamais ça » de nos camarades devienne réalité.

Auschwitz-Birkenau (Pologne),
le 27 janvier 2005.

Discours prononcé le 26 novembre 1974
à l'Assemblée nationale

Monsieur le Président, mesdames, messieurs, si j'interviens aujourd'hui à cette tribune, ministre de la Santé, femme et non-parlementaire, pour proposer aux élus de la nation une profonde modification de la législation sur l'avortement, croyez bien que c'est avec un profond sentiment d'humilité devant la difficulté du problème, comme devant l'ampleur des résonances qu'il suscite au plus intime de chacun des Français et des Françaises, et en pleine conscience de la gravité des responsabilités que nous allons assumer ensemble.

Mais c'est aussi avec la plus grande conviction que je défendrai un projet longuement réfléchi et délibéré par l'ensemble du gouvernement, un projet qui, selon les termes mêmes du président de la République, a pour objet de « mettre fin à une situation de désordre et d'injustice et d'apporter une solution mesurée et humaine à un des problèmes les plus difficiles de notre temps ».

Si le gouvernement peut aujourd'hui vous présenter un tel projet, c'est grâce à tous ceux d'entre vous – et ils sont nombreux et de tous horizons – qui, depuis plusieurs années, se sont efforcés de proposer une nouvelle législation, mieux adaptée au consensus social et à la situation de fait que connaît notre pays.

C'est aussi parce que le gouvernement de M. Messmer avait pris la responsabilité de vous soumettre un projet novateur et courageux. Chacun d'entre nous garde en mémoire la très remarquable et émouvante présentation qu'en avait faite M. Jean Taittinger.

C'est enfin parce que, au sein d'une commission spéciale présidée par M. Berger, nombreux sont les députés qui ont entendu, pendant de longues heures, les représentants de toutes les familles d'esprit, ainsi que les principales personnalités compétentes en la matière.

Pourtant, d'aucuns s'interrogent encore : une nouvelle loi est-elle vraiment nécessaire ? Pour quelques-uns, les choses sont simples : il existe une loi répressive, il n'y a qu'à l'appliquer. D'autres se demandent pourquoi le Parlement devrait trancher maintenant ces problèmes : nul n'ignore que depuis l'origine, et particulièrement depuis le début du siècle, la loi a toujours été rigoureuse, mais qu'elle n'a été que peu appliquée.

En quoi les choses ont-elles donc changé, qui oblige à intervenir ? Pourquoi ne pas maintenir le principe et continuer à ne l'appliquer qu'à titre exceptionnel ? Pourquoi consacrer une pratique délictueuse et, ainsi, risquer de l'encourager ? Pourquoi légiférer et couvrir ainsi le laxisme de notre société, favoriser les égoïsmes individuels au lieu de faire revivre une morale de civisme et de rigueur ? Pourquoi risquer d'aggraver un mouvement de dénatalité dangereusement amorcé au lieu de promouvoir une politique familiale généreuse et constructive qui permette à toutes les mères de mettre au monde et d'élever les enfants qu'elles ont conçus ?

Parce que tout nous montre que la question ne se pose pas en ces termes. Croyez-vous que ce gouvernement et celui qui l'a précédé se seraient résolus à élaborer un texte et à vous le proposer s'ils avaient pensé qu'une autre solution était encore possible ?

Nous sommes arrivés à un point où, en ce domaine, les pouvoirs publics ne peuvent plus éluder leurs responsabilités. Tout le démontre : les études et les travaux menés depuis plusieurs années, les auditions de votre commission, l'expérience des autres pays européens. Et la plupart d'entre vous le sentent, qui savent qu'on ne peut empêcher les avortements clandestins et qu'on ne peut non plus appliquer la loi pénale à toutes les femmes qui seraient passibles de ses rigueurs.

Pourquoi donc ne pas continuer à fermer les yeux ? Parce que la situation actuelle est mauvaise. Je dirai même qu'elle est déplorable et dramatique.

Elle est mauvaise parce que la loi est ouvertement bafouée, pire même, ridiculisée. Lorsque l'écart entre les infractions commises et celles qui sont poursuivies est tel qu'il n'y a plus à proprement parler de répression, c'est le respect des citoyens pour la loi, et donc l'autorité de l'État, qui sont mis en cause.

Lorsque des médecins, dans leurs cabinets, enfreignent la loi et le font connaître publiquement, lorsque les parquets, avant de poursuivre, sont invités à en référer dans chaque cas au ministère de la Justice, lorsque des services sociaux d'organismes publics

fournissent à des femmes en détresse les renseigne-
ments susceptibles de faciliter une interruption de
grossesse, lorsque, aux mêmes fins, sont organisés
ouvertement et même par charters des voyages à
l'étranger, alors je dis que nous sommes dans une
situation de désordre et d'anarchie qui ne peut plus
continuer.

Mais, me direz-vous, pourquoi avoir laissé la situation se dégrader ainsi et pourquoi la tolérer ? Pourquoi
ne pas faire respecter la loi ?

Parce que si des médecins, si des personnels
sociaux, si même un certain nombre de citoyens par-
ticipent à ces actions illégales, c'est bien qu'ils s'y
sentent contraints ; en opposition parfois avec leurs
convictions personnelles, ils se trouvent confrontés à
des situations de fait qu'ils ne peuvent méconnaître.
Parce qu'en face d'une femme décidée à interrompre
sa grossesse, ils savent qu'en refusant leur conseil et
leur soutien ils la rejettent dans la solitude et l'angoisse d'un acte perpétré dans les pires conditions, qui
risque de la laisser mutilée à jamais. Ils savent que la
même femme, si elle a de l'argent, si elle sait s'informer, se rendra dans un pays voisin ou même en
France dans certaines cliniques et pourra, sans encourir aucun risque ni aucune pénalité, mettre fin à sa
grossesse. Et ces femmes, ce ne sont pas nécessairement les plus immorales ou les plus inconscientes.
Elles sont trois cent mille chaque année. Ce sont celles
que nous côtoyons chaque jour et dont nous ignorons
la plupart du temps la détresse et les drames.

C'est à ce désordre qu'il faut mettre fin. C'est cette

injustice qu'il convient de faire cesser. Mais comment y parvenir ?

Je le dis avec toute ma conviction : l'avortement doit rester l'exception, l'ultime recours pour des situations sans issue. Mais comment le tolérer sans qu'il perde ce caractère d'exception, sans que la société paraisse l'encourager ?

Je voudrais tout d'abord vous faire partager une conviction de femme – je m'excuse de le faire devant cette Assemblée presque exclusivement composée d'hommes : aucune femme ne recourt de gaieté de cœur à l'avortement. Il suffit d'écouter les femmes.

C'est toujours un drame et cela restera toujours un drame.

C'est pourquoi, si le projet qui vous est présenté tient compte de la situation de fait existante, s'il admet la possibilité d'une interruption de grossesse, c'est pour la contrôler et, autant que possible, en dissuader la femme.

Nous pensons ainsi répondre au désir conscient ou inconscient de toutes les femmes qui se trouvent dans cette situation d'angoisse, si bien décrite et analysée par certaines des personnalités que votre commission spéciale a entendues au cours de l'automne 1973.

Actuellement, celles qui se trouvent dans cette situation de détresse, qui s'en préoccupe ? La loi les rejette non seulement dans l'opprobre, la honte et la solitude, mais aussi dans l'anonymat et l'angoisse des poursuites. Contraintes de cacher leur état, trop souvent elles ne trouvent personne pour les écouter, les éclairer et leur apporter un appui et une protection.

Parmi ceux qui combattent aujourd'hui une éventuelle modification de la loi répressive, combien sont-ils ceux qui se sont préoccupés d'aider ces femmes dans leur détresse ? Combien sont-ils ceux qui, au-delà de ce qu'ils jugent comme une faute, ont su manifester aux jeunes mères célibataires la compréhension et l'appui moral dont elles avaient grand besoin ?

Je sais qu'il en existe et je me garderai de généraliser. Je n'ignore pas l'action de ceux qui, profondément conscients de leurs responsabilités, font tout ce qui est à leur portée pour permettre à ces femmes d'assumer leur maternité. Nous aiderons leur entreprise ; nous ferons appel à eux pour nous aider à assurer les consultations sociales prévues par la loi.

Mais la sollicitude et l'aide, lorsqu'elles existent, ne suffisent pas toujours à dissuader. Certes, les difficultés auxquelles sont confrontées les femmes sont parfois moins graves qu'elles ne les perçoivent. Certaines peuvent être dédramatisées et surmontées ; mais d'autres demeurent qui font que certaines femmes se sentent acculées à une situation sans autre issue que le suicide, la ruine de leur équilibre familial ou le malheur de leurs enfants.

C'est là, hélas ! la plus fréquente des réalités, bien davantage que l'avortement dit « de convenance ». S'il n'en était pas ainsi, croyez-vous que tous les pays, les uns après les autres, auraient été conduits à réformer leur législation en la matière et à admettre que ce qui était hier sévèrement réprimé soit désormais légal ?

Ainsi, conscient d'une situation intolérable pour

l'État et injuste aux yeux de la plupart, le gouvernement a renoncé à la voie de la facilité, celle qui aurait consisté à ne pas intervenir. C'eût été cela le laxisme. Assumant ses responsabilités, il vous soumet un projet de loi propre à apporter à ce problème une solution à la fois réaliste, humaine et juste.

Certains penseront sans doute que notre seule préoccupation a été l'intérêt de la femme, que c'est un texte qui a été élaboré dans cette seule perspective. Il n'y est guère question ni de la société ou plutôt de la nation, ni du père de l'enfant à naître et moins encore de cet enfant.

Je me garde bien de croire qu'il s'agit d'une affaire individuelle ne concernant que la femme et que la nation n'est pas en cause. Ce problème la concerne au premier chef, mais sous des angles différents et qui ne requièrent pas nécessairement les mêmes solutions.

L'intérêt de la nation, c'est assurément que la France soit jeune, que sa population soit en pleine croissance. Un tel projet, adopté après une loi libéralisant la contraception, ne risque-t-il pas d'entraîner une chute importante de notre taux de natalité qui amorce déjà une baisse inquiétante ?

Ce n'est là ni un fait nouveau ni une évolution propre à la France : un mouvement de baisse assez régulier des taux de natalité et de fécondité est apparu depuis 1965 dans tous les pays européens, quelle que soit leur législation en matière d'avortement ou même de contraception.

Il serait hasardeux de chercher des causes simples à un phénomène aussi général. Aucune explication ne peut y être apportée au niveau national. Il s'agit d'un fait de civilisation révélateur de l'époque que nous vivons et qui obéit à des règles complexes que d'ailleurs nous connaissons mal.

Les observations faites dans de nombreux pays étrangers par les démographes ne permettent pas d'affirmer qu'il existe une corrélation démontrée entre une modification de la législation de l'avortement et l'évolution des taux de natalité et surtout de fécondité.

Il est vrai que l'exemple de la Roumanie semble démentir cette constatation, puisque la décision prise par le gouvernement de ce pays, à la fin de l'année 1966, de revenir sur des dispositions non répressives adoptées dix ans plus tôt a été suivie d'une forte explosion de natalité. Cependant, ce qu'on omet de dire, c'est qu'une baisse non moins spectaculaire s'est produite ensuite et il est essentiel de remarquer que dans ce pays, où n'existait aucune forme de contraception moderne, l'avortement a été le mode principal de limitation des naissances. L'intervention brutale d'une législation restrictive explique bien dans ce contexte un phénomène qui est demeuré exceptionnel et passager.

Tout laisse à penser que l'adoption du projet de loi n'aura que peu d'effets sur le niveau de la natalité en France, les avortements légaux remplaçant en fait les avortements clandestins, une fois passé une période d'éventuelles oscillations à court terme.

Il n'en reste pas moins que la baisse de notre natalité, si elle est indépendante de l'état de la législation sur l'avortement, est un phénomène inquiétant, à l'égard duquel les pouvoirs publics ont l'impérieux devoir de réagir.

Une des premières réunions du conseil de planification que présidera le président de la République va être consacrée à un examen d'ensemble des problèmes de la démographie française et des moyens de mettre un frein à une évolution inquiétante pour l'avenir du pays.

Quant à la politique familiale, le gouvernement a estimé qu'il s'agissait d'un problème distinct de celui de la législation sur l'avortement et qu'il n'y avait pas lieu de lier ces deux problèmes dans la discussion législative.

Cela ne signifie pas qu'il n'y attache pas une extrême importance. Dès vendredi, l'Assemblée aura à délibérer d'un projet de loi tendant à améliorer très sensiblement les allocations servies en matière de frais de garde et les allocations dites d'orphelin, qui sont notamment destinées aux enfants des mères célibataires. Ce projet réformera, en outre, le régime de l'allocation maternité et les conditions d'attribution des prêts aux jeunes ménages.

En ce qui me concerne, je m'apprête à proposer à l'Assemblée divers projets. L'un d'entre eux tend à favoriser l'action des travailleuses familiales en prévoyant leur intervention éventuelle au titre de l'aide sociale. Un autre a pour objet d'améliorer les conditions de fonctionnement et de financement des centres maternels, où sont accueillies les jeunes mères en difficulté pendant leur grossesse et les premiers mois de la vie de leur enfant. J'ai l'intention de faire un effort particulier pour la lutte contre la stérilité, par la suppression du ticket modérateur pour toutes les consultations en cette matière. D'autre part, j'ai demandé à l'INSERM de lancer, dès 1975, une action thématique de recherche sur ce problème de la stérilité qui désespère tant de couples.

Avec M. le garde des Sceaux, je me prépare à tirer les conclusions du rapport que votre collègue, M. Rivierez, parlementaire en mission, vient de rédiger sur l'adoption. Répondant aux vœux de tant de personnes qui souhaitent adopter un enfant, j'ai décidé d'instituer un Conseil supérieur de l'adoption qui sera chargé de soumettre aux pouvoirs publics toutes suggestions utiles sur ce problème. Enfin et surtout, le gouvernement s'est publiquement engagé, par la voix de M. Durafour, à entamer dès les toutes prochaines semaines avec les organisations familiales la négociation d'un contrat de progrès dont le contenu sera arrêté d'un commun accord avec les représentants des familles, sur la base de propositions qui seront soumises au Conseil consultatif de la famille que je préside.

En réalité, comme le soulignent tous les démographes, ce qui importe, c'est de modifier l'image que se font les Français du nombre idéal d'enfants par couple. Cet objectif est infiniment complexe et la discussion de l'avortement ne saurait se limiter à des mesures financières nécessairement ponctuelles.

Le deuxième absent dans ce projet pour beaucoup d'entre vous sans doute, c'est le père. La décision de l'interruption de grossesse ne devrait pas, chacun le ressent, être prise par la femme seule, mais aussi par son mari ou son compagnon. Je souhaite, pour ma part, que dans les faits il en soit toujours ainsi et j'approuve la commission de nous avoir proposé une modification en ce sens ; mais, comme elle l'a fort bien compris, il n'est pas possible d'instituer en cette matière une obligation juridique.

Enfin, le troisième absent, n'est-ce pas cette promesse de vie que porte en elle la femme ? Je me refuse à entrer dans les discussions scientifiques et philosophiques dont les auditions de la commission ont montré qu'elles posaient un problème insoluble. Plus personne ne conteste maintenant que, sur un plan strictement médical, l'embryon porte en lui définitivement toutes les virtualités de l'être humain qu'il deviendra. Mais il n'est encore qu'un devenir, qui aura à surmonter bien des aléas avant de venir à terme, un fragile chaînon de la transmission de la vie.

Faut-il rappeler que, selon les études de l'Organisation mondiale de la santé, sur cent conceptions, quarante-cinq s'interrompent d'elles-mêmes au cours des deux premières semaines et que, sur cent grossesses au début de la troisième semaine, un quart n'arrivent pas à terme, du seul fait de phénomènes naturels ? La seule certitude sur laquelle nous puissions nous appuyer, c'est le fait qu'une femme ne prend pleine conscience qu'elle porte un être vivant qui sera un jour son enfant que lorsqu'elle ressent en elle les premières manifestations de cette vie. Et c'est, sauf pour les femmes qu'anime une profonde conviction religieuse, ce décalage entre ce qui n'est qu'un devenir pour lequel la femme n'éprouve pas encore de sentiment profond et ce qu'est l'enfant dès l'instant de sa naissance qui explique que certaines, qui repousseraient avec horreur l'éventualité monstrueuse de l'infanticide, se résignent à envisager la perspective de l'avortement.

Combien d'entre nous, devant le cas d'un être cher dont l'avenir serait irrémédiablement compromis, n'ont pas eu le sentiment que les principes devaient parfois céder le pas !

Il n'en serait pas de même – c'est évident – si cet acte était véritablement perçu comme un crime analogue aux autres. Certains, parmi ceux qui sont les plus opposés au vote de ce projet, acceptent qu'en fait on n'exerce plus de poursuites et s'opposeraient même avec moins de vigueur au vote d'un texte qui se bornerait à prévoir la suspension des poursuites pénales. C'est donc qu'eux-mêmes perçoivent qu'il s'agit là d'un acte d'une nature particulière, ou, en tout cas, d'un acte qui appelle une solution spécifique.

L'Assemblée ne m'en voudra pas d'avoir abordé longuement cette question. Vous sentez tous que c'est là un point essentiel, sans doute le fond même du débat. Il convenait de l'évoquer avant d'en venir à l'examen du contenu du projet.

En préparant le projet qu'il vous soumet aujourd'hui, le gouvernement s'est fixé un triple objectif : faire une loi réellement applicable ; faire une loi dissuasive ; faire une loi protectrice.

Ce triple objectif explique l'économie du projet.

Une loi applicable d'abord.

Un examen rigoureux des modalités et des conséquences de la définition de cas dans lesquels serait autorisée l'interruption de grossesse révèle d'insurmontables contradictions.

Si ces conditions sont définies en termes précis
– par exemple, l'existence de graves menaces pour la
santé physique ou mentale de la femme, ou encore,
par exemple, les cas de viol ou d'inceste vérifiés par
un magistrat –, il est clair que la modification de la
législation n'atteindra pas son but quand ces critères
seront réellement respectés, puisque la proportion
d'interruptions de grossesse pour de tels motifs est
faible. Au surplus, l'appréciation de cas éventuels de
viol ou d'inceste soulèverait des problèmes de preuve
pratiquement insolubles dans un délai adapté à la
situation.

Si, au contraire, c'est une définition large qui est
donnée – par exemple, le risque pour la santé psy-
chique ou l'équilibre psychologique ou la difficulté
des conditions matérielles ou morales d'existence –,
il est clair que les médecins ou les commissions qui
seraient chargés de décider si ces conditions sont réunies auraient à prendre leur décision sur la base de
critères insuffisamment précis pour être objectifs.

Dans de tels systèmes, l'autorisation de pratiquer
l'interruption de grossesse n'est en pratique donnée
qu'en fonction des conceptions personnelles des médecins ou des commissions en matière d'avortement et
ce sont les femmes les moins habiles à trouver le
médecin le plus compréhensif ou la commission la
plus indulgente qui se trouveront encore dans une
situation sans issue.

Pour éviter cette injustice, l'autorisation est donnée
dans bien des pays de façon quasi automatique, ce qui
rend une telle procédure inutile, tout en laissant à
elles-mêmes un certain nombre de femmes qui ne

veulent pas encourir l'humiliation de se présenter devant une instance qu'elles ressentent comme un tribunal.

Or, si le législateur est appelé à modifier les textes en vigueur, c'est pour mettre fin aux avortements clandestins qui sont le plus souvent le fait de celles qui, pour des raisons sociales, économiques ou psychologiques, se sentent dans une telle situation de détresse qu'elles sont décidées à mettre fin à leur grossesse dans n'importe quelles conditions. C'est pourquoi, renonçant à une formule plus ou moins ambiguë ou plus ou moins vague, le gouvernement a estimé préférable d'affronter la réalité et de reconnaître qu'en définitive la décision ultime ne peut être prise que par la femme.

Remettre la décision à la femme, n'est-ce pas contradictoire avec l'objectif de dissuasion, le deuxième des trois que s'assigne ce projet ?

Ce n'est pas un paradoxe que de soutenir qu'une femme sur laquelle pèse l'entière responsabilité de son geste hésitera davantage à l'accomplir que celle qui aurait le sentiment que la décision a été prise à sa place par d'autres.

Le gouvernement a choisi une solution marquant clairement la responsabilité de la femme parce qu'elle est plus dissuasive au fond qu'une autorisation émanant d'un tiers qui ne serait ou ne deviendrait vite qu'un faux-semblant.

Ce qu'il faut, c'est que cette responsabilité, la femme ne l'exerce pas dans la solitude ou dans l'angoisse.

Tout en évitant d'instituer une procédure qui puisse

la détourner d'y avoir recours, le projet prévoit donc diverses consultations qui doivent la conduire à mesurer toute la gravité de la décision qu'elle se propose de prendre.

Le médecin peut jouer ici un rôle capital, d'une part, en informant complètement la femme des risques médicaux de l'interruption de grossesse qui sont maintenant bien connus, et tout spécialement des risques de prématurité de ses enfants futurs, et, d'autre part, en la sensibilisant au problème de la contraception.

Cette tâche de dissuasion et de conseil revient au corps médical de façon privilégiée et je sais pouvoir compter sur l'expérience et le sens de l'humain des médecins pour qu'ils s'efforcent d'établir au cours de ce colloque singulier le dialogue confiant et attentif que les femmes recherchent, parfois même inconsciemment.

Le projet prévoit ensuite une consultation auprès d'un organisme social qui aura pour mission d'écouter la femme, ou le couple lorsqu'il y en a un, de lui laisser exprimer sa détresse, de l'aider à obtenir des aides si cette détresse est financière, de lui faire prendre conscience de la réalité des obstacles qui s'opposent ou semblent s'opposer à l'accueil d'un enfant. Bien des femmes apprendront ainsi à l'occasion de cette consultation qu'elles peuvent accoucher anonymement et gratuitement à l'hôpital et que l'adoption éventuelle de leur enfant peut constituer une solution.

Il va sans dire que nous souhaitons que ces consultations soient le plus diversifiées possible et que,

notamment, les organismes qui se sont spécialisés
pour aider les jeunes femmes en difficulté puissent
continuer à les accueillir et à leur apporter l'aide qui
les incite à renoncer à leur projet. Tous ces entretiens
auront naturellement lieu seul à seule, et il est bien
évident que l'expérience et la psychologie des personnes appelées à accueillir les femmes en détresse
pourront contribuer de façon non négligeable à leur
apporter un soutien de nature à les faire changer d'avis.
Ce sera, en outre, une nouvelle occasion d'évoquer
avec la femme le problème de la contraception et la
nécessité, dans l'avenir, d'utiliser des moyens contra-
ceptifs pour ne plus jamais avoir à prendre la décision
d'interrompre une grossesse pour les cas où la femme
ne désirerait pas avoir d'enfant. Cette information en
matière de régulation des naissances – qui est la meilleure des dissuasions à l'avortement – nous paraît si
essentielle que nous avons prévu d'en faire une obligation, sous peine de fermeture administrative, à la
charge des établissements où se feraient les interruptions de grossesse.

Les deux entretiens qu'elle aura eus, ainsi que le
délai de réflexion de huit jours qui lui sera imposé,
ont paru indispensables pour faire prendre conscience
à la femme de ce qu'il ne s'agit pas d'un acte normal
ou banal, mais d'une décision grave qui ne peut être
prise sans en avoir pesé les conséquences et qu'il
convient d'éviter à tout prix. Ce n'est qu'après cette
prise de conscience, et dans le cas où la femme n'aurait pas renoncé à sa décision, que l'interruption de
grossesse pourrait avoir lieu. Cette intervention ne
doit toutefois pas être pratiquée sans de strictes garan-

ties médicales pour la femme elle-même et c'est le troisième objectif du projet de loi : protéger la femme.

Tout d'abord, l'interruption de grossesse ne peut être que précoce, parce que ses risques physiques et psychiques, qui ne sont jamais nuls, deviennent trop sérieux après la fin de la dixième semaine qui suit la conception pour que l'on permette aux femmes de s'y exposer.

Ensuite, l'interruption de grossesse ne peut être pratiquée que par un médecin, comme c'est la règle dans tous les pays qui ont modifié leur législation dans ce domaine. Mais il va de soi qu'aucun médecin ou auxiliaire médical ne sera jamais tenu d'y participer.

Enfin, pour donner plus de sécurité à la femme, l'intervention ne sera permise qu'en milieu hospitalier, public ou privé.

Il ne faut pas dissimuler que le respect de ces dispositions que le gouvernement juge essentielles, et qui restent sanctionnées par les pénalités prévues à l'article 317 du code pénal maintenues en vigueur à cet égard, implique une sérieuse remise en ordre que le gouvernement entend mener à bien. Il sera mis fin à des pratiques qui ont reçu récemment une fâcheuse publicité et qui ne pourront plus être tolérées dès lors que les femmes auront la possibilité de recourir légalement à des interventions accomplies dans de réelles conditions de sécurité.

De même, le gouvernement est décidé à appliquer fermement les dispositions nouvelles qui remplaceront celles de la loi de 1920 en matière de propagande et de publicité. Contrairement à ce qui est dit ici ou là, le projet n'interdit pas de donner des informations sur la loi et sur l'avortement ; il interdit l'incitation à l'avortement par quelque moyen que ce soit car cette incitation reste inadmissible.

Cette fermeté, le gouvernement la montrera encore en ne permettant pas que l'interruption de grossesse donne lieu à des profits choquants ; les honoraires et les frais d'hospitalisation ne devront pas dépasser des plafonds fixés par décision administrative en vertu de la législation relative aux prix. Dans le même souci, et pour éviter de tomber dans les abus constatés dans certains pays, les étrangères devront justifier de conditions de résidence pour que leur grossesse puisse être interrompue.

Je voudrais enfin expliquer l'option prise par le gouvernement, qui a été critiquée par certains, sur le non-remboursement de l'interruption de grossesse par la Sécurité sociale.

Lorsque l'on sait que les soins dentaires, les vaccinations non obligatoires, les verres correcteurs ne sont pas ou sont encore très incomplètement remboursés par la Sécurité sociale, comment faire comprendre que l'interruption de grossesse soit, elle, remboursée ? Si l'on s'en tient aux principes généraux de la Sécurité sociale, l'interruption de grossesse, lorsqu'elle n'est pas thérapeutique, n'a pas à être prise en charge. Faut-il faire exception à ce principe ? Nous ne le pensons pas, car il nous a paru nécessaire de souligner la gravité d'un acte qui doit rester exceptionnel, même s'il entraîne dans certains cas une charge financière pour les femmes. Ce qu'il faut, c'est que l'absence de ressources ne puisse pas empêcher une femme de demander une interruption de grossesse lorsque cela se révèle indispensable ; c'est pourquoi l'aide médicale a été prévue pour les plus démunies.

Ce qu'il faut aussi, c'est bien marquer la différence entre la contraception qui, lorsque les femmes ne désirent pas un enfant, doit être encouragée par tous les moyens et dont le remboursement par la Sécurité sociale vient d'être décidé, et l'avortement que la société tolère mais qu'elle ne saurait ni prendre en charge ni encourager.

Rares sont les femmes qui ne désirent pas d'enfant ; la maternité fait partie de l'accomplissement de leur vie et celles qui n'ont pas connu ce bonheur en souffrent profondément. Si l'enfant une fois né est rarement rejeté et donne à sa mère, avec son premier sourire, les plus grandes joies qu'elle puisse connaître, certaines femmes se sentent incapables, en raison des difficultés très graves qu'elles connaissent à un moment de leur existence, d'apporter à un enfant l'équilibre affectif et la sollicitude qu'elles lui doivent. À ce moment, elles feront tout pour l'éviter ou ne pas le garder. Et personne ne pourra les en empêcher. Mais les mêmes femmes, quelques mois plus tard, leur vie affective ou matérielle s'étant transformée, seront les premières à souhaiter un enfant et deviendront peut-être les mères les plus attentives. C'est pour celles-là que nous voulons mettre fin à l'avortement clandestin, auquel elles ne manqueraient pas de recourir, au risque de rester stériles ou atteintes au plus profond d'elles-mêmes.

J'en arrive au terme de mon exposé. Volontairement, j'ai préféré m'expliquer sur la philosophie

générale du projet plutôt que sur le détail de ses dispositions que nous examinerons à loisir au cours de la
discussion des articles.

Je sais qu'un certain nombre d'entre vous estime-
ront en conscience qu'ils ne peuvent voter ce texte,
pas davantage qu'aucune loi faisant sortir l'avortement de l'interdit et du clandestin.

Ceux-là, j'espère les avoir au moins convaincus que
ce projet est le fruit d'une réflexion honnête et approfondie sur tous les aspects du problème et que, si le
gouvernement a pris la responsabilité de le soumettre
au Parlement, ce n'est qu'après en avoir mesuré la
portée immédiate aussi bien que les conséquences
futures pour la nation.

Je ne leur en donnerai qu'une preuve, c'est qu'usant
d'une procédure tout à fait exceptionnelle en matière
législative, le gouvernement vous propose d'en limiter
l'application à cinq années. Ainsi dans l'hypothèse où
il apparaîtrait au cours de ce laps de temps que la loi
que vous auriez votée ne serait plus adaptée à l'évolution démographique ou au progrès médical, le Parlement aurait à se prononcer à nouveau dans cinq ans
en tenant compte de ces nouvelles données.

D'autres hésitent encore. Ils sont conscients de la
détresse de trop de femmes et souhaitent leur venir en
aide ; ils craignent toutefois les effets et les conséquences de la loi. À ceux-ci je veux dire que, si la
loi est générale et donc abstraite, elle est faite pour
s'appliquer à des situations individuelles souvent
angoissantes ; que si elle n'interdit plus, elle ne crée
aucun droit à l'avortement et que, comme le disait
Montesquieu : « La nature des lois humaines est d'être

soumise à tous les accidents qui arrivent et de varier à mesure que les volontés des hommes changent. Au contraire, la nature des lois de la religion est de ne varier jamais. Les lois humaines statuent sur le bien, la religion sur le meilleur. »

C'est bien dans cet esprit que depuis une dizaine d'années, grâce au président de votre commission des lois, avec lequel j'ai eu l'honneur de collaborer lorsqu'il était garde des Sceaux, a été rajeuni et transformé notre prestigieux code civil. Certains ont craint alors qu'en prenant acte d'une nouvelle image de la famille, on ne contribue à la détériorer. Il n'en a rien été et notre pays peut s'honorer d'une législation civile désormais plus juste, plus humaine, mieux adaptée à la société dans laquelle nous vivons.

Je sais que le problème dont nous débattons aujourd'hui concerne des questions infiniment plus graves et qui troublent beaucoup plus la conscience de chacun. Mais en définitive il s'agit aussi d'un problème de société.

Je voudrais enfin vous dire ceci : au cours de la discussion, je défendrai ce texte, au nom du gouvernement, sans arrière-pensée, et avec toute ma conviction, mais il est vrai que personne ne peut éprouver une satisfaction profonde à défendre un tel texte – le meilleur possible à mon avis – sur un tel sujet : personne n'a jamais contesté, et le ministre de la Santé moins que quiconque, que l'avortement soit un échec quand il n'est pas un drame.

Mais nous ne pouvons plus fermer les yeux sur les trois cent mille avortements qui, chaque année, mutilent les femmes de ce pays, qui bafouent nos lois et qui humilient ou traumatisent celles qui y ont recours.

L'histoire nous montre que les grands débats qui ont divisé un moment les Français apparaissent avec le recul du temps comme une étape nécessaire à la formation d'un nouveau consensus social, qui s'inscrit dans la tradition de tolérance et de mesure de notre pays.

Je ne suis pas de ceux et de celles qui redoutent l'avenir.

Les jeunes générations nous surprennent parfois en ce qu'elles diffèrent de nous ; nous les avons nous-mêmes élevées de façon différente de celle dont nous l'avons été. Mais cette jeunesse est courageuse, capable d'enthousiasme et de sacrifices comme les autres. Sachons lui faire confiance pour conserver à la vie sa valeur suprême.

Paris, le 26 novembre 1974.

Discours prononcé le 17 juillet 1979 à Strasbourg
lors de l'intronisation de Mme Simone Veil
en qualité de président du Parlement européen

Mes chers Collègues, Mesdames, Messieurs, c'est un très grand honneur que vous m'avez fait en m'appelant à la présidence du Parlement européen. Aussi l'émotion qui est la mienne en prenant place à ce fauteuil est-elle plus profonde que je ne saurais l'exprimer. Avant toute autre chose, je souhaite en remercier toutes celles et tous ceux d'entre vous qui ont porté leur suffrage sur mon nom. Je m'efforcerai d'être le président conforme à leur vœu. Je m'efforcerai aussi, conformément à l'esprit de la démocratie, d'être le président de toute l'assemblée.

Si la séance d'aujourd'hui se déroule dans un cadre qui, pour beaucoup d'entre vous, est familier, elle n'en revêt pas moins un caractère historique. Sans doute est-ce là ce qui explique à la fois l'affluence et la qualité de ceux qui se sont rendus aux invitations envoyées. Sans pouvoir à cet égard citer toutes les personnalités présentes, et je m'en excuse, je leur adresse, au nom de chacun de ses membres, le salut de notre assemblée.

Nous avons ainsi le très grand honneur d'avoir

parmi nous de nombreux présidents de Parlements de pays associés et tiers, représentant des peuples de cinq continents et qui, par leur présence ici, apportent un soutien inestimable à notre construction démocratique en témoignant de l'importance qu'ils attachent aux relations avec notre Parlement. Nous apprécions hautement, Madame et Messieurs les Présidents, que vous ayez accepté notre invitation, nous apprécions hautement votre geste d'amitié et de solidarité et je vous en remercie ici tout particulièrement.

J'ai exprimé hier soir la gratitude que nous devons avoir à l'égard de Louise Weiss, qui a si bien guidé nos premiers pas. Vous me permettrez d'y revenir d'un mot, sans vous formaliser que je cite la part éminente qu'elle a prise dans toutes les luttes menées pour l'émancipation de la femme.

C'est pour moi un devoir, mais c'est aussi un honneur que de rendre hommage à l'assemblée qui a précédé la nôtre, et plus précisément à ses présidents successifs, qui ont dirigé ses travaux avec l'autorité que l'on sait. Je voudrais, en particulier, souligner l'hommage qui est dû au président Colombo, qui a occupé ce fauteuil avec talent et s'est acquis, dans cette difficile mission, l'estime de tous.

Le Parlement européen, tel qu'il a siégé, tel surtout qu'il a travaillé depuis la création de la première Communauté européenne du charbon et de l'acier, et en particulier depuis la constitution de l'Assemblée unique des Communautés en 1958, a joué dès l'origine un rôle important, mais aussi un rôle croissant dans la construction de l'Europe. Quelle que soit l'innovation profonde que représente son élection au suffrage universel direct, notre assemblée est d'abord l'héritière des assemblées parlementaires qui l'ont précédée. Elle s'inscrit dans le droit fil du sillon tracé par tous ceux qui ont siégé sur ses bancs depuis une génération, depuis que l'idée européenne et le principe démocratique se sont rencontrés.

D'abord avec modestie et discrétion, compte tenu des pouvoirs limités que lui attribuait le traité de Rome, le Parlement européen a, grâce à l'influence politique croissante qu'il a su progressivement acquérir, consolidé son rôle dans les institutions de la Communauté et dans la construction communautaire. C'est bien cette influence croissante qui a notamment conduit à la signature des traités du 21 avril 1970 et du 22 juillet 1975, qui ont renforcé le pouvoir budgétaire de l'assemblée. En outre, par une série de dispositions pratiques, la participation de l'assemblée à l'exercice des pouvoirs de la Communauté s'est structurée et développée.

Cet acquis des précédentes assemblées, le Parlement réuni aujourd'hui ne le perdra pas de vue. Aucun d'entre nous n'oubliera qu'il a contribué à la mise en œuvre, conforme à l'espérance des fondateurs de la Communauté, d'« une union sans cesse croissante entre les peuples européens ».

Si je me devais de rappeler ainsi, en quelques mots, l'œuvre considérable des assemblées qui nous ont précédés, il me faut surtout insister sur la novation profonde que constitue, au sein des Communautés européennes, la première élection au suffrage universel direct du Parlement.

Pour la première fois en effet dans l'histoire, dans une histoire qui les a vus si souvent divisés, opposés, acharnés à se détruire, les Européens ont élu, ensemble, leurs délégués à une assemblée commune qui représente aujourd'hui, dans cette salle, plus de deux cent soixante millions de citoyens. Ces élections constituent, à n'en pas douter, un événement capital dans la construction de l'Europe depuis la signature des traités. Certes, dans les différents États membres, les procédures électorales ont encore varié, conformément d'ailleurs à l'acte du 20 septembre 1976 portant élection des représentants à l'assemblée au suffrage universel direct, et c'est à nous qu'il appartiendra, en vue des élections futures, d'élaborer un mode de scrutin uniforme. C'est une tâche à laquelle je m'attacherai avec vous.

La novation historique que représente l'élection du Parlement européen au suffrage universel, chacun de nous, quelle que soit son appartenance politique, a conscience qu'elle se produit précisément à un moment crucial pour les peuples de la Communauté. Tous les États de celle-ci sont en effet, aujourd'hui, confrontés à trois défis majeurs, celui de la paix, celui de la liberté, celui du bien-être, et il semble bien que la dimension européenne soit seule en mesure de leur permettre de relever ces défis.

Le défi de la paix, tout d'abord. Dans un monde où l'équilibre des forces a permis, jusqu'à présent, d'éviter le cataclysme suicidaire de conflits armés entre les superpuissances, on a vu se multiplier en revanche les affrontements locaux. La situation de paix qui a prévalu en Europe constitue un bien exceptionnel, mais aucun de nous ne saurait sous-estimer sa fragilité. Est-il besoin de souligner à quel point cette situation est nouvelle dans notre Europe dont les batailles fratricides et meurtrières ont constamment marqué l'histoire ?

Comme celles qui l'ont précédée, notre assemblée est dépositaire de la responsabilité fondamentale de maintenir, quelles que soient nos divergences, cette paix qui est probablement, pour tous les Européens, le bien le plus précieux. Cette responsabilité, les tensions qui règnent dans le monde d'aujourd'hui la rendent plus lourde, et la légitimité que notre assemblée tire du suffrage universel l'aidera donc à l'assumer en même temps, souhaitons-le, qu'à faire rayonner à l'extérieur la paix qui est la nôtre.

Le deuxième défi fondamental, c'est celui de la liberté. Sur la carte du monde, les frontières du totalitarisme se sont étendues si largement que les îlots de la liberté sont cernés par ces régimes où règne la force. Notre Europe est l'un de ces îlots, et il faut se réjouir qu'au groupe des pays de liberté qui la composent soient venus se joindre la Grèce, l'Espagne et le Portugal, aux vocations aussi anciennes que les nôtres.

La Communauté sera heureuse de les accueillir. La dimension européenne paraît, là encore, de nature à renforcer cette liberté dont le prix, trop souvent, ne se mesure que lorsqu'on l'a perdue.

Enfin, l'Europe est soumise au grand défi du bien-être, je veux dire à la menace que constitue, pour le niveau de vie de nos populations, le bouleversement fondamental dont la crise pétrolière a été, depuis quelque cinq ans, à la fois le détonateur et le révélateur. Après avoir connu, pendant une génération, une progression des niveaux de vie dont le rythme élevé et soutenu n'avait existé à aucune période de l'histoire, tous les pays d'Europe sont aujourd'hui confrontés à une sorte de guerre économique qui a débouché sur le retour d'un fléau oublié, le chômage, comme sur la mise en cause de la progression des niveaux de vie.

Ce bouleversement conduit à des changements profonds. Dans nos différents pays, chacun pressent bien ces mutations, chacun les pressent mais les redoute. Chacun attend des gouvernements et des élus, au niveau national comme au niveau européen, des garanties, des sécurités, des actions propres à rassurer.

Nous avons tous conscience que ces défis, ressentis d'un bout à l'autre de l'Europe avec la même acuité, ne peuvent être efficacement relevés qu'en commun. Seule l'Europe, confrontée aux superpuissances, a la dimension de l'efficacité, qui n'appartient plus, isolément, à chacun de ses membres. Mais la mise en œuvre de cette efficacité implique que les Communautés européennes se consolident et se renforcent. Le Parlement européen, maintenant élu au suffrage universel, est désormais porteur d'une responsabilité particulière. Pour relever les défis auxquels l'Europe est confrontée, c'est dans trois directions qu'il nous faudra l'orienter : l'Europe de la solidarité, l'Europe de l'indépendance, l'Europe de la coopération.

L'Europe de la solidarité d'abord, je veux dire de

la solidarité entre les peuples, entre les régions, entre les personnes. Dans les rapports entre nos peuples, il ne saurait être question de mettre en cause ou d'ignorer les intérêts nationaux les plus fondamentaux de chacun des États membres de la Communauté. Mais il est certain que, bien souvent, les solutions européennes correspondent mieux à l'intérêt commun que les oppositions permanentes. Sans qu'aucun pays soit dispensé de la discipline et de l'effort qu'impliquent désormais, sur le plan national, les difficultés économiques nouvelles, notre assemblée devra, sans relâche, recommander que soient réduites les disparités qui, si elles venaient à s'aggraver, condamneraient l'unité du Marché commun et, en conséquence, la situation des plus privilégiés de ses membres.

Cet effort de solidarité sociale, c'est-à-dire de péréquation économique et parfois financière, il s'impose aussi pour réduire les disparités régionales. Sur ce plan, la Communauté a déjà conduit des actions concrètes et efficaces. Cette politique devra être poursuivie, sous réserve que ses résultats soient toujours en rapport avec les sommes dépensées.

Il faudra aussi adapter la politique mise en œuvre pour corriger la situation des régions traditionnellement déprimées, ainsi que celle des régions considérées encore récemment comme fortes et prospères, mais aujourd'hui frappées par des sinistres économiques.

Enfin, et surtout, c'est entre les hommes que les efforts de solidarité doivent être développés. En dépit des progrès réels et remarquables acquis dans ce domaine au cours des dernières décennies, il reste, sur ce point, beaucoup à faire. Mais, à une époque où, sans nul doute, il sera demandé à tous les citoyens d'accepter que le niveau de vie cesse de progresser ou progresse moins, d'accepter un contrôle dans la croissance des dépenses sociales, les sacrifices nécessaires ne seront acceptés qu'au prix d'une authentique réduction des inégalités sociales.

La finalité principale des actions qu'il faut mener dans ce domaine, tant au niveau communautaire qu'au niveau national, c'est l'emploi. Notre assemblée devra consacrer une réflexion en profondeur à une situation nouvelle, où la demande s'accroît plus vite que l'offre. Il en résulte des frustrations et la nécessité, pour améliorer cette situation, de combiner les investissements productifs, la protection des activités européennes les plus vulnérables et la réglementation des conditions de travail.

Notre Europe doit être également l'Europe de l'indépendance. Non qu'il lui faille affirmer une indépendance agressive et conflictuelle, mais parce qu'il est essentiel qu'elle puisse déterminer les conditions de son développement de manière autonome. Cette recherche s'impose avec une particulière clarté dans le domaine monétaire comme dans celui de l'énergie :

– dans le domaine de la monnaie, nous soulignerons la signification politique majeure que revêt, pour l'Europe, la constitution récente du système monétaire européen, destiné à établir, au sein de la Communauté, des relations monétaires stables, affectées depuis quelques années par les incertitudes, fortuites ou non, du dollar ;

– dans le domaine de l'énergie, la dépendance des producteurs de pétrole constitue pour l'Europe un handicap majeur. Pour rétablir les conditions de notre autonomie, l'assemblée pourra utilement inviter les gouvernements européens à affirmer ici un souci de coopération et de concertation qui a commencé bien tardivement à se manifester. Il faudra aussi amplifier les efforts d'économies et la recherche des énergies nouvelles.

Enfin, l'Europe que nous souhaitons doit être celle de la coopération. Les Communautés ont déjà mis en place, dans le domaine des relations avec les pays en voie de développement, une coopération souvent exemplaire, et dont une nouvelle étape vient d'être franchie par la négociation récente avec les pays associés. La Communauté souhaite maintenant que la nouvelle convention de Lomé soit signée par tous les pays qui ont participé à cette négociation.

Ajoutons que si le nouveau contexte économique mondial implique que cette politique de coopération soit renforcée, il suppose aussi que l'on tienne compte des disparités croissantes qui distinguent les pays en voie de développement entre eux, selon qu'ils sont ou non producteurs de matières premières. Dans le cadre de cette coopération sélective, l'Europe doit pouvoir obtenir les matières premières nécessaires à ses activités, offrir à ses partenaires de justes revenus, équilibrer les transferts de technologies auxquels elle doit procéder par des garanties d'égalité de concurrence pour ses industries.

Parce qu'il est élu au suffrage universel et qu'il tirera ainsi de cette élection une autorité nouvelle, ce Parlement aura un rôle particulier à jouer pour permettre aux Communautés européennes de parvenir à ces finalités et de relever ainsi les défis auxquels elles sont confrontées. À cet égard, l'élection historique du mois de juin 1979 a soulevé en Europe un espoir, un immense espoir. Les peuples qui nous ont élus ne nous pardonneraient pas de ne pas savoir assumer cette responsabilité ô combien lourde, mais aussi ô combien exaltante.

Cette responsabilité, le Parlement européen aura à l'exercer dans toutes ses délibérations.

Je voudrais cependant souligner combien à mon sens son autorité nouvelle le conduira à renforcer son action sur deux terrains : d'une part, exercer plus démocratiquement sa fonction de contrôle, d'autre part, jouer plus vigoureusement un rôle d'impulsion dans la construction communautaire.

Issu de l'élection directe, le Parlement européen sera en mesure de jouer pleinement sa fonction de contrôle démocratique, qui est la fonction primordiale de toute l'assemblée élue.

Il lui appartient en particulier, du fait des pouvoirs qui lui sont conférés par les traités, de délivrer l'autorisation budgétaire au nom des citoyens de la Communauté. C'est désormais dans la Communauté, comme dans tous les États qui la constituent, l'assemblée élue par le peuple qui vote le budget. Le budget est l'acte le plus important qui relève des compétences de ce Parlement, qui a le pouvoir de l'amender, voire de le rejeter en totalité.

Je voudrais rappeler l'importance du dialogue budgétaire aux différents stades, aussi bien de l'élaboration du projet que de son adoption définitive. C'est
une procédure complexe, lourde, supposant des délais,
des navettes entre le Conseil et l'assemblée, mais cette
complexité et ces allers-retours ont pour contrepartie
la possibilité de faire entendre notre voix.

À diverses conditions toutefois : d'une part, à
condition que nous soyons présents, puisque la présence est nécessaire. D'autre part, il est bien évident
que notre force sera d'autant plus grande qu'elle sera
plus unanime et aussi plus dépourvue de tout esprit
de démagogie ou d'irréalisme.

La première tâche inscrite au programme de ce Parlement consistera d'ailleurs en l'examen en première
lecture de l'avant-projet de budget pour 1980, qui
nous occupera incessamment.

Si l'on examine de façon plus globale l'exercice
des pouvoirs budgétaires du Parlement élu au suffrage
universel direct, un point me paraît à souligner. Je
veux dire qu'un Parlement responsable ne doit pas se
borner, à l'occasion de l'élaboration du budget, à arrêter un montant de dépenses, mais doit aussi prendre
en considération la perception des recettes. Cela n'est
d'ailleurs que parfaitement conforme à la vocation
démocratique qui est la nôtre. Nous savons qu'histori-
quement, c'est par l'autorisation de la perception des
recettes que se sont constitués les premiers parlements
du monde.

La question peut d'autant moins être éludée que
nous savons que c'est au cours de cette législature que

le budget de la Communauté européenne atteindra le plafond de un pour cent de TVA fixé par les traités pour la perception des ressources propres. Dans les années à venir, le problème des recettes sera donc le problème primordial à prendre en compte, et ce Parlement, en tant que représentant de tous les citoyens, c'est-à-dire de tous les contribuables de la Communauté, sera nécessairement amené à jouer un rôle de premier plan en vue de sa solution.

Le Parlement doit également être un organe de contrôle de politique générale au sein de la Communauté. Ne croyons pas en effet que les limitations proprement institutionnelles de ses compétences peuvent empêcher un Parlement, tel que le nôtre, de faire entendre à tout moment, et quel que soit le domaine de l'action communautaire, la voix que lui confère l'autorité politique issue de son élection.

Il appartient aussi à notre Parlement de jouer un rôle d'impulsion dans la construction de l'Europe. Cela est particulièrement vrai à un moment où, ainsi que nous l'avons dit, l'Europe a d'abord besoin d'un complément de solidarité. Ce nouveau Parlement permettra aux voix de tous les citoyens de la Communauté de s'exprimer sur la scène européenne, contribuera en même temps à faire mieux ressentir aux différentes catégories d'entre eux les exigences de la solidarité européenne, au-delà des préoccupations immédiates, toujours légitimes, mais qui ne doivent jamais dissimuler les intérêts fondamentaux de la Communauté.

Nous n'ignorons pas, bien entendu, l'organisation

des pouvoirs, telle qu'elle existe dans la Communauté et confère à chaque institution son autonomie. Les fonctions d'initiative d'une part, de décision législative d'autre part, sont attribuées par les traités à la Commission et au Conseil. Cette autonomie de chacune des institutions, nécessaire au bon fonctionnement des Communautés, n'empêche pas que ces institutions agissent fondamentalement en collaboration les unes avec les autres, et c'est dans le cadre de cette collaboration que l'élan nouveau que représente pour la Communauté la légitimité nouvelle de cette assemblée doit être un facteur efficace d'impulsion.

C'est donc dans un renforcement du travail en commun avec les autres institutions que notre Parlement jouera plus efficacement son rôle pour les progrès de l'Europe. Il devra le faire aussi bien dans le cadre des consultations – qui peuvent être données sans limites –, que dans le cadre de la nouvelle procédure de concertation qui doit permettre au Parlement de participer effectivement aux décisions législatives des Communautés.

La voix de notre assemblée, forte de sa légitimité, portera dans toutes les instances de la Communauté, et notamment au niveau le plus élevé de la décision politique. Je pense en particulier à ce sujet au Conseil européen.

Comme il est naturel et normal dans une assemblée démocratique telle que la nôtre, nous divergeons par les programmes que nous souhaitons mettre en œuvre, par les idées que nous voulons défendre et même quant à notre propre rôle.

Gardons-nous cependant du travers qui nous conduirait à faire de notre assemblée le forum des divisions et des rivalités. Trop souvent déjà, les Communautés européennes donnent à nos opinions publiques l'image d'institutions bloquées, incapables de parvenir dans les délais nécessaires à des décisions.

Notre Parlement aura pleinement satisfait les espoirs qu'il a fait naître si, loin d'être le lieu de résonance des divisions internes de l'Europe, il parvient à exprimer et à faire percevoir par la Communauté l'élan de solidarité si nécessaire aujourd'hui.

Pour ce qui me concerne, c'est la totalité de mon temps et de mes forces que j'entends consacrer à la tâche qui est devant nous. Je n'ignore pas que, bien qu'issus d'une civilisation commune et formés par une culture nourrie aux mêmes sources, nous n'avons nécessairement ni les mêmes conceptions de la société ni les mêmes aspirations.

Pourtant, je suis convaincue que le pluralisme de notre assemblée peut constituer un facteur d'enrichissement de nos travaux et non un frein à la progression de la construction de l'Europe. Quelles que soient nos différences de sensibilité, je pense en effet que nous partageons la même volonté de réaliser une Communauté fondée sur un patrimoine commun et un respect partagé des valeurs humaines fondamentales. C'est dans cet esprit que je vous invite à aborder fraternellement les travaux qui nous attendent.

Puissions-nous ainsi, au terme de notre mandat, éprouver le sentiment d'avoir fait progresser l'Europe. Puissions-nous surtout avoir pleinement répondu à

l'espérance que suscite cette assemblée, non seulement chez les Européens, mais parmi tous ceux
qui, dans le monde, sont attachés à la paix et à la
liberté.

Strasbourg, le 17 juillet 1979.

Discours du 18 janvier 2007 de Mme Simone Veil,
présidente de la Fondation
pour la mémoire de la Shoah
à l'occasion de la cérémonie du Panthéon
en hommage aux Justes de France

Monsieur le Président de la République,

Mesdames et Messieurs les Justes de France, c'est à vous que mon propos s'adresse ; à vous tous qui nous entourez ainsi qu'à ceux qui n'ont pu se joindre à nous ; à vous aussi qui avez aidé à sauver des Juifs sans chercher à obtenir cette reconnaissance.

Au nom de la Fondation pour la mémoire de la Shoah, au nom de tous ceux qui vous doivent la vie, je viens ce soir vers vous, pour vous exprimer notre respect, notre affection, notre gratitude.

On ne saura jamais exactement combien vous êtes. Certains sont morts, sans juger utile de se prévaloir de ce qu'ils avaient fait. D'autres ont cru être oubliés de ceux qu'ils avaient sauvés. D'autres enfin ont même refusé d'être honorés, considérant qu'ils n'avaient fait que leur devoir de Français, de chrétiens, de citoyens, d'hommes et de femmes envers ceux qui étaient pourchassés pour le seul crime d'être nés juifs.

Certains Français se plaisent à flétrir le passé de

notre pays. Je n'ai jamais été de ceux-là. J'ai toujours dit, et je le répète ce soir solennellement, qu'il y a eu la France de Vichy, responsable de la déportation de soixante-seize mille Juifs, dont onze mille enfants, mais qu'il y a eu aussi tous les hommes, toutes les femmes, grâce auxquels les trois quarts des Juifs de notre pays ont échappé à la traque. Ailleurs, aux Pays-Bas, en Grèce, quatre-vingts pour cent des Juifs ont été arrêtés et exterminés dans les camps. Dans aucun pays occupé par les nazis, à l'exception du Danemark, il n'y a eu un élan de solidarité comparable à ce qui s'est passé chez nous.

Vous tous, les Justes de France auxquels nous rendons hommage aujourd'hui, vous illustrez l'honneur de notre pays qui, grâce à vous, a retrouvé le sens de la fraternité, de la justice et du courage. Voilà plus de soixante ans, vous n'avez pas hésité à mettre en péril la sécurité de vos proches, à risquer la prison et même la déportation. Pourquoi ? Pour qui ? Pour des hommes, des femmes et des enfants que, le plus souvent, vous ne connaissiez même pas, qui ne vous étaient rien, seulement des hommes, des femmes et des enfants en danger.

Pour la plupart, vous étiez des Français « ordinaires ». Citadins ou ruraux, athées ou croyants, jeunes ou vieux, riches ou pauvres, vous avez hébergé ces familles, apporté réconfort aux adultes, tendresse aux enfants. Vous avez agi avec votre cœur parce que les menaces qui pesaient sur eux vous étaient insupportables. Vous avez obéi sous le coup d'une exigence non écrite qui primait toutes les autres. Vous n'avez pas cherché les honneurs. Vous n'en êtes que plus dignes.

Je tiens ce soir à vous remercier, Monsieur le Président de la République d'avoir publiquement reconnu la responsabilité de l'État dans les lois scélérates de Vichy. À vous remercier aussi d'avoir, sans faille, à maintes reprises, rappelé l'action exemplaire, courageuse et fraternelle des Français, dont certains vous entourent ici ce soir.

Face au nazisme qui a cherché à rayer le peuple juif de l'histoire des hommes et à effacer toute trace des crimes perpétrés, face à ceux qui, aujourd'hui encore, nient les faits, la France s'honore, aujourd'hui, de graver de manière indélébile dans la pierre de son histoire nationale cette page de lumière dans la nuit de la Shoah.

Les Justes de France pensaient avoir simplement traversé l'histoire. En réalité, ils l'ont écrite. De toutes les voix de la guerre, leurs voix étaient celles que l'on entendait le moins, à peine un murmure, qu'il fallait souvent solliciter. Il était temps que nous les entendions. Il était temps que nous leur exprimions notre reconnaissance.

Pour nous qui demeurons hantés par le souvenir de nos proches, disparus en fumée, demeurés sans sépulture, pour tous ceux qui veulent un monde meilleur, plus juste et plus fraternel, débarrassé du poison de l'antisémitisme, du racisme et de la haine, ces murs résonneront désormais et à jamais de l'écho de vos voix, vous les Justes de France qui nous donnez des raisons d'espérer.

Paris, le 18 janvier 2007.

Discours du 29 janvier 2007 de Mme Simone Veil,
présidente de la Fondation
pour la mémoire de la Shoah,
à l'occasion de la Journée internationale
de commémoration dédiée
à la mémoire des victimes de l'Holocauste
à l'Organisation des Nations unies

Monsieur le Secrétaire général adjoint,
Mesdames et Messieurs les Ambassadeurs,
Mesdames et Messieurs,

Le temps n'y peut rien ; c'est toujours la même émotion qui m'étreint lorsque je suis amenée à prendre la parole pour parler de la Shoah. Comme tous mes camarades, je considère comme un devoir d'expliquer inlassablement aux jeunes générations, aux opinions publiques de nos pays et aux responsables politiques, comment sont morts six millions de femmes et d'hommes, dont un million et demi d'enfants, simplement parce qu'ils étaient nés juifs.

Je mesure aussi tout l'honneur que vous me faites de m'avoir invitée à m'exprimer en ce lieu symbolique. En effet, cette institution est née des ruines et des cendres de la Seconde Guerre mondiale. Il ne s'agit pas d'une image, mais bien d'une réalité : c'est dans un pays d'Europe, depuis longtemps admiré pour ses philosophes et ses musiciens, qu'il a été décidé de gazer et brûler des millions d'hommes, de femmes et d'enfants, dans des fours crématoires. Leurs cendres reposent aussi au fond de ces fosses d'Ukraine, de Pologne, de Lituanie, de Biélorussie et d'ailleurs, que les Juifs durent creuser de leurs propres mains, avant d'y tomber sous les balles des *Einsatzgruppen*, puis d'y être brûlés, toutes traces de ces crimes devant être effacées.

Je souhaite aussi remercier ceux qui ont réalisé l'exposition sur le sort et les souffrances des dizaines de milliers de Tziganes raflés et parqués, avant d'être exterminés. Il a fallu longtemps pour qu'on reconnaisse qu'un grand nombre d'entre eux avaient été exterminés à Auschwitz.

Ayant souvenir du 2 août 1944, où les Tziganes, qui jusque-là avaient vécu en famille, ont été tous gazés, j'ai eu l'occasion, des années plus tard, en 1980, étant présidente du Parlement européen, invitée par les autorités allemandes à me rendre à Bergen-Belsen, de m'étonner que rien n'ait été fait pour reconnaître ces événements tragiques. J'ai alors souligné la nécessité de réparer cet oubli.

Il y a cinq ans, le Conseil de l'Europe a décidé d'organiser une Journée européenne de la mémoire de l'Holocauste et de la prévention des crimes contre l'humanité. Il a retenu la date du 27 janvier, jour de l'arrivée d'un détachement de soldats soviétiques dans le camp d'Auschwitz. Dès les 18 et 19 janvier, la plupart des survivants avaient quitté les nombreux camps et kommandos implantés autour d'Auschwitz.

C'est ainsi que plus de soixante mille déportés, femmes et hommes, ont été contraints de marcher dans la neige pendant des dizaines de kilomètres, voire pour certains, des centaines, sans pouvoir ralentir leur marche, sauf à être exécutés sur place. Les soldats de l'armée Rouge, eux, n'ont trouvé que des fantômes, quelques milliers de mourants, terrifiés, laissés là faute de temps, et parce que les SS pensaient que la faim, la soif, le froid ou la maladie feraient leur œuvre rapidement. Quelques-uns avaient pris le risque de rester et de se cacher, dans l'espoir d'être libérés.

Le 1er novembre 2005, l'ONU a décidé à son tour d'instituer cette « Journée internationale de commémoration en souvenir des victimes de l'Holocauste ».

Par cette décision, qui concerne aujourd'hui le monde entier, les Nations unies sont demeurées fidèles à leurs principes fondateurs, en particulier à la Déclaration universelle des droits de l'homme, ainsi qu'à la résolution adoptée en décembre 1948 de prévenir, combattre et juger tout génocide. Les Nations unies ont aussi tenu à rappeler le caractère à la fois spécifique et universel de la Shoah, extermination planifiée, tendant à supprimer un peuple tout entier, le peuple juif. Cet objectif a été très largement atteint, bafouant ainsi les fondements mêmes de notre humanité.

C'est pourquoi, il me paraît symbolique que, le 24 janvier 2005, la vingt-huitième session extraordinaire de l'Assemblée générale des Nations unies, commémorant le soixantième anniversaire de la libération des camps de concentration nazis, ait été présidée non par un Européen, mais par M. Jean Ping, ambassadeur du Gabon, que je tiens à remercier.

Monsieur le Secrétaire général, Mesdames et Messieurs les Ambassadeurs, il faut que vous sachiez que, pour les anciens déportés, il n'y a pas de jour où nous ne pensions à la Shoah. Plus encore que les coups, les chiens qui nous harcelaient, l'épuisement, la faim, le froid et le sommeil, ce sont les humiliations destinées à nous priver de toute dignité humaine qui, aujourd'hui encore, demeurent le pire dans nos mémoires. Nous n'avions plus de nom, mais seulement un numéro tatoué sur le bras, servant à nous identifier, et nous étions vêtus de haillons.

Ce qui nous hante avant tout, c'est le souvenir de ceux dont nous avons été brutalement séparés dès notre arrivée au camp et dont nous avons appris par les kapos, dans les heures suivantes, qu'ils avaient été directement conduits à la chambre à gaz. Le camp d'Auschwitz n'était pas le pire. De nombreux trains venant de toute l'Europe étaient dirigés vers Sobibor, Maidanek ou Treblinka, où, à l'exception des *Sonderkommandos*, eux-mêmes chargés de mener les Juifs vers les chambres à gaz, tous les arrivants, quel que soit leur âge, étaient immédiatement exterminés.

C'est au mois d'avril 1944 qu'avec ma mère et ma sœur nous avons été déportées à Auschwitz. Après avoir passé une semaine à Drancy où tous les Juifs de France étaient regroupés, nous avons été entassés, pendant trois jours terribles, dans des wagons à bestiaux plombés, pratiquement sans nourriture, sans eau et sans rien savoir de notre destination. Mon père et mon frère, eux aussi arrêtés, ont été déportés à Kaunas, en Lituanie, dans un convoi de huit cent cinquante hommes. Seuls une vingtaine ont survécu. Du sort de mon père et de mon frère, nous n'avons jamais rien su.

Nous sommes arrivées à Auschwitz en pleine nuit. Tout était fait pour nous terrifier : les projecteurs aveuglants, les aboiements des chiens des SS, les déportés en tenue de bagnard qui nous tiraient hors des wagons.

Le docteur Mengele, SS maître de la sélection, désignait alors, par un simple geste, ceux qui entreraient dans le camp et ceux qui, supposés fatigués, étaient dirigés vers les camions prévus pour les conduire directement vers les chambres à gaz. Par miracle, nous sommes toutes les trois entrées dans le camp, où nous avons été affectées à des travaux de terrassement, le plus souvent totalement inutiles.

Nous travaillions plus de douze heures par jour et étions à peine nourries. Notre sort n'a pas été le pire. Au mois d'avril et mai 1944, quatre cent trente-cinq mille Juifs sont arrivés de Hongrie ; pour faciliter leur extermination, on avait prolongé la voie ferrée à l'intérieur du camp, au plus près des chambres à gaz ; dès leur descente des wagons, la plupart y ont été conduits. Pour nous qui les voyions et savions ce qui les attendait, c'était une vision d'horreur. J'ai encore en mémoire ces visages, ces femmes portant leurs jeunes enfants, ces foules ignorantes de leur destin qui marchaient vers les chambres à gaz. J'étais dans un bloc tout proche de la rampe où arrivaient les trains.

C'est ce que j'ai vu de pire. Nous qui pensions ne plus avoir de larmes, nous avons pleuré. Je pense encore souvent à eux.

Au mois de juillet, nous avons eu la chance d'aller dans un petit camp où nous étions très peu nombreux : le travail et la discipline étaient beaucoup moins durs. Nous y sommes restées jusqu'au 18 janvier 1945. Alors que nous entendions les canons soviétiques et apercevions les lueurs du front, nous nous demandions si les SS nous tueraient avant l'arrivée des Russes ou nous laisseraient sur place. Dès le 18 janvier au soir, nous avons quitté le camp, forcés de marcher, pendant plus de soixante-dix kilomètres, sous la menace des fusils des SS : ces « marches de la mort », où tant de nos camarades ont succombé. Après deux jours d'attente, à Gleiwitz, dans un immense camp où nous étions environ soixante mille, venus de toute la région, nous avons été entassés dans des wagons à ciel ouvert, traversant la Tchécoslovaquie, l'Autriche, puis l'Allemagne, avant d'arriver au camp de Bergen-Belsen, situé près de Hanovre. Environ la moitié étaient morts de froid et de faim.

À Bergen-Belsen, il n'y avait ni chambre à gaz ni sélection ; mais le typhus, le froid et la faim y ont tué, en quelques mois, des dizaines de milliers de déportés que les nazis ne voulaient pas laisser sur place, face à l'avance de l'armée soviétique.

Enfin, le 15 avril 1945, nous avons été libérés par l'armée britannique. Je revois encore la stupeur horrifiée des soldats qui, de leurs chars, découvraient les cadavres accumulés sur le bord de la route et les squelettes titubants que nous étions devenus. Nul cri de joie de notre part. Seulement le silence et les larmes. Je pensais à ma mère, qui était morte un mois plus tôt, d'épuisement et du typhus. Au cours de ces semaines, faute de soins, beaucoup d'entre nous sont morts.

Ma sœur et moi, libérées le 15 avril 1945, ne sommes rentrées en France qu'à la fin du mois de mai. Sans doute craignait-on en haut lieu que l'on risque d'introduire dans notre pays une épidémie de typhus.

Que dire du retour ?

Nous avions toujours espéré que ma sœur qui était dans la Résistance ne serait pas arrêtée. J'ai appris la veille de notre retour qu'elle avait été déportée mais heureusement, j'ai appris rapidement qu'elle avait survécu et qu'elle était déjà rentrée.

La guerre venait de finir, mais la France avait été libérée depuis des mois. Il y avait eu des procès contre ceux qui avaient collaboré avec les Allemands, mais la majorité des Français et le gouvernement voulaient oublier le passé. Personne n'avait envie d'entendre parler de la déportation, de ce que nous avions vu et vécu. Quant aux Juifs qui n'avaient pas été déportés, c'est-à-dire, en ce qui concerne la France, les trois quarts d'entre eux, la plupart ne supportaient pas de nous entendre. D'autres préféraient ne pas savoir. Il est vrai que nous n'avions pas conscience de l'horreur de nos récits. C'est donc entre nous, les anciens déportés, que nous parlions du camp.

La Shoah ne se résume pas à Auschwitz : elle a couvert de sang tout le continent européen. Processus de déshumanisation mené à son terme, elle inspire une réflexion inépuisable sur la conscience et la dignité des hommes, car le pire est toujours possible.

Alors que nous avions fait le vœu, si souvent exprimé, du « plus jamais ça », nos mises en garde sont restées vaines. Après les massacres du Cambodge, c'est l'Afrique qui, depuis plus de dix ans, paie le plus lourd tribut à la folie génocidaire. Après le Rwanda, nous voyons, au Darfour, semer la mort et la désolation. C'est un bilan tragique : deux cent mille morts et deux millions de réfugiés chassés de chez eux. Nous le savons. Mais comment intervenir ? Comment mettre fin à cette barbarie ?

Après avoir pensé qu'il était peut être préférable de laisser l'OUA prendre en main la situation, il me semble que les Nations unies doivent, maintenant, intervenir. Pour moi qui préside, depuis déjà quatre ans, le Fonds des victimes de crimes contre l'humanité mis en place par la Cour pénale internationale de La Haye, je m'interroge sur ce qu'il est possible de faire pour arrêter ces crimes, ces violences, avec les déplacements dramatiques de population que cela entraîne. On sait que quelques ONG parviennent, en prenant de grands risques, à secourir ces femmes et ces hommes ; c'est peu de chose par rapport à la souffrance et au désespoir de ces populations.

Je sais que c'est actuellement pour vous, Monsieur le Secrétaire général, le dossier prioritaire et je m'en réjouis.

Je ne peux manquer d'évoquer à présent les nouveaux négationnistes qui nient la réalité de la Shoah et appellent à la destruction d'Israël. Nous savons combien désormais le danger d'un Iran nucléaire est inquiétant et combien il est urgent que ce pays puisse revenir au sein de la communauté internationale, en se rangeant aux exigences des Nations unies et en respectant le traité de non-prolifération des armes nucléaires, dont il est signataire.

La création d'un État palestinien aux côtés d'un État d'Israël, chacun vivant en paix dans ses frontières, au terme d'une négociation, devrait mettre fin aux campagnes menées contre l'existence d'Israël.

Au sein des représentants de l'islam radical, les appels à la destruction d'Israël, terre ancestrale des Juifs depuis l'Antiquité, devenu refuge des survivants et rescapés de la Shoah, m'inquiètent profondément. En prétendant que la Shoah est un mensonge forgé par les Juifs pour justifier la création d'Israël, ils ont ouvert une brèche pour justifier leur volonté de détruire cet État. Ce négationnisme utilisé à des fins purement politiques, dont ceux qui le diffusent ne sont pas dupes, leur permet cependant de trouver une justification à leur combat tendant à mettre fin à l'État d'Israël. Ce nouveau négationnisme m'inquiète car il trouve un grand écho auprès d'esprits ignorants et fanatisés, et notamment, à cause des nouvelles technologies de communication, auprès des jeunes.

Face à la question de la mémoire de la Shoah et à celle de l'existence de l'État d'Israël, la communauté internationale comme nos États doivent assumer leurs responsabilités. Ils doivent aussi les prendre contre les autres génocides, qui doivent être identifiés et dont les victimes doivent être entendues. Ceux qui ont commis ou commettent des crimes de masse doivent être jugés et sanctionnés.

Je sais, Monsieur le Secrétaire général, combien ces situations vous tiennent à cœur. Je sais que vous vous êtes fermement engagé à trouver des solutions pour que les résolutions et les principes des Nations unies soient enfin respectés, sur le terrain de tous les conflits.

Au-delà des États et des institutions, il reste la part de responsabilité qui incombe à chacun et je tiens à vous donner un exemple qui me tient à cœur. Le 18 janvier dernier, sur ma proposition, le président de la République française, Jacques Chirac, a rendu, au Panthéon, hommage aux Justes de France. Les « Justes » sont ces milliers d'hommes et de femmes non juifs, honorés par l'institut Yad Vashem de Jérusalem pour avoir, pendant la Seconde Guerre mondiale, sauvé des Juifs de la déportation. En France, soixante-seize mille Juifs ont été déportés, mais les trois quarts des Juifs de France ont été sauvés. Ils le doivent à ces milliers de Français qui les ont aidés et qui ont incarné le courage, la générosité, la solidarité.

Si j'évoque les Justes, c'est parce que je suis convaincue qu'il y aura toujours des hommes et des femmes, de toutes origines et dans tous les pays, capables du meilleur. À l'exemple des Justes, je veux croire que la force morale et la conscience individuelle peuvent l'emporter.

En conclusion, et en me réjouissant que vendredi dernier, la résolution condamnant la négation de l'Holocauste ait été aussi pleinement approuvée, je forme les vœux les plus ardents pour que cette journée décidée par les Nations unies inspire à tous les dirigeants, à tous les hommes et femmes de par le monde, le respect de l'autre, le rejet de la violence, de l'antisémitisme, du racisme et de la haine.

Je souhaite solennellement vous redire que la Shoah est « notre » mémoire et « votre » héritage.

New York, le 29 janvier 2007.

Table

Simone Veil
au Livre de Poche

Mes combats   n° 36069

Sa vie exemplaire, son amour des siens, sa fidélité sans faille aux valeurs de la République, son attachement à la cause des femmes ont fait de Simone Veil un modèle de ce que doit être une personnalité politique de premier rang. Combats pour la mémoire de la Shoah, pour l'Europe, pour l'émancipation des femmes…, cet ouvrage réunit les textes d'une vie d'engagements et de convictions que Simone Veil a souhaité partager.

« Il fallait une personnalité exception-nelle pour porter, défendre et faire voter une loi autorisant l'avortement en 1974. Il fallait une femme. De rigueur et de conviction. De courage et d'abnégation. Une femme portant très haut une exi-gence de morale et d'éthique. Une femme de devoir, rétive à la démagogie et aux compromissions. Une femme formida-blement combative face à un Parlement a priori hostile et comportant à peine 2 % d'élues. Il fallait Simone Veil. Son discours du 26 novembre 1974 – qu'il est bouleversant de relire – sonne comme une injonction à poursuivre ses combats, à ne jamais rien lâcher. Son courage nous interpelle. Son souvenir nous oblige. » (Annick Cojean). Le discours du 26 novembre 1974 prononcé par Simone Veil est suivi d'un entretien avec Annick Cojean, journaliste au *Monde*, qui permet de resituer le débat dans le contexte de l'époque, et dans l'Histoire.

Cette édition pédagogique regroupe les quatre premiers chapitres d'*Une vie* et couvre la période 1927-1954. Ce que Simone Veil a vécu durant ces années – où elle passa d'une enfance protégée à l'horreur des camps de concentration, puis retourna à la « vie normale » – sans pouvoir partager son expérience avec ceux qui ne l'avaient pas connue, s'inscrit dans le nécessaire devoir de mémoire des jeunes générations. Source de réflexions, son sobre récit est également une leçon de courage et d'espoir.

Le Livre de Poche s'engage pour
l'environnement en réduisant
l'empreinte carbone de ses livres.
Celle de cet exemplaire est de :
280 g éq. CO₂
Rendez-vous sur
www.livredepoche-durable.fr

PAPIER À BASE DE
FIBRES CERTIFIÉES

Composition réalisée par PCA

Achevé d'imprimer en septembre 2022 en France
par Maury Imprimeur – 45330 Malesherbes
Dépôt légal 1ʳᵉ publication : mai 2012
Édition 33 – septembre 2022
N° d'impression : 264960
Librairie Générale Française
21, rue du Montparnasse – 75298 Paris Cedex 06